Das Buch

In diesem Buch sind Aufsätze und Vorträge Staigers aus den Jahren 1945 bis 1955 gesammelt. Es sind beispielhafte Interpretationen zur Literaturgeschichte, eingeleitet und begründet durch Staigers Vortrag über die Kunst der Interpretation. Dieser Vortrag mit dem dazugehörigen Heidegger-Briefwechsel wurde inzwischen ein klassischer Text der modernen Literaturwissenschaft. Für Staiger ist Textinterpretation mehr als nur eine erlernbare Technik; die Kunst erschöpft sich nicht in der richtigen Anwendung ihrer Regeln; entscheidend ist, daß das »allersubjektivste Gefühl als Basis der wissenschaftlichen Arbeit« gilt. Interpretation ist daher mehr als eine – wenn auch noch so subtile – Untersuchung stilistischer Formen, historischer Daten und biographischer Fakten; es ist vielmehr ihre Aufgabe, die Wahrnehmungen des Gefühls »abzuklären zu einer mitteilbaren Erkenntnis und sie im einzelnen nachzuweisen«.

Der Autor

Emil Staiger, geboren 1908, ist ordentlicher Professor für Literaturwissenschaft an der Universität Zürich.
Veröffentlichungen: ›Geist und Zeitgeist. Drei Betrachtungen zur kulturellen Lage der Gegenwart‹ (2. Aufl. 1969); ›Goethe‹ (3 Bände, 2.–4. Aufl. 1962–64); ›Grundbegriffe der Poetik‹ (8. Aufl. 1968); ›Meisterwerke deutscher Sprache aus dem 19. Jahrhundert‹ (4. Aufl. 1961).

Emil Staiger:
Die Kunst der Interpretation
Studien zur deutschen Literaturgeschichte

Deutscher
Taschenbuch
Verlag

Juli 1971
Deutscher Taschenbuch Verlag GmbH & Co. KG, München
Lizenzausgabe des Atlantis Verlages AG, Zürich und Freiburg i. Br.

Umschlaggestaltung: Celestino Piatti
Gesamtherstellung: C. H. Beck'sche Buchdruckerei, Nördlingen
Printed in Germany · ISBN 3-423-04078-5

Inhalt

Die Kunst der Interpretation

Die Kunst der Interpretation poetischer Werke deutscher Sprache ist keine Leistung, die Literarhistoriker unserer Zeit für sich besonders in Anspruch nehmen dürften. Sie ist so alt, ja älter sogar als die deutsche Literaturwissenschaft. Friedrich und August Wilhelm Schlegel, Schiller in seinen Briefen über ›Wilhelm Meisters Lehrjahre‹, Goethe in vielen Rezensionen, Herder und Lessing in einigen Abhandlungen haben mit zartestem Spürsinn und oft bereits mit Methoden interpretiert, die heute als modern zu preisen, nur eine verzeihliche Schwäche ist. Auch Dilthey, Scherer, Haym und Hehn sind große Meister auf diesem Gebiet, sie mögen vom Sinn ihres Schaffens im übrigen selbst ganz andere Begriffe haben. Es gibt vielleicht überhaupt keinen Literarhistoriker von Bedeutung, dem das Problem, das uns beschäftigt, gar nie vorgekommen wäre. Als wissenschaftliche Richtung freilich, mit allem Zubehör von Polemik und programmatischen Äußerungen, hat sich die Interpretation – die Stilkritik oder immanente Deutung der Texte – erst seit zehn bis fünfzehn Jahren durchgesetzt. Erst jetzt wird erklärt, den Forscher gehe allein das Wort des Dichters an; er habe sich nur um das zu kümmern, was in der Sprache verwirklicht sei. Die Biographie z. B. liege außerhalb seines Arbeitsbereichs. Das Leben hänge mit der Kunst nicht so zusammen, wie Goethe glaubte und andere glauben machen wollte. Auf keinen Fall lasse sich ein Gedicht aus biographischen Daten erklären. So sei auch die Persönlichkeit des Dichters für den standesbewußten Philologen uninteressant; mit dem Rätsel der künstlerischen Existenz beschäftige sich die Psychologie. Nicht minder verfehle die Geistesgeschichte das Ziel; sie nämlich gebe das Sprachkunstwerk den Philosophen preis und sehe nur, was jeder Denker viel besser als jeder Dichter versteht. Der Positivist, der sich erkundigt, was ererbt und was erlernt ist, mache vom Kausalitätsgesetz der Naturwissenschaft einen falschen Gebrauch und scheine zu vergessen, daß Schöpferisches, gerade weil es schöpferisch ist, nie abgeleitet werden kann. Überall also komme die Seinsart und die eigentümliche Würde der Welt des Dichterischen zu kurz. Nur wer interpretiere, ohne nach rechts und nach links und besonders ohne *hinter* die Dichtung zu sehen, lasse ihr volle Gerechtigkeit widerfahren und wahre die Souveränität der deutschen Literaturwissenschaft.

Es ist das Glück der freien Forschung, daß jedes Programm sogleich den lebendigen Widerspruch weckt und so sich selber lebendig erhält. Gegen die Interpretation und ihre Behauptung, die einzig richtige Literaturwissenschaft zu sein, ist etwa folgendes vorgebracht worden. Wer nur im Interpretieren das Heil erblickt, mache aus der Not eine Tugend. Denn auf dem Felde der Biographie sei heute wenig mehr zu leisten; das Leben aller bedeutenden Dichter sei gründlich erforscht und dargestellt. Ebenso gründlich habe man untersucht, »woher es der Dichter hat«. Nach den großen Gelehrten des letzten Jahrhunderts dürfe kein zeitgenössischer hoffen, mit Stoffgeschichte und Quellenstudien einen Namen zu erwerben. Statt dies zuzugeben, erkläre man nun, das Alte tauge nichts, und setze sich ein Ziel, das für die Wissenschaft unerreichbar sei. Man könne nämlich wohl den Gedankengehalt literarischer Werke ergründen; das habe die Geistesgeschichte getan. Das eigentlich Dichterische aber entziehe sich wissenschaftlicher Darstellung. Denn Dichtung sei – so lautet der beliebte Ausdruck – »irrational«. Das gehe schon deutlich genug aus dem Schaffen der führenden Interpreten hervor. Sie wenden sich mit offensichtlicher Vorliebe »schwierigen« Texten zu, gedankenbefrachteter Poesie, den späten Hymnen Hölderlins z. B., Rilkes ›Sonetten an Orpheus‹. Doch weit entfernt davon, umfassende Interpretationen zu bieten, die ihrem eigenen Ideal entsprechen würden, beschränken sie sich auf Kommentare im alten Stil und treiben Geschichte der Metaphysik. Versuchen sie aber im Ernst einmal, das schlichte poetische Wunder zu fassen – an »leichten«, unmittelbar verständlichen Texten, die für die Wissenschaft viel schwerer faßbar sind als »schwere« –, bemühen sie sich, an einem kleinen Gedicht zu begreifen, was uns ergreift, so kommen sie selten über die peinlichste Nachdichtung in Prosa, ein impressionistisch vages Gerede hinaus. Es sei denn, sie warten mit den subtilsten metrischen, syntaktischen, motivischen Einzelstudien auf. Auch damit bleiben sie aber angewiesen auf ihr privates Gefühl. Und vor den Impressionisten haben sie nur die Langeweile voraus. Wer mag das lesen? Wer kümmert sich um eine solche fatale Verbindung von künstlerischem Sinn und Pedanterie?

Es wäre leicht, den Streit in uferlosen Gesprächen weiterzuführen. Mit bloßer Theorie ist aber wohl nichts Entscheidendes auszurichten. So will ich versuchen, ein Beispiel zu geben, eine Interpretation, und mir bei jedem Schritt überlegen, wohin er führt und ob er wissenschaftlich verantwortet werden kann.

Bei der Wahl des Gegenstandes fühle ich mich schon nicht mehr frei. Wir haben gehört, die Interpreten ziehen schwierige Texte vor, weil sie da nicht so unmittelbar dem eigentlich Dichterischen ausgesetzt sind und vorerst kommentieren dürfen. Gefordert wird also ein »leichter« Text, der keines Kommentars bedarf. Es wird außerdem ein Gedicht sein müssen, da Bühnenstücke oder Romane allzuviel Zeit beanspruchen würden. Ich wähle Mörikes Gedicht ›Auf eine Lampe‹. Diese Verse bedürfen keines Kommentars. Wer Deutsch kann, erfaßt den Wortlaut des Textes. Der Interpret aber maßt sich an, auf wissenschaftliche Weise etwas über die Dichtung auszusagen, was ihr Geheimnis und ihre Schönheit, ohne sie zu zerstören, erschließt, und mit der Erkenntnis zugleich die Lust am Wert des Sprachkunstwerks vertieft. Ist das möglich? Es fragt sich, was Wissenschaft heißen soll.

Längst hat uns die Hermeneutik gelehrt, daß wir das Ganze aus dem Einzelnen, das Einzelne aus dem Ganzen verstehen. Das ist der hermeneutische Zirkel, von dem wir heute nicht mehr sagen, daß er an sich »vitiosus« sei. Wir wissen aus Heideggers Ontologie, daß alles menschliche Erkennen sich in dieser Weise abspielt. Auch die Physik und die Mathematik vermag nicht anders vorzugehen. Wir haben den Zirkel also nicht zu vermeiden; wir haben uns zu bemühen, richtig in ihn hineinzukommen. Wie vollzieht sich der hermeneutische Zirkel der Literaturwissenschaft?

Wir lesen Verse; sie sprechen uns an. Der Wortlaut mag uns faßlich scheinen. Verstanden haben wir ihn noch nicht. Wir wissen noch kaum, was eigentlich dasteht und wie das Ganze zusammenhängt. Aber die Verse sprechen uns an; wir sind geneigt, sie wieder zu lesen, uns ihren Zauber, ihren dunkel gefühlten Gehalt zu eigen zu machen. Nur rationalistische Theoretiker würden bestreiten, daß dem so ist. Zuerst verstehen wir eigentlich nicht. Wir sind nur berührt; aber diese Berührung entscheidet darüber, was uns der Dichter in Zukunft bedeuten soll. Manchmal findet die Berührung nicht gleich beim ersten Lesen statt. Oft geht uns das Herz überhaupt nicht auf. Dann können wir über den Dichter bestenfalls Angelerntes wiederholen. Doch die Erkenntnis seines Schaffens zu erneuern oder gar zu vertiefen, sind wir nicht berufen. Ich habe damit einen weiteren Grund für die Wahl von Mörikes Versen genannt. Ich liebe sie; sie sprechen mich an; und im Vertrauen auf diese Begegnung wage ich es, sie zu interpretieren.

Es ist mir klar, daß ein solches Geständnis im Raum der Wissenschaft Anstoß erregt. Das allersubjektivste Gefühl gilt als Basis der wissenschaftlichen Arbeit! Ich kann und will es nicht leugnen. Ich glaube jedoch, dieses »subjektive« Gefühl vertrage sich mit der Wissenschaft – der Literaturwissenschaft! – sehr wohl, ja sie komme nur so zu ihrem Recht. Wird uns nicht immer wieder versichert, das Dichterische entziehe sich dem Verstand und seinen allgemeingültigen Sätzen und bleibe jenseits kausaler Erklärung? Und ist es nicht peinlich zu sehen, wie literaturwissenschaftliche Forschung mit Rücksicht auf diesen leidigen Tatbestand das nicht Verstandesmäßige, also das Wesentlichste, beiseite schiebt und verlegen, mit einer entschuldigenden Bemerkung, das minder Wesentliche behandelt, oder dann aber, mit schlechtem Gewissen, das Dichterische mehr in den Mittelpunkt rückt und halb die Wissenschaft preisgibt? Das heißt nichts anderes als: Es ist seltsam bestellt um die Literaturwissenschaft. Wer sie betreibt, verfehlt entweder die Wissenschaft oder die Literatur. Sind wir aber bereit, an so etwas wie Literaturwissenschaft zu glauben, dann müssen wir uns entschließen, sie auf einem Grund zu errichten, der dem Wesen des Dichterischen gemäß ist, auf unserer Liebe und Verehrung, auf unserem unmittelbaren Gefühl. Es fragt sich noch immer: Ist dies möglich?

Ich stelle die Antwort noch weiter zurück und mache zunächst auf einige Folgen dieser Begründung aufmerksam. Beruht unsere Wissenschaft auf dem Gefühl, dem unmittelbaren Sinn für Dichtung, so heißt das fürs erste: nicht jeder Beliebige kann Literarhistoriker sein. Begabung wird erfordert, außer der wissenschaftlichen Fähigkeit ein reiches und empfängliches Herz, ein Gemüt mit vielen Saiten, das auf die verschiedensten Töne anspricht. Ferner verschwindet so die Kluft, die heute noch immer zwischen dem Liebhaber und dem gelehrten Kenner besteht. Es wird verlangt, daß jeder Gelehrte zugleich ein inniger Liebhaber sei, daß er mit schlichter Liebe beginne und Ehrfurcht all sein Tun begleite. Dann wird er sich keine Taktlosigkeiten mehr zuschulden kommen lassen, und was er leistet, bedrückt oder ärgert die Freunde der Poesie nicht mehr – vorausgesetzt, daß er wirklich begabt ist und sein Gefühl das Richtige trifft. Darauf läuft es nun freilich immer hinaus. Das Kriterium des Gefühls wird auch das Kriterium der Wissenschaftlichkeit sein.

Um diesem Problem nun näherzutreten, fragen wir uns: Was nehmen wir denn bei der ersten Begegnung mit Dichtungen wahr? Es ist noch nicht der volle Gehalt, den erst ein gründliches Lesen erschließt. Es sind auch nicht nur Einzelheiten, obwohl sich Einzelnes sicher schon einprägt. Es ist ein Geist, der das Ganze beseelt und – wie wir deutlich fühlen, ohne daß wir schon Rechenschaft ablegen könnten – sich rein in den einzelnen Zügen bewährt. »Rhythmus« nenne ich dieses Gefühl, und zwar in dem besonderen Sinn, den Gustav Becking in seinem Buch ›Der musikalische Rhythmus als Erkenntnisquelle‹ dargestellt hat. Becking fordert den Leser auf, beim Hören von Musik ein kleines Stäbchen in die Hand zu nehmen und den Takt zu schlagen, nicht krampfhaft, sondern so, wie es gerade kommt. Es zeigt sich nun, daß alle musikalischen Hörer bei Mozart anders schlagen als bei Bach oder Schumann. Jeder Komponist hat eine eigentümliche »Schlagfigur«. Die Schlagfigur – die man aufzeichnen kann – ist der sichtbar gewordene Rhythmus, der eine Fuge oder Sonate durchherrscht, die Art der Bewegung, der Intonation. Becking hat also Ähnliches versucht wie Sievers, Rutz und Nohl. Nur, wie mir scheint, mit besserem Erfolg, weil in der Musik die Schläge auf den guten Taktteil nicht so rasch aufeinanderfolgen wie die Schläge auf betonten Silben in Versen, und weil die Musik dem Hörer viel unwiderstehlicher ihren Willen aufzwingt als die diskretere Poesie. Es handelt sich aber hier wie dort um dasselbe künstlerische Phänomen.

Becking führt nun weiter aus oder deutet mindestens öfter an, wie der Rhythmus, in diesem Sinne des Worts, den Aufbau, ja die ganze innere Struktur von Kompositionen bestimmt. Beethoven, dessen Schlagfigur dem Gesetz der Gravitation widerspricht und ihren Nachdruck oben hat, bildet anders gelagerte Melodien und andere Begleitfiguren als Mozart, der leicht und rasch nach unten fährt. Auf dem Rhythmus also beruht der *Stil* einer musikalischen Schöpfung. Und ebenso beruht auf dem Rhythmus der Stil eines dichterischen Gebildes. Was heißt das: »Stil«?

Wir nennen Stil das, worin ein vollkommenes Kunstwerk – oder das ganze Schaffen eines Künstlers oder auch einer Zeit – in allen Aspekten übereinstimmt. Barocken Stil erkennen wir in einem Altar und in einem Palast. Schillers persönlicher Stil ist ausgeprägt im ›Tell‹ wie im ›Lied von der Glocke‹. Der Stil von ›Hermann und Dorothea‹ drückt sich im Bau der Verse sowohl wie in der Wahl der Motive und der Folge der einzelnen Bilder aus. Im Stil ist das Mannigfaltige eins. Er ist das Dauernde im Wechsel. Daher denn alles Vergängliche unvergänglichen Sinn gewinnt durch Stil. Kunstgebilde sind vollkommen, wenn sie stilistisch einstimmig sind.

Fühlt sich also unser Herz vom Rhythmus eines Gedichts berührt, stößt unser Gefühl keinen Augenblick an, ist es, wenn auch nur dunkel, so doch vernehmlich in *einem* Sinne bestimmt, so nehmen wir schon im Ganzen seine eigentümliche Schönheit wahr. Diese Wahrnehmung abzuklären zu einer mitteilbaren Erkenntnis und sie im einzelnen nachzuweisen, ist die Aufgabe der Interpretation. Auf dieser Stufe scheidet sich der Forscher von dem, der nur Liebhaber ist. Dem Liebhaber ist das allgemeine Gefühl und ein vager Besitz genug. Er mag sich dies und jenes durch aufmerksameres Lesen verdeutlichen. Doch das Bedürfnis, nachzuweisen, wie alles im Ganzen und wie das Ganze zum Einzelnen stimmt, empfindet er nicht. Daß dieser Nachweis möglich ist, das begründet unsere Wissenschaft.

Auch hier aber könnte man wieder fragen, ob es dann nicht viel sicherer wäre, ohne das unbestimmte Gefühl gleich mit dem Nachweis, das heißt, mit sachlicher, schlichter Beobachtung zu beginnen. Und wieder wäre darauf zu entgegnen: Ohne die erste noch vage Begegnung nähme ich überhaupt nichts wahr. Ich sähe die Ordnung des Kunstwerks nicht. Ich wüßte nicht, was bedeutsam ist. Der Wert und das individuelle Gepräge der Dichtung blieben mir verborgen. Ich wäre bestenfalls imstande, festzustellen, inwiefern es Bekanntem äußerlich ähnlich ist. Und selbst bei dieser öden Arbeit wäre ich nicht geschützt vor jenen banausischen Fehlern und Mißverständnissen, die sich so gern einschleichen, wo eine Verwandtschaft oder gar Abhängigkeit nach mechanischen Kriterien behauptet wird. Der seelische Grund ist unentbehrlich, nicht nur für die erste Begegnung, sondern auch für den Nachweis selbst. Denn nur wo uns die Stimme aus Tiefen der Seele leise warnt und leitet, vermeiden wir alle Klippen, die falschen Schlüsse und Äquivokationen, denen auch der Klügste erliegt, der nur dem denkenden Geist vertraut. Wie Schelling es einmal ausgedrückt hat: »Es gibt zwar einen geistreichen, aber keinen seelenvollen Irrtum.«

Doch wie wird nun der Nachweis geführt?

Es kann geschehen, daß bei genauer historischer und philologischer Prüfung des Textes etwas zum Vorschein kommt, was die erste Begegnung widerlegt. Ich will aus eigener Erfahrung sprechen. Unter den deutschen Volksliedern, welche Brahms für eine Singstimme und Klavier gesetzt hat, steht das Gedicht:

In stiller Nacht
Zur ersten Wacht
Ein Stimm' begunnt zu klagen;
Der nächtge Wind
Hat süß und lind
Zu mir den Klang getragen . . .

Offenbar hat die Musik mich betört. Jedenfalls war ich überzeugt, es handle sich um ein altes Volkslied, und war sogar bereit, es als Volkslied einer Gedichtsammlung einzuverleiben. Doch als Philologe schlage ich nach; ich finde es nirgends. Schließlich zeigt sich, daß Zuccalmaglio das Ganze mitten im letzten Jahrhundert nach geistlichen Versen aus Spees ›Trutz-Nachtigall‹ zu einem Liebesgedicht gemodelt hat. Bei Spee bezieht sich die nächtliche Klage auf Christus in Gethsemane; die erste Strophe lautet so:

Bei stiller Nacht
Zur ersten Wacht,
Ein Stimm sich gunnt' zu klagen.
Ich nahm in Acht,
Was die da sagt,
Tat hin mit Augen schlagen.

Nachträglich finde ich nun, bereits die erste Strophe sei viel zu weich und stimmungsvoll für ein altes Volkslied; der süße und linde Wind, der den Klang herüberträgt, streife bereits an die Grenze spätromantischer Weichlichkeit. – Dies zuzugeben, ist keineswegs schmählich. Der Laie mag über ein solches Versehen des Fachmanns diebische Freude empfinden. Der ehrliche und bescheidene Kenner dagegen ist sich darüber im klaren, daß er zwar wohl imstande sein müßte, Werke größeren Umfangs einigermaßen richtig einzuordnen, daß aber wenige Zeilen eine viel zu schmale Basis für historische Mutmaßungen sind. Ich habe mir sagen lassen, in welchen Zusammenhang das Gedicht gehört, und habe so gleichsam seinen Klang durch historische Resonanzen verstärkt. Nun höre ich jedes Detail genau.

Damit vertrete ich aber die Ansicht, daß es ein barer Hochmut sei, sich beim Erklären von Sprachkunstwerken auf den Text beschränken zu wollen. Wenden wir uns zu unserm Gedicht! Wir kennen den Dichter: Mörike! Aber nur schon den Namen des Dichters zu wissen, ist wichtig und keine geringe Erleichterung unseres Unternehmens. Wir wissen, wann dieser Dichter gelebt hat, und wissen Bescheid über seine Entwicklung. So werden wir auch erfahren wollen, aus welcher Zeit, womöglich aus welchem Jahr ›Auf eine Lampe‹ stammt. Gefühlsmäßig weisen wir Ton und Inhalt den späteren Schaffensjahren zu. Wir täuschen uns nicht. ›Auf eine Lampe‹ ist nach der ›Idylle vom Bodensee‹ mit ›Götterwink‹, ›Das Bildnis der Geliebten‹, ›Datura suaveolens‹, ›Weihgeschenk‹, ›Inschrift auf eine Uhr‹ 1846 entstanden, also gegen das Ende jener Spätblüte klassizistischer Dichtung, die diesem »Sohn des Horaz und einer feinen Schwäbin« beschieden war.

Da uns dies bekannt ist, nehmen wir schon mit größerer Zuversicht das Versmaß und den Wortlaut wahr:

Noch unverrückt, o schöne Lampe, schmückest du,
An leichten Ketten zierlich aufgehangen hier,
Die Decke des nun fast vergeßnen Lustgemachs.
Auf deiner weißen Marmorschale, deren Rand
Der Efeukranz von goldengrünem Erz umflicht,
Schlingt fröhlich eine Kinderschar den Ringelreihn.
Wie reizend alles! lachend, und ein sanfter Geist
Des Ernstes doch ergossen um die ganze Form –
Ein Kunstgebild der echten Art. Wer achtet sein?
Was aber schön ist, selig scheint es in ihm selbst.

So unverwechselbar eigen das ist, es reiht sich doch der Kette an, die von Goethe und Schiller herüberreicht. Wir lesen jambische Trimeter, freilich Trimeter ohne zweisilbige Senkung und ohne die Häufung schwerer Ikten, wie Goethe sie im zweiten Teil des ›Faust‹ und in der ›Pandora‹ geprägt hat. Mörikes regelmäßigen Vers mit dem stetigen Wechsel von Hebung und Senkung pflegen wir eher Senar zu nennen. Der Name an sich, der wie die meisten Begriffe der Metrik nicht ganz stimmt, tut nichts zur Sache; genug, er gehört in die klassizistische Tradition.

Im Wortschatz fühlen wir uns an Goethes und Schillers ästhetische Schriften erinnert. »Geist«, »Form«, »Kunstgebild«, auch »reizend« noch in dem besonderen Sinn, der heute verdunkelt ist: was reizt, was zart aufregt, gehört dazu. Daneben spüren wir eine leichte, in der hochklassischen Literatur noch fehlende Neigung zum Pretiösen, am meisten wohl in »Lustgemach«. Grimms Wörterbuch nennt als Beleg nur das ›Persianische Rosental‹ von Olearius. Es ist eine typisch barocke Bildung.

Wer wollte allen Ernstes solche gediegene Hilfe von seiten der Biographen und einer positivistisch gerichteten Philologie verschmähen? Niemand kann es, auch der nicht, der behauptet, er kümmere sich nicht darum. Die Kunst der Interpretation beruht auf dem ausgebreiteten Wissen, das ein Jahrhundert deutscher Literaturwissenschaft erarbeitet hat. Es gibt da nur sehr wenig abzulehnen, aber für viel zu danken. Je älter eine Dichtung ist, desto tiefer bleiben wir ihr verpflichtet und angewiesen auf die Erforschung der Sprache und des Lebensraumes. Doch schon was über die Mitte des letzten Jahrhunderts zurückliegt, ist viel leichter Mißverständnissen ausgesetzt, als der arglose Leser gewöhnlich meint.

Nicht immer auf gleiche Weise, aber so ungefähr hebt der Nachweis an. In der Vorerkenntnis des ersten Gefühls und in dem Nachweis, daß es stimmt, erfüllt sich der hermeneutische Zirkel der Interpretation. Wir haben indes erst angesetzt. Biographische und philologische Prüfung zeigt mir nur, ob ich zeitlich und räumlich auf der richtigen Fährte bin. Die Individualität des Kunstwerks habe ich damit noch nicht ins Auge gefaßt. Denn niemand ist wohl so töricht zu glauben, es sei aus feinsten einzelnen Überlieferungen zusammengemischt und könne abgeleitet werden aus der Welt, die es bedingt. Ich habe nachzuweisen, daß und wie es in sich selber stimmt. Der Gegenstand meiner Interpretation ist sein unverwechselbar eigener Stil. Auch da ist noch ein Nachweis möglich.

Gesetzt den Fall, mein Gefühl sei falsch, dann komme ich plötzlich nicht mehr weiter. Ich kann die Verse nicht mit dem Motiv, den Satzbau und die Wahl der Bilder nicht mit dem Reim in Einklang bringen. Ein gutes, allbekanntes Beispiel ist die Umdeutung älterer Verse in den Stil der Goetheschen Lyrik. Man nimmt die Gedichte von Haller, von Gryphius oder von Hofmannswaldau zur Hand; man setzt den Rhythmus Goethes voraus und liest ihn in diese Gedichte hinein. Das mag bei oberflächlicher Lektüre auf kurze Strecken gelingen, so wie man auch ein Konzert von Bach im Tonfall Mozarts spielen kann. Auf einmal aber stößt man an; man ist von einer Stelle befremdet; sie fügt sich den Vorbegriffen nicht; sie stößt den Leser ab oder läßt ihn kalt. Da versagt die Interpretation. Dagegen vermöchte ein Interpret, der richtig angesprochen wäre, zu zeigen, daß die Stelle stimmt, daß nicht das Gedicht, sondern daß der Leser mit seinen Goetheschen Vorurteilen die Schuld an der Verstimmung trägt. Bin ich auf dem rechten Weg, hat mein Gefühl mich nicht getäuscht, so wird mir bei jedem Schritt, den ich tue, das Glück der Zustimmung zuteil. Dann fügt sich alles von selber zusammen. Von allen Seiten ruft es: Ja! Jeder Wahrnehmung winkt eine andere zu. Jeder Zug, der sichtbar wird, bestätigt, was bereits erkannt ist. Die Interpretation ist evident. Auf solcher Evidenz beruht die Wahrheit unserer Wissenschaft.

Doch nun zeigen sich neue Schwierigkeiten. Den Stil des Gedichts an sich, der unser Gegenstand ist, vermögen wir nämlich nicht unmittelbar in Begriffe zu fassen. Wir können wohl Namen dafür erfinden: Biedermeier, Klassizismus. Doch unter solche Stilbegriffe fallen ungezählte gute und schlechte Gedichte, Romane und Dramen. Die eigentümliche Schönheit von ›Auf eine Lampe‹ erfassen sie nicht. Ich kann vielleicht auch eine Schlagfigur, wie Becking, ausfindig machen. Dann hätte ich wenigstens ein Symbol für die schwebende Einheit des Gedichts. Schlagfiguren sind aber unentzifferte Hieroglyphen ohne den Text, auf den sie sich beziehen. Sie sagen nur dem etwas, der das Gedicht bereits verstanden hat.

Der individuelle Stil des Gedichts ist nicht die Form und nicht der Inhalt, nicht der Gedanke und nicht das Motiv. Sondern er ist dies alles in einem; denn eben darauf, sagten wir, beruht die Vollkommenheit eines Werks, daß alles einig ist im Stil. Es wäre aber auch unangemessen, das eine vom andern ableiten zu wollen, also die Form zum Beispiel von einer Idee oder einer Weltanschauung, oder den Stoff, die Motive und die Ideen von einem Gebot der Form. Beides hat man zwar versucht; und wer sich von Parteien fernhält, wird erklären, der eine Dichter verfahre wohl so, der andere anders. Poe behauptet, er habe das ganze Gedicht ›The Raven‹ aus dem Wort des Kehrreims »nevermore« entwickelt. Schiller hat von sich selbst bekannt, er gehe von Ideen aus. Das geht uns aber, sobald wir das Kunstwerk auslegen wollen und nicht biographische Studien treiben, nichts mehr an. Nur wenn das Gebilde Mängel aufweist, sind wir genötigt, Gründe zu nennen. Wenn dem Dichter sein Werk geglückt ist, trägt es keine Spuren seiner Entstehungsgeschichte mehr an sich. Dann ist es künstlerisch sinnlos, zu fragen, ob dies von jenem abhängig sei. Eines schwingt gelöst im andern, und alles ist ein freies Spiel. Sagen wir es ganz allgemein: Die Kategorie der Kausalität ist nichtig, wo makellose Schönheit als solche verstanden werden soll. Da gibt es nichts mehr zu begründen. Wirkung und Ursache fallen dahin. Statt mit »warum« und »deshalb« zu erklären, müssen wir beschreiben, beschreiben aber nicht nach Willkür, sondern in einem Zusammenhang, der ebenso unverbrüchlich und inniger ist als der einer Kausalität.

Wir finden den Stil in der sprachlichen Fassung; wir finden ihn in der Idee, im Motiv. Der stilistische Sinn der Weltanschauung hat keinen Vorrang vor dem des Reims, doch ebensowenig umgekehrt. Je vollkommener eine Dichtung ist, desto eher wird jede Erscheinung allen anderen ebenbürtig sein. Doch jede gewinnt ihren eigentümlichen Sinn nur im Zusammenhang. Löse ich etwas heraus und betrachte es isoliert, so verfalle ich einem öden und trügerischen Schematismus. Ich darf zum Beispiel nicht sagen, ein parataktischer Satzbau drückt Ruhe aus, dagegen ein hypotaktischer Spannung. Jener kann auch lyrisch-flüchtig, dieser auch ungeschlacht-umständlich sein. In Schillers ›Jungfrau von Orléans‹, in der Szene Johanna–Montgomery, zeigt der Einsatz jambischer Trimeter höheres Pathos, gesteigerte Rührung an. Dieselben ungereimten, ebenmäßigen Verse in Mörikes ›Auf eine Lampe‹ teilen die wunderbare, abgeschlossene Stille des fast vergessenen Kunstraums mit. Gewiß, man darf entgegnen, nur das metrische Schema bleibe sich gleich. Im Grunde seien die Verse verschieden. Schiller skandiere imperial; Mörike trete behutsam auf. Auch diese Bemerkung ließe sich noch an Hand der Texte belegen, zum Beispiel durch den Hinweis auf die Bedeutung der Konsonanten bei Schiller und andrerseits die zarten vokalischen Modulationen bei Mörike.

Schiller:

Du bist des Todes! Eine brit'sche Mutter zeugte dich.
Halt ein, Furchtbare! Nicht den Unverteidigten
Durchbohre! Weggeworfen hab ich Schwert und Schild . . .

Mörike:

Noch unverrückt, o schöne Lampe, schmückest du,
An leichten Ketten zierlich aufgehangen hier . . .

Das ist eine andere klangliche Welt. Schiller erlaubt sich, in der Rede Johannas einige Wörter zu sperren. Ein gesperrtes Wort in Mörikes Versen wäre undenkbar. Es fiele wie ein Stein in das silberne Netz, das hier die Sprache webt. Und so noch weiter! Die wissenschaftlichen Mittel sind heute fein genug, um prosodische Unterschiede zu fassen. Doch früher oder später kommen wir an die Grenze des Nachweisbaren und können wir nur behaupten, die Verse klingen nach unserem Empfinden so. Eine solche Behauptung wird aber gestützt und dem subjektiven Belieben entrückt, wenn ich den Klang der Verse mit andern Momenten des Gedichts vereinigen kann.

So fällt mir auf, wie Mörike die Zeilen gliedert. Die Versabschnitte decken sich meist mit denen des Sinns, sind also durch Punkt oder Komma markiert – indes nicht immer; zweimal schließt die Zeile nicht mit einem Satzteil:

Auf deiner weißen Marmorschale, deren Rand
Der Efeukranz von goldengrünem Erz umflicht . . .

Wie reizend alles! lachend, und ein sanfter Geist
Des Ernstes doch ergossen um die ganze Form . . .

In einem so kurzen und mit so großer Vorsicht erwogenen Sprachkunstwerk gewinnen solche Übergänge eine bedeutende Qualität. Sie verschleiern ein wenig die Gliederung, die unter der Hülle doch sichtbar bleibt. Ähnlich gliedert sich das Ganze. Man glaubt zunächst, es sei in Gruppen von drei Zeilen aufgeteilt. Die ersten drei Zeilen füllt ein Satz:

Noch unverrückt, o schöne Lampe, schmückest du,
An leichten Ketten zierlich aufgehangen hier,
Die Decke des nun fast vergeßnen Lustgemachs.

Die nächsten drei Zeilen der zweite Satz:

Auf deiner weißen Marmorschale, deren Rand
Der Efeukranz von goldengrünem Erz umflicht,
Schlingt fröhlich eine Kinderschar den Ringelreihn.

Nun aber lockert sich das Gefüge. Die dritte Gruppe beschließt den zweiten Vers mit einem Gedankenstrich:

Wie reizend alles! lachend, und ein sanfter Geist
des Ernstes doch ergossen um die ganze Form –

Der dritte Vers enthält ein Satzbruchstück und einen Fragesatz:

Ein Kunstgebild der echten Art. Wer achtet sein?

Man kann auch diese drei Zeilen noch zu einer Gruppe zusammenfassen und fühlt sich denn auch aus Gründen der Symmetrie beinahe dazu genötigt. Sie ist aber etwas loser und, was mehr besagt, sie schließt sich nicht. Die Frage, die zwar nicht gerade eine Antwort erfordert, die aber doch eine leichte Beunruhigung stiftet, weist über den dritten Vers hinaus. Und nun, mit einer solchen Sorgfalt vorbereitet, folgt die Sentenz, der letzte Vers, der alles krönt:

Was aber schön ist, selig scheint es in ihm selbst.

Bildet er die vierte Gruppe? Wir wären berechtigt, so zu sprechen. Die eine Zeile, die den Platz einer vierten dreizeiligen Gruppe einnimmt, ist gleichsam in ihrem Gewicht verdreifacht, dem sententiösen Gehalt gemäß. Hüten wir uns aber, auf einer solchen Auslegung zu bestehen! Die Gliederung ist durchführbar; aber sie ist nicht unzweideutig mit harten Linien ausgeprägt. Das Statische wird gegen Schluß durch eine Bewegung auf reizvollste Weise verwischt.

Sieht nicht auch so die Lampe aus? Sie ist an Ketten aufgehängt. Die Ketten bilden deutlich eine sichtbare lineare Figur. Der Lampe selber spricht der Dichter »Form« – im klassischen Sinne – zu. Aber ein sanfter Geist des Ernstes ist »ergossen« um die Form, als hafte ihr etwas Feuchtes an, das ihre strengen Konturen mildert. Die Kinderschar, die den Reihen schlingt, ist »fröhlich«, in freierer Weise, geordnet. Und endlich ist, im goldengrünen Erzkranz, Farbe beigemischt, die ebenso unauffällig den Abstand des plastischen Kunstgebilds überspielt, wie die vokalischen Modulationen den distanzierenden reimlosen Vers.

Ich hoffe, es sei schon jetzt erkennbar, wie alles dies zusammenhängt. Das Unaussprechlich-Identische meiner Beobachtungen ist der Stil. Wenn wir schon ein Wort für dieses Unaussprechliche brauchen wollen, so dürfen wir es »anmutig« nennen, und zwar im ursprünglichen Sinn des Begriffs. Mörike überwältigt uns nicht, er reißt uns nicht hin und berauscht uns nicht. Sondern aus einem weise bemessenen Abstand mutet er uns an, der »stille Zauberer im Gebirge«, wie Gottfried Keller ihn genannt hat.

Es würde nicht allzuviel Mühe bereiten, das individuelle Gepräge von Mörikes Anmut noch anders herauszuarbeiten, durch eine Untersuchung des wechselvollen Baus der Sätze zum Beispiel, die Art, wie der Ausdruck »reizend« gleichsam probeweise durch »lachend« verbessert, aber nicht aufgehoben wird – so wie man eben versuchsweise spricht – und wie sich von diesem leichteren Ton der gemessene des ästhetischen Urteils abhebt: »Ein Kunstgebild der echten Art.« Ich könnte das Schweben zwischen Ferne und Annäherung am Ende sogar durch eine Statistik der Laute belegen. Da hätten wir aber zuvor zu bedenken, an welch eine Leserschaft wir uns wenden. Es kann unter Umständen sinnvoll sein, an einem einzigen Beispiel alle methodischen Künste zu demonstrieren, nur um zu zeigen, wie wirklich alles und jedes in einem Kunstgebild der echten Art im Stil aufgeht. Ein solcher Versuch erfordert aber nicht nur Geduld und Behutsamkeit, sondern, ich möchte sagen, auch eine gewisse List der Darstellung. Denn weil hier jede Erscheinung jeder anderen ebenbürtig ist, gelingt es nur selten, aufzubauen und jene Folge zu erzielen, die bei der Entwicklung eines Problems oder einer Lebensgeschichte bereits durch die sachliche Folge gegeben scheint. Wer interpretiert, läuft immer Gefahr, nur eine Schmetterlingssammlung von lauter einzelnen Aperçus zu liefern. Je mehr wir uns ferner um Vollständigkeit in der Untersuchung des Details bemühen, desto eher ziehen wir uns den Vorwurf gelehrtenhafter Pedanterie zu. Es wird bewiesen und bewiesen, was jeder Verständige schon nach wenigen Andeutungen begriffen hat. Dürfen wir es so ganz überhören, wenn hin und wieder ein Kritiker sagt, langweiliger, öder sei in dem literaturwissenschaftlichen Schrifttum nichts als eine gründliche Interpretation? Mit Interpretationen verdürben sich Literarhistoriker noch den letzten Rest von Eleganz, der ihnen vielleicht verblieben ist.

Es ist in den Wissenschaften nicht üblich, schriftstellerische Fragen zu erörtern. Im Gegenteil, die Historiker rechnen es sich sogar oft zur Ehre an, auf literarische Kunst zu verzichten. Das war ein nüchternes Pathos der Zunft in Zeiten, da es galt, die Geschichte als Wissenschaft von der Geschichte als Chronik, Legende und Mythos abzulösen. Heute sollte ein Forscher es aber doch nicht mehr nötig haben, den Ernst und die Sachlichkeit seiner Wissenschaft durch schlechtes Schreiben zu beweisen. Wenn er sich klar ist über sein Tun und wenn es methodisch gesichert ist, dann wird er sich guten Gewissens um eine gefällige Darstellung bemühen und seine Schriften so verfassen, daß nicht nur der Fachkollege sich eine Belehrung aus ihnen holen mag. Fachkollegen sind in der Mehrzahl ohnehin keine geneigten Leser. Es wäre ein wunderliches Gehaben, gerade nur sie gewinnen zu wollen.

Wir haben auch nicht nur das Wissen zu häufen; wir haben außerdem Sorge dafür zu tragen, daß in weiteren Kreisen der Sinn für Dichtung lebendig bleibt und das so oft mißbrauchte und Mißverständnissen ausgesetzte Wort der Dichter in reinem Licht erstrahlt. Wer dürfte freilich hoffen, solcher »schwerer Dienste täglichen Bewahrung« vollkommen gewachsen zu sein? Wir müssen aber wissen, wie groß der Umkreis unserer Pflichten ist. Die Ausbildung der Kunst des Schreibens gehört dazu; daran zweifeln wir nicht. Und im Wesen der Sache liegt es, daß Interpreten besonders Anlaß haben, sich dieser Ausbildung zu widmen.

Es mag aber einer noch so gewandt sein und den widerstrebendsten Stoff, syntaktische, metrische, lautliche Dinge, in geistreich-spannender Weise entwickeln – dem Tadel gerade derer, zu denen er sprechen möchte, entgeht er doch nicht, wenn er einzig in minutiöser Akribie das Heil seiner Forschung erblickt. Denn es ist nicht jedermanns Sache, sich so über Poesie unterrichten zu lassen. Es ist begreiflich, daß viele und oft die berufensten Leser und Hörer, erklären, dergleichen begehrten sie gar nicht zu wissen; das sei vielleicht einmal interessant; der Reiz verbrauche sich aber bald. Wir wollen auch diese Stimmen beachten und geben es deshalb für diesmal auf, an Mörikes Versen mit feinen und feineren Instrumenten herumzuzupfen. Statt dessen eröffnet sich aber eine andere Möglichkeit, den Text in ein noch helleres Licht zu rücken. Wir sind zu Beginn von außen her mit einer kurzen Besinnung auf die sprachliche Überlieferung und auf das Leben des Dichters in den Raum des Kunstwerks eingetreten. Nun treten wir wieder aus ihm heraus, um seine Umgebung kennenzulernen.

Der jüngere Mörike, Dichter der ›Peregrina‹-Lieder, des ›Maler Nolten‹, zeichnet noch keine so klar umgrenzten Räume wie in ›Auf eine Lampe‹. Sein Element ist eher die Zeit. Er lebt im Bann der Erinnerung, ein letzter König von Orplid, und lauscht den Tönen, die aus dem Vergangenen, seiner Kindheit und fernen, sagenumwobenen Völkern herüberklingen. Musik herrscht vor, in den Motiven und in der Sprache, deren Klang romantische Stimmung weiterträgt wie einen letzten verzauberten Nachhall, den nur das feinste Ohr vernimmt. Der Schmerz des Abschieds, manchmal auch ein Leiden am Vergangenen, das nicht sterben kann, wird darin hörbar. Unvergeßlich prägt sich immer wieder die Stunde des Morgens ein, »da noch der freche Tag verstummt« und doch schon anzubrechen droht, wohl auch die frühe Stunde, da der ersehnte Morgen nicht kommen und die schlaflos-verängstigte Seele nicht von Nachtgespenstern befreien will. Mörike, blinzelnd in den Tag, sein Geist von den Wundern der Nacht erschöpft – so steht er vor uns auf der Schwelle der Zeiten, am Ende der Romantik und am Anfang einer Epoche, deren Nüchternheit ihn verletzte, obwohl sie es ihm vielleicht ermöglicht hätte, die tiefsten Wunden und unerträgliche trunkene Schauer zu vergessen.

Auch ihm aber blieb es nicht erspart, aus Kindheits- und Jugendträumen in den männlichen Tag hineinzuwachsen. Er spielte dabei die älteren Weisen artistisch noch eine Zeitlang fort. Zugleich gedieh aber eine schon früher gelegentlich angekündigte Kunst zu immer größerer Vollkommenheit, die klassizistische Poesie, die sich bewußt an Goethe und an Meister antiker Lyrik anschließt. Da herrscht nun die räumliche Gegenwart vor; die Anschauung drängt die Stimmung zurück; die Reime weichen den Distichen und andern antiken Maßen, deren Tugend minder im Klanglichen als in reinlichen Gliederungen besteht. Und doch verleugnet der scheue Mörike auch in diesen klassizistischen Werken seine Eigenart nicht. Es fällt ihm nicht ein, der Kunst ein Maß zu geben und das Leben auf ein gültiges Vorbild auszurichten, wie Goethe dies in ›Hermann und Dorothea‹ unternommen hat. Der Glaube an die bildende Macht der Dichtung ist ihm fremd geworden. Am allerwenigsten denkt er daran, er selber könnte berufen sein, die Menschen zu bessern und zu bekehren. Die gesellschaftlich-kosmopolitischen Ziele der deutschen Klassik bestehen nicht mehr. Die Zukunft fehlt in Mörikes Welt. Er kennt nun zwar gegenwärtige Schönheit; aber er kennt sie nur als Rest, als Überbleibsel, als ausgesparten Raum in nüchterner Umgebung, so den Kreis von »dämonischer Stille«, in dem die ›Schöne Buche‹

steht, so das Grab von Schillers Mutter oder im Garten den Lieblingsbaum, in den er Höltys Namen geschnitten, Stätten also, die eine Beziehung auf die Vergangenheit auszeichnet, so auch die Sommerlandschaft und die Klostergebäude von Bebenhausen und so – vielleicht der reinste ausgesparte Raum – das »Lustgemach«, in dem die schöne Lampe hängt.

»Fast vergessen« ist es; zwar, die Lampe ist »noch unverrückt«, heute, aber wie lange noch? Niemand achtet des Kunstgebilds. Nur er, der Dichter, nimmt es wahr in seiner unaufdringlichen Schönheit. Er ist von außen eingetreten. Er selber kommt aus der Werktagswelt, die ihn ernüchtert hat wie alle. Wer könnte dem Zeitgeist widerstehen? Die edleren Organe seines Geistes sind aber noch nicht ganz abgestorben. Nun werden sie von dem Kunstwerk berührt, und während er verweilt, erhebt die vergangene schöne Welt sich wieder und scheint wieder gegenwärtig zu sein – von »Reiz umfremdet«, so möchte man sagen, um eine Wendung aus dem Gedicht ›Göttliche Reminiszenz‹ zu gebrauchen. Denn der Dichter selber ist dergleichen ja längst nicht mehr gewohnt. Das Schöne mutet ihn aber noch an, wie seine Verse uns anmuten.

Wir glauben, die Anmut – im wörtlichen Sinn – nun besser aus der zeitgeschichtlichen Lage Mörikes zu verstehen. Er schaltet nicht als Herr in diesem Haus, in dem die Lampe hängt. Da scheint überhaupt kein Herr mehr zu sein. Doch zugehörig fühlt er sich noch; er wagt es, wenigstens halb, sich noch als Eingeweihten zu betrachten. Gerade darauf beruht vielleicht der schmerzlich-schöne Zauber des Stücks. Er sieht die Lampe nicht so als Kunstwerk, wie sie Goethe sehen würde, nämlich in brüderlicher Verehrung, als organisches Gebilde, dessen Baugesetze mit denen des menschlichen Körpers und Geistes verwandt sind. Der Efeukranz, der Kinderreigen wirkt auf den Betrachter mehr dekorativ, das heißt, er sieht sich das Kunstwerk *mehr* – nicht ganz, aber *mehr* – von außen an. Er fühlt sich jedenfalls nicht damit eins, so wenig wie noch mit seiner Kindheit, an die vielleicht die Kinderschar eine wehmutsvolle Erinnerung weckt. Halb nah, halb fern, »halb Lust, halb Klage«, wie das Gedicht ›Im Frühling‹ sagt.

Es ist vor allem der letzte Vers, in dem dieser Ton am reinsten erklingt:

Was aber schön ist, selig scheint es in ihm selbst.

»Die Schöne bleibt sich selber selig«, sagt Goethe im zweiten Teil des ›Faust‹. Er weiß darüber Bescheid. Er spricht sich entschieden und unzweideutig aus. Mörike geht nicht so weit. Er traut sich nicht mehr ganz zu, zu wissen, wie es der Schöne zumute ist. »Was aber schön ist, selig scheint es . . .«, ist alles, was er zu sagen wagt. Und nun ersetzt er noch gar, mit jenem letzten Raffinement, über das nur ein Spätling verfügt, das »sich« durch »ihm«: »Selig scheint es in ihm selbst.« Hätte er »in sich selbst« geschrieben, so hätte er sich noch immer allzusehr in die Lampe hineinversetzt. Ganz abgerückt ist das Schöne wieder, wenn es selig ist »in ihm selbst«. Es ist, als habe der Betrachter das Lustgemach bereits wieder verlassen und denke nun über das Kunstwerk nach. Nachzudenken ist ihm gemäß, ihm, der sich als Nachgeborener fühlt. Im Nachdenken findet er aber den Trost, das Schöne bedürfe der Würdigung nicht; es sei sich selbst, »ihm« selbst genug – einen gültigen, aber doch schmerzlichen Trost, der jeden seinem Bereich überläßt, das Schöne dem fast vergessenen Raum, den Menschen der Gleichgültigkeit des Tages.

Ich habe damit in Kürze, wie es hier möglich ist, das Gedicht im Rahmen der ganzen Goethezeit betrachtet und seine stilistische Einheit auch in historischen Zusammenhängen gewürdigt. Ein Weg, den zu gehen sich immer empfiehlt. Wir sehen, mit wem ein Dichter verwandt ist, und sehen, in welchen Zügen er sich auch von dem ähnlichsten unterscheidet. Man wird sich dabei nicht auf die Epoche, in der der Dichter gelebt, und nicht auf die deutsche Literatur beschränken. Eigentlich sollten wir jede Dichtung im Ganzen der Menschheitsgeschichte betrachten, ein Ideal, das niemand erreicht, dem aber nachzustreben auch Germanisten nicht vergessen sollten. Noch immer sind wir allzu rasch in unserem eigenen Haus zufrieden und lassen die Tradition beiseite, der nachzugehen Anglisten und Romanisten so natürlich ist. ›Auf eine Lampe‹ legt mindestens einen Vergleich mit griechischer Lyrik nahe. Der Titel meint zwar keine Inschrift. Er klingt aber gleich wie die Überschriften eigentlich epigrammatischer Dichtung. In der ›Anthologia Palatina‹, der Sammlung griechischer Epigramme aus anderthalb Jahrtausenden, finden wir denn auch geistesverwandte Stücke, und zwar besonders aus der Zeit der hellenistischen Poesie, unter Namen wie Theokrit, Erinna, Anyte, Mnasalkas, Kallimachos, also aus einer Epoche, mit der sich Mörike gern beschäftigt hat, wie seine Theokritübersetzung beweist. Die hellenistische Dichtung aber kennt nicht mehr jene Beziehung auf die Polis, die für die Dichter des fünften Jahrhunderts noch selbstverständlich besteht. Das politische Leben ist entartet; der Staat hat seine Weihe und meist sogar jegliche Würde eingebüßt. So wenden sich die Dichter den kleineren, noch verschonten Bezirken zu, preisen das Glück des Schäferlebens, loben erlesene Gegenstände und zeichnen mit ihren Worten Gräber und andere heilige Stätten aus. Auch hier entzückt uns oft ein zärtlicher Hauch von Resignation. Das Schicksal dieser Dichter ist in mancher Hinsicht dem Mörikes gleich. Sie fühlen sich als Epigonen; sie gehen darum auf das Seltene aus und sind auf das Seltene angewiesen. Sie meistern alle Töne und überbieten jeden an Raffinement. Der Begriff für die Würde des Dichters, der zum Wesen des Volkes gehört und eine Gemeinschaft stiftet, ist ihnen aber, wie Mörike, abhanden gekommen.

Man wird bei solchen Vergleichen nie die tiefen Unterschiede verkennen, die zwischen verschiedenen Nationen und weit entfernten Zeiten bestehen. Doch ebensowenig dürfen wir die Tatsache einer Begegnung, wie sie hier stattgefunden hat, unterschätzen. Sie gibt uns die Gewißheit, daß Menschliches selbst über Klüfte der Räume und Zeiten hinweg für Menschliches offen ist; und ihre Anerkennung schützt die Interpretation vor einer Gefahr, in die sie nur allzu leicht gerät. Wenn wir nämlich alles Licht auf unseren Gegenstand versammeln, sind wir geneigt, zu meinen, seine Erkenntnis und Beschreibung sei der Endzweck der Literaturwissenschaft. Als moralische Arbeitshypothese mag eine solche Meinung hingehen. Man kann auch darüber hinaus noch erklären, so wie das Vollendete Zweck und Ziel aller künstlerischen Bemühung sei, so sei es der höchste und letzte Gegenstand aller der Kunst gewidmeten Forschung. Gewiß, es läßt sich wenig erwidern, wenn uns jemand sagt, darauf komme es an; alles übrige sei nur Vorspiel. Dennoch wäre es schade, wenn wir nun über dieser so reizvollen Arbeit die anderen Geschäfte vergessen wollten, die uns noch aufgetragen sind. Wie die Kunst der Interpretation auf geschichtlicher und sprachlicher Forschung beruht, so soll sie ihrerseits wieder bestrebt sein, diesen Zweigen der Forschung zu dienen. Ich bin überzeugt, gerade so, mit den Mitteln der Interpretation, mit ihrer Art, sich restlos ihren jeweiligen Gegenständen zu widmen, gelingt es am ehesten, jene schematischen Aufteilungen zu überwinden, die so viel Vorurteile erzeugen und uns verhindern, in eines Dichters Worten zu lesen, was eigentlich dasteht. Niemand, der Werke des späteren Lessing oder des jüngeren Goethe in allen Einzelheiten interpretiert hat, wird mehr so rasch die Begriffe »Sturm und Drang« und »Aufklärung« anwenden. Dennoch bleibt die Geschichtswissenschaft auf solche Begriffe angewiesen, wenn sie sich äußern und wenn sie sich ihren gewaltigen Stoff aneignen will. Sie dürfen indes nicht einfach übernommen, sie müssen von Zeit zu Zeit gereinigt und erneuert werden. Soll eine solche Erneuerung literaturwissenschaftlich gültig sein, so darf sie nicht auf Grund von geschichtsphilosophischen Spekulationen oder anderen fragwürdigen Künsten erfolgen, sondern allein auf Grund einer neuen gründlichen Überprüfung der Texte. Diese leistet die Interpretation.

Der Sprung von Mörikes anspruchslosem Gedicht zu solchen Problemen und Fragen scheint freilich ein wenig groß zu sein. Wir haben ein so kleines Stück aber nur aus praktischen Gründen gewählt. Das hier beschriebene Verfahren eignet sich ebensogut für größere Werke. Man hat dies manchmal zwar geleugnet; man hat versichert, es gehe schon aus der vorhandenen Literatur hervor, daß diese Art Interpretation sich wirklich nur für Lyrik eigne. Wir müssen bei diesem Einwand sachliche und persönliche Gründe trennen. Es kann wohl sein, daß sich die Mehrzahl der heute tätigen Interpreten besser an lyrischen Werken bewährt. Das muß aber nicht an ihrer Methode, das kann an ihrer Begabung liegen; sie fühlen sich mehr von lyrischer als von dramatischer und epischer Dichtung berührt. Es liegt vielleicht auch daran, daß schon ein kleines Gedicht so viel zu tun gibt und so viel taktvollste Umsicht erfordert, daß sich einstweilen nur wenige an eine größere Aufgabe wagen. Schwer aber wäre es nachzuweisen, daß Epen und Dramen weniger gut geeignete Gegenstände seien. Solange uns Verse vorgelegt werden, sollte uns ohnehin nicht bang sein – jedenfalls nicht banger als sonst. Da rührt uns der Rhythmus unmittelbar an. Schon Wilhelm von Humboldt hat in einer glänzenden Darstellung ausgeführt, wie die Gestaltenwelt Homers aus der Gliederung des Hexameters aufsteigt. Sogar ein Bühnenstück in Prosa bringt uns an sich noch nicht in Verwirrung, selbst dann nicht, wenn die Sprache die der Gesellschaft oder des niederen Volks ist. Denn in der Folge von Szenen, im Tempo, in der dramatischen Präzipitation sind rhythmische Qualitäten vernehmlich so gut wie in einem gegliederten Vers. Hölderlin hat zum Beispiel ganze Tragödien rhythmisch nach Analogie eines einzigen Verses interpretiert. Und davon abgesehen: der Rhythmus im Sinne Beckings ist ja nur der tiefste Grund der stilistischen Einheit, die sich nicht minder in Bildern, Ideen, Stimmungen als in Versen bewährt. So mögen sich etwa schablonenhafte Romane, Novellen, wie ›Reader's Digest‹ sie bringt, einer kunstgerechten, methodisch sicheren Interpretation entziehen. Je reiner, je vollkommener, je einstimmiger eine Dichtung ist, desto eher wird sie uns Zugang gewähren. Bei Dramen in Prosa fallen nur einige Elemente – Prosodie, Metrik, Strophe, Reim – dahin. Vielleicht ist auch die Sprache der Dialoge stilistisch indifferent. Dafür wächst auf der anderen Seite manches zu, was in Gedichten fehlt: ein ausgedehntes Gefüge von Akten, die Schärfe gedanklicher Diskussion, ein mit Bewußtsein erfaßtes Problem. Natürlich wird man hier etwas anders vorgehen als bei einem Gedicht. Schon jedes Gedicht will aber auf seine besondere Weise aufgefaßt werden. Ich kann bei Fleming nicht auf jenes noch unmittelbare Verständnis rechnen, das ich bei Goethe voraussetzen darf. Bei C. F. Meyer wird man lange vom Kunstverstand sprechen müssen; bei Eichendorff hätte dies wenig Sinn. Die Leser sowohl wie die Gegenstände verbieten uns jeglichen Schematismus. Und schließlich finde ich Gründe in mir selbst, verschieden zu verfahren. Ich werde nämlich nicht jedesmal mein ganzes Wissen auskramen und den Text erschöpfend behandeln wollen. Hier fesselt mich ein sprachlicher Zug, dort mehr ein kompositorischer Reiz; und wenn man nicht gerade ein Schulbeispiel aufstellen will, so scheint es geraten, solchen Neigungen Folge zu leisten. Denn ohnehin wecke ich Leben nur, wo Leben in mir entzündet ist.

Ich komme so am Ende wieder auf den persönlichen Ursprung jeder Interpretation zurück. Ob ich mich nun bewußt auf das, was mich am meisten lockt, beschränke oder Vollständigkeit erstrebe, einseitig bleibt meine Darstellung immer. Ich sehe nämlich doch immer nur das, was mir persönlich zu sehen vergönnt, was mir in der ersten echten Begegnung am Kunstwerk aufgegangen ist. Damit rede ich aber keineswegs einem historischen Relativismus das Wort. Ich habe mein Gefühl geprüft und habe den Nachweis erbracht, daß es stimmt. Nun mag ein anderer kommen, eine andere Auslegung versuchen und seinerseits den Nachweis erbringen, daß sein Gefühl ihn nicht getäuscht hat. Wenn beide Darstellungen wahr sind, so werden sie sich nicht widersprechen, auch wenn sie im Einzelnen und im Ganzen nichts miteinander zu schaffen haben. Sie deuten mir beide nur an, daß jedes echte, lebendige Kunstwerk in seinen festen Grenzen unendlich ist. »Individuum est ineffabile.« Und wir besinnen uns auf die unvergängliche humanistische Wahrheit, daß nur alle Menschen zusammen Menschliches ganz zu erkennen vermögen. Der Fortschritt dieser Erkenntnis vollzieht sich im Gang der Geschichte und findet kein Ende, solange die Überlieferung währt. Ihr dient die Literaturwissenschaft und dient im Rahmen der Literaturwissenschaft die Interpretation. Das Interesse am Menschen, das dem Menschen eingeboren ist und vielleicht ein höheres, unserm Wissen noch unzugängliches Ziel verfolgt, erhält sie lebendig; und ihre Lust ist die unerschöpfliche Tiefe der Kunst.

Ein Briefwechsel mit Martin Heidegger

Im Herbst 1950 hielt ich in Amsterdam und in Freiburg im Breisgau einen Vortrag über das Thema ›Die Kunst der Interpretation‹. Um die methodischen Erwägungen an einem Beispiel zu erläutern, flocht ich eine Interpretation von Mörikes 1846 entstandenem Gedicht ›Auf eine Lampe‹ ein:

> Noch unverrückt, o schöne Lampe, schmückest du,
> An leichten Ketten zierlich aufgehangen hier,
> Die Decke des nun fast vergeßnen Lustgemachs.
> Auf deiner weißen Marmorschale, deren Rand
> Der Efeukranz von goldengrünem Erz umflicht,
> Schlingt fröhlich eine Kinderschar den Ringelreihn.
> Wie reizend alles! lachend, und ein sanfter Geist
> Des Ernstes doch ergossen um die ganze Form –
> Ein Kunstgebild der echten Art. Wer achtet sein?
> Was aber schön ist, selig scheint es in ihm selbst.

Im Zusammenhang mit Mörikes epigonischer Situation und seiner wehmütigen Erinnerung an die vergangene Goethezeit führte ich da unter anderem aus:

> Er schaltet nicht als Herr in diesem Haus, in dem die Lampe hängt. Da scheint überhaupt kein Herr mehr zu sein. Doch

zugehörig fühlt er sich noch; er wagt es, wenigstens halb, sich noch als Eingeweihten zu betrachten. Gerade darauf beruht vielleicht der schmerzlich-schöne Zauber des Stücks. Er sieht die Lampe nicht so als Kunstwerk, wie sie Goethe sehen würde, nämlich in brüderlicher Verehrung, als organisches Gebilde, dessen Baugesetze mit denen des menschlichen Körpers und Geistes verwandt sind ... Er fühlt sich jedenfalls nicht damit eins, so wenig wie noch mit seiner Kindheit, an die vielleicht die Kinderschar eine wehmutsvolle Erinnerung weckt. Halb nah, halb fern, »halb Lust, halb Klage«, wie das Gedicht ›Im Frühling‹ sagt.

Es ist vor allem der letzte Vers, in dem dieser Ton am reinsten erklingt:

Was aber schön ist, selig scheint es in ihm selbst.

»Die Schöne bleibt sich selber selig«, sagt Goethe im zweiten Teil des ›Faust‹. Er weiß darüber Bescheid. Er spricht sich entschieden und unzweideutig aus. Mörike geht nicht so weit. Er traut sich nicht mehr ganz zu, zu wissen, wie es der Schöne zumute ist. »Was aber schön ist, selig *scheint* es ...« ist alles, was er zu sagen wagt. Und nun ersetzt er noch gar mit jenem letzten Raffinement, über das nur ein Spätling verfügt, das »sich« durch »ihm«. Hätte er »in sich selbst« geschrieben, so hätte er sich noch immer allzusehr in die Lampe hineinversetzt. Ganz abgerückt ist das Schöne wieder, wenn es selig ist »in ihm selbst ...«.

Schon in Amsterdam äußerte Hermann Meyer Bedenken gegen diese Interpretation. Er fand, das »scheint« müsse als lucet, nicht als videtur aufgefaßt werden. Auch in Freiburg wurde dann diese Frage wieder aufgeworfen. Walther Rehm und Hugo Friedrich zweifelten zunächst, entschlossen sich dann aber doch mit Überzeugung zu der Interpretation videtur. Hugo Friedrich erinnerte außerdem daran, daß »ihm« ein altes, aber auch heute noch in Schwaben gebräuchliches Reflexivpronomen sei. In der Tat hätte ich mich darüber schon durch Grimms Wörterbuch unterrichten lassen können, wo der Gebrauch als Reflexiv bis 1800 allgemein und in Schwaben auch später noch bezeugt ist. Indes fand ich mich dadurch nicht genötigt, meine Auslegung zu ändern. Wir einigten uns dahin, daß Mörike eine Eigentümlichkeit seines Dialekts benutzt habe, um im Hochdeutschen den von mir geschilderten Eindruck zu erzielen, und sprachen dann noch eine Weile darüber, wie schwierig und vieldeutig offenbar auch ganz harmlose Verse sind und wie der Interpret nie behutsam genug vorgehen kann.

Nun hatte sich in Freiburg aber auch Martin Heidegger den Vortrag angehört. Er bekannte sich entschieden zu der Auffassung des »scheint« als lucet und hatte die Freundlichkeit, seine Ansicht in einem Brief folgendermaßen zu begründen:

Um mit dem »scheint« in Mörikes Gedicht ins Klare zu kommen, muß man zunächst, aber zugleich rückwärts aufschließend für das ganze Gedicht, die beiden letzten Verse nach dem Gedankenstrich lesen. Die zwei Zeilen sprechen in nuce Hegels Ästhetik aus. Die Lampe, »das Leuchtende«, ist als »ein Kunstgebild echter Art« das σύμβολον des Kunstwerkes als solchen – in Hegels Sprache »des Ideals«. Die Lampe, das Kunstgebild (»o schöne Lampe«), bringt in eines zusammen: das sinnliche Scheinen und das Scheinen der Idee als Wesen des Kunstwerkes. Das Gedicht selbst ist als sprachliches Kunstgebilde das in der Sprache ruhende Symbol des Kunstwerkes überhaupt.

Aber nun zum »scheint« im besonderen. Sie lesen »selig scheint es in ihm selbst« als felix in se ipso (esse) videtur. Sie nehmen das »selig« prädikativ und das in se ipso zu felix. Ich verstehe es adverbial, als die Weise wie, als Grundzug des »Scheinens«, d. h. des leuchtenden Sichzeigens, und nehme das in eo ipso zu lucet. Ich lese: feliciter lucet in eo ipso; das »in ihm selbst« gehört zu »scheint«, nicht zu »selig«; das »selig« ist erst die Wesensfolge des »in ihm selbst Scheinens«. Die Artikulation und der »Rhythmus« des letzten Verses haben ihr Gewicht im »ist«. »Was aber schön *ist*« (ein Kunstgebild echter Art *ist*), »selig *scheint* es in ihm selbst!« Das »Schön-Sein« ist das reine »Scheinen«.

Lesen Sie dazu Hegels ›Vorlesungen über die Ästhetik‹ 1835 nach, die Einleitung und das erste Kapitel des ersten Teils. Da heißt es (Erstausgabe der Werke Bd. X, 1. 144): »Das Schöne bestimmt sich dadurch als das sinnliche ›Scheinen‹ der Idee.« »Der *schöne* Gegenstand . . . läßt in seiner Existenz seinen eigenen Begriff erscheinen als realisiert und zeigt an ihm selbst die subjektive Einheit und Lebendigkeit.« ebd. 148.

Das »ihm« ist nicht nur schwäbische Mundart, sondern umgekehrt, diese Mundart ist geeignet und wird gebraucht, um einen wesentlichen Unterschied auszusagen: »in ihm selbst« nennt zwar etwas an ihm selbst, aber solches, was kein Selbstbewußtsein für sich hat, was in Hegels Sprache kein »Begriff«, d. h. kein »reines Scheinen in sich selbst« (141) ist, sondern ein »Scheinen« ohne Selbstbewußtsein, ohne ein »sich«, also nicht »in sich«, wohl dagegen »in ihm selbst«. Aber dieses »Scheinen« ist niemals ein »bloßer Schein« (im Sinne von »es scheint, als ob ...«). Darum sagt Hegel (199 unten): »Die Wahrheit der Kunst darf also keine bloße Richtigkeit sein, worauf sich die sogenannte Nachahmung der Natur beschränkt, sondern das Äußere muß mit einem Innern zusammenstimmen, das in sich selbst zusammenstimmt und eben dadurch *sich als sich selbst im Äußern offenbaren kann*« (dieses von mir unterstrichen).

Dieses Sichoffenbaren ist das leuchtende Sichzeigen, ist das »Scheinen«. In ihm bringt das Wahre seine Selbständigkeit zum Vor-Schein. So sagt denn Hegel: »Wir können in dieser Hinsicht die heitere Ruhe und Seligkeit, dieses Sichselbstgenügen in der eigenen Beschlossenheit und Befriedigung als den Grundzug des Ideals (d. h. des Kunstwerks) an die Spitze stellen. Die ideale Kunstgestalt steht wie ein seliger Gott vor uns da« (S. 202). Als feliciter lucens ist das schöne Gebild selbst felix. Damit dürfte wohl diejenige »Gewißheit« erlangt sein, die hier möglich ist. Denn eine »mathematische« im Sinne Descartes' zu verlangen, wäre ein ewig unbegründbarer Dogmatismus, weil völlig ungemäß der Sache.

Der Hinweis auf Hegel aber liegt auf der Hand. Denn Mörikes Jugendfreund (wie er in Ludwigsburg aufgewachsen) und ständiger Berater in den Fragen der Ästhetik und Poetik war Friedrich Theodor Vischer; dessen ›Ästhetik oder Wissenschaft vom Schönen‹ erschien 1846 ff.

Außerdem müssen wir beachten, daß für uns die Sagekraft des Wortes »scheinen« verlorengegangen ist, wenngleich wir noch sagen: »die Sonne scheint«. Aber lesen Sie dagegen das Gedicht von M. Claudius (Wandsbecker Bothe I) ›Ein Wiegenlied bei Mondschein zu singen‹, besonders Strophe 8, 9, 11 und 12.

Soweit Martin Heidegger. Ich gestehe, daß dieser Brief meine Überzeugung einigermaßen ins Wanken brachte. Nach einiger Zeit zeigte sich aber, daß mein Gefühl für den Klang und den

Sinn des Verses sich nicht erschüttern ließ. Und so versuchte ich, dies mein gefühlsmäßiges Verstehen des Verses noch einmal und ausführlicher als im Vortrag mit literaturwissenschaftlichen Mitteln auseinanderzusetzen. Ich schrieb an Martin Heidegger:

Lassen Sie mich mit dem Schluß Ihres Kommentars beginnen. Sie nennen Vischer den ständigen Berater Mörikes in den Fragen der Ästhetik und Poetik. Dann wäre Vischer aber wohl zuständiger als Hegel. Und was sagt Vischer vom Schönen? Im ersten Band seiner Ästhetik, der, wie Sie bemerkt haben, in demselben Jahr erschienen ist, in dem Mörikes ›Auf eine Lampe‹ entstand, heißt es in § 13 (2. Aufl., München 1922, S. 51):

> Diesem Gesetze entsprechend erzeugt sich ihm [dem Geist] der Schein, daß ein Einzelnes, in der Begrenzung von Zeit und Raum Daseiendes seinem Begriffe schlechthin entspreche, daß also in ihm zunächst eine bestimmte Idee und dadurch mittelbar die absolute Idee vollkommen verwirklicht sei. Dies ist zwar insofern ein bloßer Schein, als in keinem einzelnen Wesen seine Idee vollkommen gegenwärtig ist; da aber die absolute Idee nicht eine leere Vorstellung, sondern allerdings im Dasein, nur nicht im einzelnen, wahrhaft wirklich ist, so ist es inhaltsvoller Schein oder Erscheinung. Diese Erscheinung ist das Schöne.

Hier wird der Ausdruck »scheinen« vom Schönen bewußt doppeldeutig, aber mehr im Sinne von videri gebraucht. Doch ich lege auf diese Stelle kein großes Gewicht. Denn wie steht es mit der poetischen und ästhetischen Beratung? Am 8. Februar 1851 schreibt Mörike an Vischer über dessen Ästhetik, und zwar den zweiten, 1847 erschienenen Band:

> Indessen will ich fleißig in Deinem Buche sein, nach dem ich mehrmals das größte Verlangen verspürte. Ein Teil, der erste [dem die oben zitierten Sätze entnommen sind], war einmal zwei Tage lang in meinen Händen; ich suchte daran herum wie der Hund mit der Schnauze an einer festen Kugel, wo eine Ecke ist, um so in der Geschwindigkeit was loszukriegen.

Und wie steht es mit der Beschäftigung mit Hegel? Am 14. Mai 1832 bittet Mörike Vischer, er möge ihm »die

Hauptsätze des Hegelschen Systems zusammenschreiben«. Seebass, der Herausgeber von Mörikes ›Unveröffentlichten Briefen‹ (Stuttgart 1945), erklärt dazu (S. 534): »Von einer späteren Beschäftigung mit Hegel ist nichts bekannt.«

Der Hinweis auf Hegel liegt also keineswegs auf der Hand. Im Gegenteil! Wir sehen, daß Mörike zu ernsthaftem Denken keine Lust und kein Geschick hatte. Aber wie liegen die Dinge nun? Sie werden von einer so leichtfertigen Beschäftigung mit Philosophie, wie sie hier zutage tritt, gewiß mit Unwillen Kenntnis nehmen. Eben da liegt aber der wesentliche Punkt. Wenn Sie mir das Wort erlauben wollen, so möchte ich sagen: Die Art, wie Sie an den fraglichen Vers herangehen, scheint mir für diesen Dichter zu scholastisch zu sein; Sie scheinen mir, ganz entgegen Ihren eigenen Überzeugungen, zu sehr auf Begriffen zu insistieren und das Schwebende, Gleitende, Scheue, Vorsichtige, oft auch das Schlaue und Schillernde einer dichterischen Sprache, wie sie Mörike ausgebildet hat, zu übersehen. Es mag sein, daß der alte Fuchs auch ein wenig an lucet dachte, das ihm, ähnlich wie das »ihm selbst«, dialektisch noch näher lag als uns. Aber höchstens »auch ein wenig«, spielerisch, versuchsweise. Feste Grenzen der Bedeutung gibt es in einer solchen Lyrik kaum; und das ganze Spectrum des Worts »scheinen«, das Grimms Wörterbuch darlegt, mag mehr oder weniger mitschillern. Auf keinen Fall möchte ich aber auf das Potentielle der Aussage verzichten, auf das Unsichere, auf das Abrücken von der unbedingten Gewißheit, auf das »vielleicht«, das in dem videtur liegt. Diese Bedeutung halte ich für dominant. In ihr kommt Mörikes besondere, von ihm selbst tief empfundene Lage, der Unterschied seiner Existenz von der eines Goethe (oder auch von der Sicherheit eines Hegel) unübertrefflich zum Ausdruck. Er, der Spätling, kann nur noch vermuten und als möglich bezeichnen; das Wesen ist ihm schon halb verhüllt. Wollen Sie diese kostbare, höchst individuelle Farbe des Dichters und des fraglichen Verses aufopfern zugunsten eines Satzes, der nur noch eine nachträgliche Bilanz der Hegelschen Ästhetik wäre?

Es handelt sich also zwischen Ihnen und mir offenbar nicht um eine beliebige Meinungsverschiedenheit, sondern um einen wesentlichen Unterschied in der Auffassung dichterischer und philosophischer Sprache. Am stärksten empfinde ich das bei Ihrer Erklärung, der Nachdruck liege auf »ist«.

Das scheint mir schlechterdings unmöglich. Der Nachdruck liegt auf »schön«, »selig« und »selbst«. Wenn Sie dagegen bei Hölderlins Vers

> Des gemeinsamen Geistes Gedanken sind,
> Still endend in der Seele des Dichters . . .

erklären, auf »sind« liege ein Nachdruck und diese Erklärung durch den Hinweis auf das bei Hellingrath übersehene Komma stützen, so stimme ich Ihnen zu – aus rhythmischen und sachlichen Gründen. Dieses Detail Ihrer Interpretation der Feiertagshymne war mir immer besonders wertvoll. Hölderlins Sprache ist aber gewiß viel philosophischer als die Mörikes. Hölderlin war auch ein Denker, Mörike nicht.

Würden Sie mir erlauben, unseren Briefwechsel, soweit er sich auf Mörikes Vers bezieht, im ›Trivium‹ zu veröffentlichen? Ich glaube, daß er geeignet wäre, auch weitere Kreise zu erneutem Nachdenken über die Schwierigkeiten der Interpretation zu veranlassen. Besonders dankbar wäre ich Ihnen, wenn Sie noch etwas Abschließendes dazusetzen wollten. Denn es geht mir keineswegs darum, das letzte Wort zu haben – am wenigsten Ihnen gegenüber.

In einem Brief aus Todtnauberg vom 28. Dezember 1950, der nun ausschließlich dem fraglichen Vers gewidmet war, antwortete Martin Heidegger:

Lieber Herr Staiger!

Ich danke Ihnen für den Brief. Er macht Ihren Vortrag durchsichtiger; er belehrt mich über Wesentliches, die Grundstimmung des Gedichtes, überzeugt mich aber nicht im Entscheidenden, in Ihrer Deutung des »scheint« als videtur. Doch dies ermuntert uns zum Versuch, noch eine höhere Deutlichkeit in die Sache und unsere Auffassung in einen Einklang zu bringen.

Dem zu dienen, muß ich doch ausführlicher antworten. So darf ich denn auch nicht das Schlußwort haben, ganz abgesehen davon, daß dieses nach gutem Brauch Ihnen zusteht. Ihr letztes Wort wird auch nach Ihrer Meinung, wie immer im besten solcher Fälle, gerade nur ein erstes bleiben; denn anderes steht auf dem Spiel als diese vereinzelte Erläuterung eines Verses. Jenes andere entscheidet vielleicht bald, vielleicht in ferner Zeit, aber gewiß zuerst und sogar allein das Verhältnis der Sprache zu uns, den Sterblichen.

Mein Hinweis auf Hegel sollte nur die Atmosphäre kennzeichnen, worin das Wort *scheinen* verlautet, wenn es von Mörike im Zusammenhang mit dem *Schönen* gebraucht wird. Keineswegs aber wollte ich mit der Anführung von Stellen aus Hegels Vorlesungen über die Ästhetik beweisen, daß die philosophischen Begriffe des Schönen und des Scheinens als Ursachen den poetischen Gebrauch dieser Begriffswörter als Wirkung im Gedicht Mörikes zur Folge gehabt hätten, und zwar auf dem Wege über eine ursächliche Vermittlung dieses Wirkungszusammenhangs zwischen Hegel und Mörike durch Fr. Th. Vischer.

Wenn Sie jetzt zeigen, daß Mörike sich um Hegels Philosophie kaum bekümmert und mit Vischers Ästhetik sich nur flüchtig beschäftigt hat, so wird dadurch weder mein Hinweis auf Hegel zunichte gemacht, noch lasse ich mich bewegen, über Mörikes »so leichtfertige Beschäftigung mit Philosophie« unwillig zu werden. Dieses nicht, weil ich dafür halte, daß, wer Dichter ist, mit Philosophie sich nicht zu beschäftigen braucht, daß ein Dichter freilich um so dichtender wird, je denkender er ist.

Jenes nicht, weil durch die damalige Herrschaft der Hegelschen Philosophie und seiner Schule die Bedeutung von »scheinen« im Sinne von »leuchtendes sich zeigen des Anwesenden« in der Luft lag und es nicht nötig war, daß jeder, der dieses Wort in seinem alten Sinne noch und wieder verstand, sich mit Hegels Werken oder mit Vischers Büchern beschäftigte. In der Sache aber gibt es auch kein recht gedachtes »scheinen« im Sinne von »nur so aussehen als ob ...«, ohne den zugrundeliegenden Bereich des Scheinens im Sinne von sich offenbarendes Entbergen eines Anwesenden. Das griechische φαίνεσθαι sagt beides. Dabei spricht das φαίνεται in der Bedeutung von »es scheint nur so« immer noch anders als das römische videtur, das vom Betrachter her spricht. So meine ich denn nicht »scholastisch«, Mörike habe schulmäßig die Hegelsche Philosophie ins Poetische übersetzt, sondern ich möchte nur darauf hindeuten, daß die ursprüngliche Bedeutung von »scheinen« und »Schein« denjenigen Bereich offen hält, worin sich die Mannigfaltigkeit der Bedeutungen von Schein, scheinen,

Erscheinung, bloße Erscheinung und nur Schein frei, obzwar nicht beliebig, entfaltet, aber auch verwickelt.

So beweist denn auch die von Ihnen aus Vischers ›Ästhetik‹ § 13 angeführte Stelle keinen Gegensatz zu Hegel. Auch dieser spricht im Umkreis der von mir zitierten Stellen (S. 132, 148, 149) von der Erscheinung und vom Schein im Sinne des bloß Scheinens. In Hegels Begriff des Schönen und des Scheinens des schönen Gegenstandes versammelt sich eine streng gebaute Vielfalt von Schein, Erscheinung und bloßem Schein. Aber der Schein, daß z. B. ein als Kunstgebilde nur gemalter Baum kein wirklicher Baum ist und gleichwohl als dieser scheinbare Baum gerade die Wirklichkeit des Baumes selbst zeigt, gehört notwendig zum Wesen jedes Kunstwerks, und zwar zu dessen eigentlichem Scheinen als dem Sich-an-ihm-selbst-zeigen. Diesen zum eigentlichen Scheinen gehörigen Schein des anscheinend Wirklichen, der Wirklichkeit erscheinen läßt, meinen Hegel und Vischer. Ein anderes dagegen ist der Anschein, den Sie im »scheint es« (videtur) bei Mörike vermuten. Dieser Anschein entspringt der Ansicht, die der Epigone Mörike nach Ihrer Auffassung sich über Wesen und Geltung der Kunst gebildet hat, wogegen jener Anschein zum Aussehen gehört, worin das Kunstwerk wesenhaft steht. Zufolge Ihrer Deutung müßte also nach der Ansicht Mörikes auch das eigentliche Scheinen, das Sich-zeigen des Kunstwerkes, ein bloßer Schein sein, insofern das Kunstgebild zwar als selig erscheint, es aber nicht ist. Gesetzt, Ihre Auslegung des »scheint« bestünde zurecht, dann dürften Sie keinesfalls für das Vorliegen dieses Scheins die Sätze Vischers als Beleg anführen und dies gar noch in einem vermeintlichen Gegensatz zu Hegel.

Wozu aber dann diese weitläufigen Erörterungen über Hegels und Vischers Ästhetik, wenn die literarischen Zeugnisse aus ihren Schriften nie das Gewicht eines Beweises haben können, der einen influxus physicus der philosophischen Begriffe vom Schönen in das poetische Gebilde eines Dichters nachweist? Die Erörterungen möchten gleichsam als hermeneutisches Vorspiel deutlich machen, daß es schon einer großen Sorgfalt bedarf, um sich auch nur in den Wesensverhältnissen des eigentlichen und uneigentlichen Scheinens, des Erscheinens und des bloßen Scheines im Sinn des schwankenden Meinens zurechtzufinden und die entsprechenden Wortbedeutungen klar und sicher zu gebrauchen. Die vorausgehenden Bemerkungen bleiben weit davon entfernt, auch nur das Grundgefüge dessen hinreichend klar darzustellen, was Hegel unter den Namen der absoluten Idee und des Ideals denkt. Aber das Atmosphärische des so Gedachten strahlte trotz aller Gegnerschaft zu Hegel auf die gesamte Kunstbetrachtung des neunzehnten Jahrhunderts aus, freilich unter ständigem Sinken des Niveaus der Denkhorizonte und der Begrifflichkeit.

Wie jedoch das »scheint« im letzten Vers des Mörike-Gedichtes zu verstehen ist, das läßt sich nur aus dem Gedicht selbst entscheiden. Das Gedicht selbst aber verbleibt in der Atmosphäre des Sprachgeistes seines Zeitalters und schwingt in einer Grundstimmung, wenn anders es selber »ein Kunstgebild der echten Art« ist.

Durch Ihren Brief bin ich auf Wesentliches aufmerksamer und dafür nachdenklicher geworden: auf die Art der Grundstimmung, die aus dem Gedicht spricht. Ich gehe wohl mit Ihnen einig, wenn ich diese Stimmung die zurückblickende Wehmut nenne. Was sagt das Gedicht selbst?

Leider habe ich nicht mehr hinreichend gegenwärtig, was Sie in Ihrem Vortrag zum Gedicht im ganzen und einzelnen sagten. Aber ich glaube mich nicht zu täuschen, wenn ich vermerke, daß Sie eine genauere Kennzeichnung des Gedichtes hinsichtlich seines Baues unterließen, zumal Ihnen, wie Sie später schreiben, »an diesem Abend allerdings der methodische Teil wichtiger (war) als das Beispiel«.

Die zehn Verse des Gedichtes gliedern sich so: Die Verse 1–3 sagen, daß die schöne Lampe »noch unverrückt« anwest und *wie* sie anwest, nämlich *schmückend* »die Decke des nun fast vergeßnen Lustgemachs«. Die so durch die schöne Lampe geschmückte Decke überstrahlt aus dem Glanz dieses Schmuckes den Raum. Die schöne Lampe lichtet, auch ohne zu brennen, das Gemach. Sie räumt diesem Raum sein Wesen (verbal) ein, das »nun fast vergessen ist«. Dies sagt: Das Gelichtete erscheint als schon gewesen im Licht der schönen Lampe.

Die Verse 4–6 lassen das Aussehen, das Was, der schönen Lampe erscheinen, die in ihrem schmückenden Anwesen noch unverrückt geblieben. Das Golden-Grüne des Efeukranzes zeigt in das glühend-wachstümliche Dionysische. Der Ringelreihen der Kinderschar verstrahlt den Glanz des

Lustgemachs. Das Erscheinen der Kinderschar an der schönen Lampe fasse ich nicht wie Sie psychologisch-biographisch als Zeichen der Erinnerung an die vergangene Kindheit des Dichters. Efeukranz und Kinderschar gehören zum Kunstgebilde der schönen Lampe, insofern diese die Welt des Lustgemachs lichtend einräumt.

Die Verse 7 und 8 bringen das Ganze der voraufgehenden Verse (1–6) zur Sprache. Sie zeigen das in sich einige Anwesen der schönen Lampe als reizendes und als ernstes (als entzückendes und als entrückendes), beides jedoch nicht in der bloßen Summe. Reiz und Ernst des Anwesens spielen sanft ineinander und umspielen »die ganze Form«. Das Wort Form bedeutet hier nicht die Hülle für einen Inhalt, sondern meint forma als μορφή, die Gestalt des Aussehenden. »Die ganze Form«: das ist das in das Erscheinen seines vollen Aussehens gestellte Anwesende: die noch unverrückte schöne Lampe, deren Anwesen und Aussehen durch die zweimal drei Verse (1–6) ins Gedicht verwahrt wird.

Das Kunstgebilde der schönen Lampe ist durch die Verse 1–8 so schön und damit gemäß in das Gedicht eingegangen, daß sogar erst das Gesprochene dieses Gedichtes die schöne Lampe in ihrer Schönheit zum Leuchten bringt. Das Gedicht zündet zwar nicht die Lampe an, aber es entzündet die schöne Lampe. Weshalb endet das Gedicht ›Auf eine Lampe‹ nun nicht mit dem *achten* Vers? Weil so das Zudichtende noch nicht rund und rein zur Sprache kommt. Zwar ist die schöne Lampe als Kunstgebilde ins Wort gelangt, aber noch nicht als »ein Kunstgebild der echten Art« genannt. Die echte Art der schönen Lampe, die Schönheit selbst, bleibt noch ungesprochen. Gegenüber den voraufgegangenen Versen ist noch anderes zu sagen.

Darum folgt am Ende des achten Verses unmittelbar nach dem Wort »Form«, ohne daß dahinter ein Punkt stünde, ein Gedankenstrich. Der Strich nennt eine Differenz, diese scheidet zugleich und verbindet. Auf die Verse des ganzen Gedichtes gesehen setzt der Strich die Verse 1–8 gegen die folgenden zwei Schlußverse 9 und 10 ab. Was der Strich so auseinanderträgt, trägt er zugleich einander zu: die Verse 9 und 10 zu 1–8 im ganzen, zu 7 und 8 im besonderen. Der Zweizahl dieser entspricht diejenige der Schlußverse, weil jedesmal das Kunstgebilde im ganzen, aber nach einer verschiedenen Hinsicht genannt wird.

Der neunte Vers beginnt unmittelbar nach dem Gedankenstrich mit den Worten »ein Kunstgebild der echten Art«. So wird das Voraufgehende aufgenommen, aber zugleich in das Folgende verwiesen. Was folgt? Zunächst eine Frage: »Wer achtet sein?« Wer nimmt das Kunstgebilde in seiner echten Art, in seinem eigentlichen Wesen noch in die Acht? Die Frage lautet so, daß sie zur Antwort neigt: Niemand mehr, kaum einige, nur wenige. Die Frage ist traurig gestimmt. Wehmut spricht in dem Gedicht, daß das Kunstwerk in seinem Wesen den Menschen entgeht. Von dieser wehmütigen Stimmung kann jedoch der Dichter nur deshalb bestimmt sein, weil er zu denen gehört, die noch den Sinn für das Wesen des Kunstwerkes bewahren. Darum kann ihn die Wehmut auch nicht niederdrücken. Er hält in ihr stand. Denn er weiß: die rechte Art eines Kunstgebildes, die Schönheit des Schönen, waltet nicht von Gnaden der Menschen, insofern sie das Kunstwerk achten oder nicht, ob sie, was schön ist, in ihren Genuß nehmen oder nicht. Das Schöne bleibt, was es ist, unabhängig davon, wie die Frage »Wer achtet sein?« beantwortet wird.

»Was aber schön ist, selig scheint es in ihm selbst«: Die Schönheit des Schönen ist das reine Erscheinenlassen der »ganzen Form« in ihrem Wesen.

Wir dürfen über das »aber« im letzten Vers nicht zu eilig hinweglesen oder es gar völlig überhören.

Das »aber« nennt einen Gegensatz, der verbindet. Der Vers 10, in dem es steht, spricht gegen den Vers 9, der das Achten der Menschen auf das Kunstwerk nennt. Das »aber« spricht gegen das entscheidende Gewicht dieses Achtens, insofern das Schöne niemals erst durch solches Dafürhalten das Schöne wird.

Das »aber« spricht jedoch in dieser Weise nur, weil es zugleich im Rhythmus des Verses nicht lediglich das unmittelbar folgende »schön« hervorhebt, sondern dem Sinne nach auch das »ist« mitbetonen muß. Das »ist« hat hier nicht die abgeschliffene Bedeutung der Copula, die wir oft genug gedankenlos in Rede und Schrift verwenden. Das »ist« nennt das »in-sich-schön-sein« zum Unterschied gegen das »bloß als schön vorgestellt werden« durch ein Achten auf das Schöne. Das »ist« hat hier die Bedeutung von »west«: was in der Weise des Schönen west ... So muß ich denn an der Betonung des »ist« festhalten, bin jedoch weit entfernt davon, den Ton dieses »ist« mit demjenigen des »sind« gleichzusetzen, das Sie aus dem Vers Hölderlins erwähnen. Dieses »sind« bedeutet nicht »wesen«, sondern »existieren« im metaphysischen Sinne von existentia.

Was aber als ein Schönes west, was kann es anderes als schmückend-lichtend eine Welt in ihrem Wesen (verbal) erscheinen lassen? Dies vermag das Schöne nur, insofern es in ihm selbst leuchtend lichtet, das heißt: scheint. Weil das »scheint« dies bedeutet und das »in ihm selbst« zu ihm gehört, schwingt das Gedicht mit diesen letzten Worten zurück in die ersten: »Noch unverrückt, o schöne Lampe...«

Mit dem letzten Wort des letzten Verses, der mit dem vorletzten in eins zusammengehört, rundet sich erst »die ganze Form«, jetzt nicht die der schönen Lampe, sondern die des Gedichtes ›Auf eine Lampe‹.

Jedesmal, wenn ich versuche, Ihnen ganz entgegenzukommen und das »scheint es« als videtur zu hören, stolpere ich im Rhythmus des Verses und muß dort, wo das Gedicht sich rundend ausklingt, gleichsam um Ecken herum denken. Die Bedeutung des Scheinens im »scheint« weist nicht in die Richtung von Phantom, sondern in diejenige von Epiphanie. Das Kunstgebilde echter Art ist selbst die Epiphanie der von ihm gelichteten und in ihm gewahrten Welt.

Wenn wir von einem »letzten Raffinement« mit Bezug auf dieses Gedicht Mörikes sprechen dürften, dann höchstens im Hinblick darauf, daß dieses selbe Gedicht, das die Wesensart eines Kunstgebildes zur Sprache bringt, ein Gedicht »auf eine Lampe« ist. Dadurch hat nicht nur das Gegenständliche dieses Kunstgebildes, die Lampe, den Charakter des brennenden Leuchtens, sondern das Wesen des Kunstwerkes, die Schönheit der schönen Lampe, leuchtet in der Weise des lichtenden Scheinens. Die schon erloschene Lampe leuchtet noch, indem sie als schöne Lampe lichtet: sich zeigend (scheinend) ihre Welt (das Lustgemach) zum Scheinen bringt.

Ist das »Raffinement«? Ist es nicht eher ein Geschenk des unscheinbar Einfachen an den Dichter, der mit diesem Gedicht als ein Später in die Nähe des früh Gewesenen der abendländischen Kunst gelangt?

Ihr Vorgefühl findet die Stimmung der Wehmut im Gedicht Mörikes. Ich folge Ihrem Vorgefühl. Doch die Frage bleibt: was wird von der Wehmut be-stimmt? Nicht die echte Art des Kunstgebildes, insofern sein wesenhaftes Scheinen zu einem bloßen Anschein herabgestimmt wird. Die Stimmung der Wehmut trifft das Kunstgebilde insofern, als es die seinem Wesen gemäße Achtung der Menschen nicht mehr um sich hat. Das Kunstwerk vermag dieses Haben weder jemals für sich zu erzwingen, noch auf immer ungeschmälert für sich zu retten. Vielleicht hat der Dichter in dieses zum Wesen des Kunstwerkes gehörende Unvermögen (in dieses »Wehe«) einen Blick geworfen, so daß von diesem Weh her sein Gemüt wehmütig gestimmt bleibt. Er hat als Epigone offenbar mehr gesehen als die Vorgänger und schwerer daran getragen.

Mörikes Gedicht braucht unser umwegiges Nachdenken unmittelbar nicht, um das zu bleiben, was es ist. Wohl dagegen bedürfen *wir* dieses Denkens, nicht nur und nicht zuerst um Gedichte lesen zu können, sondern um überhaupt noch einmal lesen zu lernen.

Lesen aber, was ist es anderes als sammeln: sich versammeln in der Sammlung auf das Ungesprochene im Gesprochenen?

Ich grüße Sie herzlich, Ihr
Martin Heidegger

Darauf antwortete ich am 6. Januar 1951:

Hochverehrter Herr Heidegger!

Für Ihren außerordentlichen Brief hätte ich eigentlich nur noch zu danken, wenn nicht ein Mißverständnis darin zum Ausdruck käme, das mich nun doch bestimmt, von dem mir so freundlich zugestandenen Recht des Schlußwortes Gebrauch zu machen. Ich habe nämlich weder in meinem Vortrag über die *Kunst der Interpretation* noch in dem Brief an Sie das »scheint« jemals im Sinne von »es sieht so aus, aber ist nicht so« aufgefaßt. Ich habe nie erklärt, das »Scheinen« weise in die Richtung von »Phantom«. Sondern ich habe dort wie hier die letzten Verse so gedeutet: Das Kunstgebilde wird kaum mehr beachtet. »Aber« (auch ich habe dieses Wort keineswegs überhört!) was kann ihm das anhaben? Es scheint in sich selber selig zu sein und unser gar nicht zu bedürfen. Es scheint! Vermutlich ist es so. Ganz sicher wissen wir das nicht. Denn wer sind wir armen Spätlinge, daß wir uns getrauen dürften, klipp und klar herauszusagen, wie es dem Schönen zumute ist?

Mit dieser Erklärung glaube ich von Ihrer Interpretation, so wie sie sich jetzt verdeutlicht hat, nicht mehr allzuweit entfernt zu sein. Ganz einverstanden bin ich mit Ihrer Kennzeichnung des Baus des Gedichts. Ich hatte mich in meinem Vortrag ähnlich darüber geäußert. Wir geben ferner beide zu, daß das »scheint« in manchen Bedeutungen schillert. Sie legen den Nachdruck mehr auf lucet (dem Scheinen, dem Leuchten der Lampe zuliebe), ich nach wie vor mehr auf videtur. Damit beziehe ich nämlich auch den Dichter in jene Wehmut ein, die, wie wir beide überzeugt sind, als Stimmung das ganze Gedicht durchwaltet. Der Dichter ist von Wehmut bewegt, nicht nur, weil er weiß, daß das Kunstwerk in seinem Wesen den meisten entgeht, sondern weil auch er selbst sich nicht mehr sicher als Eingeweihter zu fühlen wagt. Diese seine persönliche Wehmut läßt sich aus dem ›Maler Nolten‹ (dem letzten König von Orplid mit seinem verdämmernden Bewußtsein) und ungezählten Gedichten belegen. Und eben dieser Scheu und Trauer scheint mir eine so kategorische Aussage über das Schöne, wie sie nach Ihnen vorläge, zu widersprechen. Dennoch darf in Ihrem Sinn von Epiphanie die Rede sein, allerdings, würde ich meinen, von einer schon halb verschleierten Epiphanie.

Alles was uns noch trennt, ist wohl aus folgendem Unterschied zu verstehen: Sie lesen das Gedicht als Zeugnis *des* Dichterischen und *des* Schönen in seiner wandellosen Einfachheit. Ich lese es mehr als Zeugnis der besonderen, unwiederholbaren Art des Dichterischen und des Schönen, die in Mörike um die Mitte des letzten Jahrhunderts wirklich geworden ist. An *dem* Schönen, wie Sie es denken, hat Mörike Teil (im Sinn von μετέχει). Auch ich, als Historiker, muß das erkennen. Aber noch mehr muß mich die Frage beschäftigen, *wie* er daran Teil hat, wie das Eine sich in seiner individuellen Erscheinung bricht.

Mehr brauche ich nicht hinzuzusetzen. Wohl aber möchte ich Ihnen von Herzen danken für Ihre gütige Bereitschaft, auf meine Fragen einzugehen, und für die Deutung des Gedichts, die Ihnen entlockt zu haben ich gern als mein Verdienst in Anspruch nehme. Und schließlich möchte ich Sie meiner unwandelbaren Verehrung versichern als Ihr ergebener Emil Staiger

Schön ist, Mutter Natur, deiner Erfindung Pracht,
Auf die Fluren verstreut, schöner ein froh Gesicht,
Das den großen Gedanken
Deiner Schöpfung noch Einmal denkt.

Von des schimmernden Sees Traubengestaden her,
Oder, flohest du schon wieder zum Himmel auf,
Komm in rötendem Strahle
Auf dem Flügel der Abendluft,

Komm und lehre mein Lied jugendlich heiter sein,
Süße Freude, wie du! gleich dem beseelteren
Schnellen Jauchzen des Jünglings,
Sanft, der fühlenden Fanny gleich.

Schon lag hinter uns weit Uto, an dessen Fuß
Zürch in ruhigem Tal freie Bewohner nährt;
Schon war manches Gebirge
Voll von Reben vorbeigeflohn.

Jetzt entwölkte sich fern silberner Alpen Höh',
Und der Jünglinge Herz schlug schon empfindender,
Schon verriet es beredter
Sich der schönen Begleiterin.

Hallers ›Doris‹, die sang, selber des Liedes wert,
Hirzels Daphne, den Kleist innig wie Gleimen liebt;
Und wir Jünglinge sangen
Und empfanden, wie Hagedorn.

Jetzo nahm uns die Au in die beschattenden
Kühlen Arme des Walds, welcher die Insel krönt;
Da, da kamest du, Freude!
Volles Maßes auf uns herab!

Göttin Freude, du selbst! dich, wir empfanden dich!
Ja, du warest es selbst, Schwester der Menschlichkeit,
Deiner Unschuld Gespielin,
Die sich über uns ganz ergoß!

Süß ist, fröhlicher Lenz, deiner Begeistrung Hauch,
Wenn die Flur dich gebiert, wenn sich dein Odem sanft
In der Jünglinge Herzen
Und die Herzen der Mädchen gießt.

Ach, du machst das Gefühl siegend, es steigt durch dich
Jede blühende Brust schöner, und bebender,
Lauter redet der Liebe
Nun entzauberter Mund durch dich!

Lieblich winket der Wein, wenn er Empfindungen,
Bessre sanftere Lust, wenn er Gedanken winkt,
Im sokratischen Becher
Von der tauenden Ros' umkränzt;

Wenn er dringt bis ins Herz und zu Entschließungen,
Die der Säufer verkennt, jeden Gedanken weckt,
Wenn er lehret verachten,
Was nicht würdig des Weisen ist.

Reizvoll klinget des Ruhms lockender Silberton
In das schlagende Herz, und die Unsterblichkeit
Ist ein großer Gedanke,
Ist des Schweißes der Edlen wert!

Durch der Lieder Gewalt bei der Urenkelin
Sohn und Tochter noch sein; mit der Entzückung Ton
Oft beim Namen genennet,
Oft gerufen vom Grabe her,

Dann ihr sanfteres Herz bilden, und, Liebe, dich,
Fromme Tugend, dich auch gießen ins sanfte Herz,
Ist, beim Himmel! nicht wenig!
Ist des Schweißes der Edlen wert!

Aber süßer ist noch, schöner und reizender,
In dem Arme des Freunds wissen ein Freund zu sein!
So das Leben genießen,
Nicht unwürdig der Ewigkeit!

Treuer Zärtlichkeit voll, in den Umschattungen,
In den Lüften des Walds, und mit gesenktem Blick

Auf die silberne Welle,
Tat ich schweigend den frommen Wunsch:

Wäret ihr auch bei uns, die ihr mich ferne liebt,
In des Vaterlands Schoß einsam von mir verstreut,
Die in seligen Stunden
Meine suchende Seele fand;

O so bauten wir hier Hütten der Freundschaft uns!
Ewig wohnten wir hier, ewig! Der Schattenwald
Wandelt' uns sich in Tempe,
Jenes Tal in Elysium![1]

Es ist uns seit langem geläufig, einen Dichter zu ehren, indem wir ihn schöpferisch nennen und damit zugestehen, er habe neue Möglichkeiten der Sprache, der Einbildungskraft erschlossen. Oft verläuft die Geistesgeschichte freilich in zarten Übergängen und hält es schwer zu sagen, wo das Neue beginne. Manchmal aber erscheint ein Genius, der jäh mit der Überlieferung bricht und, selbst erstaunt und zum Erstaunen der Welt, das Unerhörte vollbringt. Ein solches Ereignis müssen wir im lyrischen Schaffen des jungen Klopstock anerkennen. Mit seinen frühen Oden beginnt, unerklärlich, beispiellos, die Geschichte der neueren deutschen Lyrik.

An Vorbildern scheint es zwar nicht zu fehlen. Gleich das erste Gedicht, vom Jahre 1747, trägt die Überschrift ›Der Lehrling der Griechen‹, und die beiden ersten Verse:

Wen des Genius Blick, als er geboren ward,
Mit einweihendem Lächeln sah ...[2]

sind eine Nachbildung des horazischen:

Quem tu, Melpomene, semel
Nascentem placido lumine videris ...[3]

Weitere horazische Verse lassen sich unschwer ausfindig machen. Klopstock selber hat sich stets zu Horaz bekannt, wie, wenige Jahre früher, Ramler, Lange und Pyra. Ja, er mochte sich rühmen, ein treuerer Schüler des Römers zu sein als alle,

[1] Klopstocks Werke, hgg. von R. Hamel, Deutsche Nationalliteratur, 4 Bde., Berlin und Stuttgart o. J. (im folgenden zit.: D. N.), III, 65 ff.
[2] D. N. III, 2.
[3] Horatii carm. IV, 3.

die vor ihm Oden gedichtet hatten. Wenn man in Deutschland nämlich mit den alten Odenstrophen bisher nur hin und wieder künstliche Spiele getrieben oder sie zaghaft dem üblichen Jambentrott angeglichen hatte, so wagte er als erster, sie allen Ernstes in unserer Sprache nachzubilden und ein ganzes lyrisches Werk auf den Prinzipien der antiken Metrik aufzubauen. Doch eben indem er so die treueste Jüngerschaft gelobte, entfaltete sich sein einzigartiges Wesen; und ein Vergleich mit antiker Lyrik ist nur insofern statthaft, als er die schöpferische Gewalt des Empfangens sichtbar zu machen vermag.

Wenn wir den ›Zürchersee‹ aufschlagen, so finden wir unter der Überschrift, wie bei den meisten Oden Klopstocks, das metrische Schema aufgezeichnet. Die Formel entspricht der dritten asklepiadeischen Strophe, wie sie uns etwa bei Horaz, carm. III, 13, begegnet:

> O fons Bandusiae splendidior vitro,
> Dulci digne mero non sine floribus,
> Cras donaberis haedo,
> Cui frons turgida cornibus . . .

Antiker Länge entspricht eine Hebung, antiker Kürze eine Senkung. Außerdem hat Klopstock – und darauf tat er sich etwas zugute – die »unbetonte« Länge durch eine Senkung wiedergegeben, also jeden Vers mit einem Trochaeus statt mit einem Spondeus begonnen. Über den Irrtum in der Deutung antiker und deutscher Metrik, der ihm hier unterlief, sei nicht gerechtet. Genug, er gewann eine deutsche Strophe von einprägsamer Eigenart:

> Schön ist, Mutter Natur, deiner Erfindung Pracht,
> Auf die Fluren verstreut, schöner ein froh Gesicht,
> Das den großen Gedanken
> Deiner Schöpfung noch Einmal denkt.

Der Inhalt dieser Verse beschäftigt uns jetzt noch nicht. Indem der Dichter nämlich, bevor er zu sprechen beginnt, das metrische Schema mitteilt, gibt er uns zu verstehen, daß ihm der Takt an sich schon wesentlich sei. Die Striche und Haken wenden sich gegen das gleichmäßige Auf und Ab, das in der Lyrik der ersten Jahrhunderthälfte von den meisten Dichtern als natürlichste Bewegung der deutschen Sprache angesehen wurde. Wir haben heute die Jamben und Trochäen Goethes und der Romantik im Ohr und begreifen kaum mehr ganz, warum der junge Klopstock fast mit Ekel von diesen Maßen abrückt. Die alternierenden Verse der Klassik und Romantik aber haben die rhythmische Revolution der deutschen Sprache schon hinter sich und tönen geschmeidig und wechselreich beseelt, während in Versen Hagedorns, Gleims oder Gellerts Hebung und Senkung wie zwischen zwei Parallelen eingelegt sind und mit ihrer vollkommenen Präzision an eine tickende Uhr erinnern:

Uns lockt die Morgenröte
  In Busch und Wald,
Wo schon der Hirten Flöte
  Ins Land erschallt.
Die Lerche steigt und schwirret,
  Von Lust erregt:
Die Taube lacht und girret:
  Die Wachtel schlägt.[4]

Hier kann man sagen, der Dichter habe Verse *über* den Morgen gemacht, in seiner stillen, hellen Stube, nachdem das Entzücken sich wieder verloren und keine Bewegung mehr den Geist in seiner künstlerischen Sorgfalt stört. Hagedorn handelt im Sinne Gottscheds, der lyrische Poesie als Nachahmung fremder Gefühle beschrieben hat und, da der Begriff der Nachahmung für seine Poetik grundlegend ist, eigene Gefühle nur ausnahmsweise zuläßt und immer nur mit der Bedingung, daß »der Affect schon ziemlich gestillet« sei, wenn man »die Feder zur Hand« nimmt[5].

Dagegen lehnt sich Klopstock auf. Er will nicht wohlgesetzte Verse über seine Bewegung verfertigen, sondern er will, daß seine Bewegung selbst in den Versen vernehmlich werde. Noch aber findet er nicht die Freiheit des jungen Goethe, der sich unbedenklich der Sprache unvertraut und seine neuen Strophen und Verse der Gunst des Augenblicks überläßt. Er huldigt[6] der seltsamen Überzeugung, daß jeder Seelenlage ein besonderes metrisches Schema entspreche und also der Dichter nur die richtige Strophe finden oder erfinden müsse, um den richtigen Ton von Anfang bis Ende zu wahren. Daß er damit Rhythmus und Prosodie auf Metrik reduziere, ist ihm niemals klargeworden. Zum Glück! Denn einzig diesem Irrtum haben wir seine

[4] Friedrich von Hagedorn, Sammlung Neuer Oden und Lieder. Zweyter Theil, Hamburg 1744, S. 20 (Erste Strophe von ›Der Morgen‹).

[5] Johann Christoph Gottsched, Versuch einer critischen Dichtkunst, 4. Aufl., Leipzig 1751, S. 145.

[6] Klopstocks sämtliche Werke, Leipzig 1830 (im folgenden zit.: KSW), XV, 15ff., 55ff.

metrische Erfindungslust und damit die Reform des deutschen Verses zu danken. So hat er etwa für die Ode ›An Gott‹ die alkäische Strophe gewählt, weil diese ihm der feierlichen Stimmung am ehesten angemessen schien. Für den ›Eislauf‹, in dem sich seine eigentümlich reflektierte, weihevoll-frohmütige Sportlichkeit ausspricht, ersinnt er folgende Formel:

◡ — ◡ — ◡ — ◡◡ —
◡◡ — ◡ — ◡ — ◡◡ —
— ◡ —, — ◡◡ —, — ◡ —
— ◡◡ —, — ◡◡ —

Vergraben ist in ewige Nacht
Der Erfinder großer Name zu oft!
Was ihr Geist grübelnd entdeckt, nutzen wir;
Aber belohnt Ehre sie auch?[7]

Und um einen Blinden – in der Ode ›Das Gehör‹ – zu trösten, mutet er dem Ohr die abenteuerlichste Folge von Silben zu:

◡◡ —, ◡◡ —, ◡◡ —, ◡◡ —, ◡◡ — ◡ —
(◡ — —, ◡ — —, ◡ — —, ◡ — —)
◡ — — ◡◡ —

Es tagt nicht! Kein Laut schallt! Wer entschloß sich schnell hier? Wen erschreckte nicht
Das Graunvolle der Wahl?
Doch sie sei dein Schicksal: du erkörst doch Blindheit? Des Gehörs Verlust
Vereinsamt, und du lebst . . .[8]

Wie der Magier seinen Quadraten und Pentagrammen traut Klopstock den Haken, Strichen und Beistrichen evozierende Macht zu. Jene beschwören und bannen Geister, diese Schwingungen des Gefühls. Wo immer aber ein solcher Glaube aufkommt, ist kein Halten mehr. Klopstocks Kabbalistik deutet schließlich nicht nur ganze Strophen, sondern auch kleinste Verseinheiten, die »Füße«, die im Deutschen, sofern es sich nicht um Kola, um Atemgruppen handelt, ja gar keine wirklichen Teile des Verses sind und nur künstlich herausgelöst werden können. Die Namen dieser Füße in der antiken Metrik, Jambus, Trochaeus, Dactylus, Anapaest, Spondeus, Creticus, Ionicus, Choriambus, haben es ihm so angetan, sie scheinen ihm

[7] D. N. III, 116.
[8] Klopstock, Oden und Epigramme, Reclam, Leipzig o. J. (im folgenden zit.: Recl.), S. 216.

so sehr lebendige Wesen zu bezeichnen, daß er kein Bedenken trägt, sie wie Götter in einer Ode auftreten zu lassen:

Erhaben trat der Daktylos her:
»Bin ich Herrscher nicht im Lande Mäons?
Rufe denn Sponda nicht stets, bilde mich
Oft zu Homers fliegendem Hall.

Und hörte nicht Choreos dich stets?
Hat er oft nicht Spondas schwebenden Gang?«
»Geht sie denn«, Kretikos tönt's, »meinen Gang?
Dir, Choriamb, weich' ich allein!«[9]

Nun erst ermessen wir, was es besagt, daß über dem ›Zürchersee‹ das Schema der dritten asklepiadeischen Strophe steht. Wir lesen die Partitur der Musik, die das Gedicht in Worten auslegt.

Daß Klopstock das Schema darüber setzt, hat freilich auch einen praktischen Zweck. Es soll uns nötigen, die Verse so zu lesen, wie er sie meint. Daß dies geschieht, ist hier nicht selbstverständlich. Die dritte Strophe der ›Sommernacht‹ zum Beispiel:

Ich genoß einst, o ihr Toten, es mit euch!
Wie umwehten uns der Duft und die Kühlung,
Wie verschönt warst du von dem Monde
Du, o schöne Natur![10]

könnte man so skandieren:

— ◡ — ◡ — ◡ — ◡ — ◡ —
— ◡ — ◡ — ◡ — ◡◡ — ◡
— ◡ — ◡ — ◡ — ◡
— ◡ — ◡◡ —

Doch Klopstock schreibt folgenden Tonfall vor:

◡◡ — ◡, ◡◡ — ◡, ◡◡ —
◡◡ — ◡, ◡◡ —, ◡◡ — ◡
◡◡ — ◡, ◡◡ — ◡
◡◡ — ◡◡ —

Erst so entsteht der sonore Klang von priesterlich-erhabener Trauer.

[9] Recl., S. 124.
[10] D. N. III, 119.

In der Ode ›Der Zürchersee‹ glauben wir zwar der Anleitung nicht zu bedürfen, sei es, weil die Worte sich natürlicher in das Schema fügen, sei es, weil uns die dritte asklepiadeische Strophe aus Hölderlins Odendichtung vertraut ist. Um 1750 aber dürfte sie den Lesern kaum geringere Schwierigkeiten bereitet haben als uns die Strophe der ›Sommernacht‹. Sie mußten sich, nicht anders als der Dichter selbst, um die Maße bemühen. Daran erkennen wir, was für die historische wie die ästhetische Würdigung wesentlich ist, daß der Rhythmus nicht trägt, das Gemüt nicht unwiderstehlich fortreißt, sondern hervorgebracht wird nach dem Willen, den das Schema kundgibt. Mehr oder weniger liegt dies freilich im Wesen der Ode an sich. Ein Lied Brentanos mag sich von selber in seinen Vers einwiegen. Doch kein Gemüt bewegt sich unwillkürlich nach alkäischen oder asklepiadeischen Systemen. Auch innerhalb der Ode bestehen indes beträchtliche Unterschiede. Die zweite Strophe von Hölderlins ›Abbitte‹, gleichfalls eine dritte asklepiadeische, lautet:

O vergiß es, vergieb! gleich dem Gewölke dort
Vor dem friedlichen Mond, geh' ich dahin, und du
Ruhst und glänzest in deiner
Schöne wieder, du süßes Licht![11]

Keine Strophe Klopstocks, selbst keine des ›Zürchersees‹, der natürlichsten seiner Oden, klingt so. Mindestens die letzte Zeile scheint unwillkürlich gesprochen zu sein; die beiden ersten fügen sich bewußter dem vorbestimmten Gesetz. Diese immer wieder neue und wieder gelöste Spannung von Kunst und Natur bewirkt den unvergleichlichen Reiz der Verse Hölderlins aus der mittleren Zeit. Bei Klopstock kann von einer solchen gelösten oder auch nur entstehenden Spannung keine Rede sein. Die Art der Bewegung, die er sich vornimmt, führt er überall willentlich durch. Er muß so handeln, und keinen Augenblick darf er sich gehen lassen; denn mit jedem Schritt betritt er Neuland, das Neuland einer beseelteren Rhythmik, das späteren Dichtern erst dank ihm zur Heimat wird und, als zur Heimat, zum Angeborenen, zur »Natur«. So aber, wenn ihm gleich die intimere lyrische Berührung noch versagt ist, gewinnt er die fast liturgische Strenge, die Zucht, die beherrschten Gebärden, die sich einzig ziemen im heiligen Raum!

Odi profanum volgus et arceo.

[11] Hölderlins sämtliche Werke, Stuttgart 1943, I, 244.

Klopstock hat Horaz auch darin nachzuleben versucht und, wieder ohne Vermuten, eine ganz neue Ethik des Dichterischen begründet. Wenn nämlich Horaz das gemeine Volk abweist, um sich den Dank eines kleinen Kreises von Kennern zu verdienen, also aus ästhetischen Gründen dem Pöbelgeschmack nicht huldigen will, hat Klopstocks esoterische Haltung einen religiösen Nimbus. Ihm ist der Begriff des »vates« in einem Sinn ehrwürdig, zu dem sich kein Römer der klassischen Zeit aufrichtig bekennt, der auch der deutschen Dichtung längst abhanden gekommen und später erst von dem jungen Goethe und dann von Hölderlin wiederbelebt worden ist. Gerade die deutsche Literatur, die Klopstock vorfand, erstrebte mit größtem Eifer Gemeinverständlichkeit. Die wahren Gedanken zu ersinnen, waren die Philosophen berufen. Den Dichtern fiel die Aufgabe zu, die Weisheit unter die Leute zu bringen,

dem, der nicht viel Verstand besitzt,
die Wahrheit, durch ein Bild, zu sagen[12]

oder, nach dem horazischen »prodesse et delectare«, für liebenswürdige Unterhaltung zu sorgen. Im Dienst an der bürgerlichen Gesellschaft bildet sich der Stil des deutschen literarischen Rokoko. Klopstock aber ist bemüht, sich von dieser Gesellschaft zu unterscheiden. Wie er als Mensch, bei aller Weltläufigkeit und herzlichen Frische, jeden bürgerlichen Beruf verschmäht und den Deutschen als erster die Existenz des zu Höherem erkorenen Genius vorlebt, so sichert er auch die poetische Sprache vor jeder Berührung mit der des Tages.

Die Strophe aus Hagedorns ›Der Morgen‹ ist ein Muster sachlicher Präzision. Auch schwierigere Dinge so säuberlich und scheinbar mühelos vorzutragen, gereicht den Rokokodichtern zur Ehre. Wie höflich, der Fassungskraft jedes Hörers angemessen und doch liebenswürdig, drückt sich Gellert aus in der Strophe:

Nicht jede Besserung ist Tugend,
Oft ist sie nur das Werk der Zeit.
Die wilde Hitze roher Jugend
Wird mit den Jahren Sittsamkeit;
Und was Natur und Zeit getan,
Sieht unser Stolz für Tugend an.[13]

[12] Gellerts sämtliche Schriften, Leipzig 1839, I, 95.
[13] Gellerts sämtliche Schriften, Leipzig 1839, II, 81.

Im Geist der Kritik, die Gellert selbst an seinen Gedichten geübt hat[14], könnte man hier bemängeln, daß der Anteil der Zeit an der Besserung zweimal erwähnt sei, was dem Grundsatz des ökonomischen Kraftaufwandes zuwiderläuft. Doch davon abgesehen entsprechen die Verse ziemlich vollkommen dem Maßstab, den die belehrungsbedürftige, auf Anmut erpichte Leserschaft handhabt.

Klopstock verbittet sich dieses Maß. Gemeinverständlichkeit dünkt ihn gemein, und »klar« ist soviel wie »geheimnislos«. Ganz anders sind seine Sätze gebaut:

Treuer Zärtlichkeit voll, in den Umschattungen,
In den Lüften des Walds, und mit gesenktem Blick
Auf die silberne Welle,
Tat ich schweigend den frommen Wunsch:

Wäret ihr auch bei uns, die ihr mich ferne liebt,
In des Vaterlands Schoß einsam von mir verstreut,
Die in seligen Stunden
Meine suchende Seele fand;

O so bauten wir hier Hütten der Freundschaft uns!

Solche Unwegsamkeit übertrifft noch ein riesiger Satz aus der Ode ›An Ebert‹:

Wie du einen Wanderer, der, zueilend der Gattin
Und dem gebildeten Sohn,
Und der blühenden Tochter, nach ihrer Umarmung schon [hinweint,
Du den, Donner, ereilst
Tötend ihn fassest, und ihm das Gebein zu fallendem Staube
Machst, triumphierend alsdann
Wieder die hohe Wolke durchwandelst; so traf der Gedanke
Meinen erschütterten Geist,
Daß mein Auge sich dunkel verlor, und das bebende Knie mir
Kraftlos zittert', und sank.[15]

Da muß der geübteste Leser konstruieren, bis er das im Grunde doch ziemlich einfache Gleichnis versteht.

Nach Klopstocks eigenem Zeugnis[16] soll dies wiederum ho-

[14] Gellerts sämtliche Schriften, Leipzig 1839, I, 283ff.
[15] D. N. III, 37.
[16] KSW XIV, 277ff.

razische Kunst, horazisch befremdliche Wortstellung und verwegene Hypotaxe sein. Wir aber, wenn wir unserm Gefühl für lateinische Verse trauen dürfen, verspüren eine andere Wirkung und ahnen eine andere Herkunft. Horaz mag schwierig und apart sein; er bleibt stets kühl, und dunkel, im Sinn einer Stimmung, mutet er uns nie an. Klopstock dagegen bemüht sich und ist imstande, Dunkel zu verbreiten. Mitten in der Helle der Aufklärung versucht er so, das verlorene Geheimnis des Dichterischen zurückzugewinnen. Möglich ist dies freilich nur, wenn ein solches dichterisches Geheimnis in seiner Seele verborgen ruht. Es ruht in ihr. Seine ganze Würde und Hoheit gründet in diesem Bewußtsein. Nun setzt er es mit gewaltiger Anstrengung gegen den Zeitgeist durch. Wo andere glatt und leichthin sprechen, türmt er Schwierigkeiten auf, um seinem vom Unerhörten ergriffenen Geist ein Tummelgelände zu schaffen. Er schöpft tief Atem für einen Satz, der einen großen Bogen beschreibt; das Ende der grammatischen Spannung schiebt er mit kühner Gebärde hinaus. Dann schließt er ab und steht als Herr da, noch von den himmlischen Schauern umwittert, in denen sein Wagnis sich vollzogen.

Wie so der Satz aus einem starren logischen Gefüge zum seelischen Ereignis wird, stört Klopstock auch die Teile des Satzes aus ihrer Ruhe auf und teilt noch den Wörtern seine Erregung mit. Damit rückt er nun unzweideutig von seinem römischen Vorbild ab. In den ›Materialien zur Geschichte der Farbenlehre‹ hat Goethe das Griechische vom Latein unterschieden:

> Das Griechische ist durchaus naiver, zu einem natürlichen, heitern, geistreichen, ästhetischen Vortrag glücklicher Naturansichten viel geschickter. Die Art, durch Verba, besonders durch Infinitiven und Partizipien zu sprechen, macht jeden Ausdruck läßlich; es wird eigentlich durch das Wort nichts bestimmt, bepfählt und festgesetzt, es ist nur eine Andeutung, um den Gegenstand in der Einbildungskraft hervorzurufen.
>
> Die lateinische Sprache dagegen wird durch den Gebrauch der Substantiven entscheidend und befehlshaberisch. Der Begriff ist im Wort fertig aufgestellt, im Worte erstarrt, mit welchem nun als einem wirklichen Wesen verfahren wird[17].

[17] Johann Wolfgang Goethe, Gedenkausgabe der Werke, Briefe und Gespräche, Zürich [1948ff.] (im folgenden zit.: GA) XVI, 387.

Es wäre zwar gewagt, zu behaupten, Klopstocks Sprache nähere sich in diesem Sinne der griechischen an. Unverkennbar aber vermeidet er es, einen Gegenstand zu »bepfählen« und »im Worte erstarren« zu lassen. Das Adjektiv, das dem Substantiv eine feste Eigenschaft zuweist, das Horaz im Geist der lateinischen Sprache mit besonderer Sorgfalt pflegt, ersetzt er, wo es irgend angeht, durch ein Participium praesentis: »Schimmernder See«, »rötender Strahl«, »fühlende Fanny«, »beschattende Kühle«, »blühende Brust«, »tauende Rose«, »schlagendes Herz«. Denselben Fluß, dieselbe Bewegung erzielt er durch eine besonders auffällige sprachliche Manier, den absoluten Komparativ, der keinen Vergleich enthält, der nur die Eigenschaft als im Wachsen, im Schwung zu höheren Graden begriffen vorstellt: »gleich dem beseelteren . . . Jauchzen«, »schon verriet es beredter«, »dann ihr sanfteres Herz bilden«. In anderen Gedichten schreckt Klopstock auch vor übermäßigem Gebrauch dieses Komparativs nicht zurück. Eine der manieriertesten Strophen ist die vierte der Ode ›Die Braut‹:

Wenn die schnellre Musik in die Versammlung sich
Ungestümer ergießt, Flügel der Tänzer hat,
Und das wildere Mädchen
Feuervoller vorüberrauscht . . .[18]

Mit solchen Ausschweifungen behelligt uns der ›Zürchersee‹ nicht. Auch hier geschieht es aber, daß der Komparativ sogar mit dem Participium praesentis vereinigt wird:

Und der Jünglinge Herz schlug schon empfindender . . .

. . . es steigt durch dich
Jede blühende Brust schöner, und bebender . . .

Endlich versteht es Klopstock, selbst die Starre des Substantivs zu brechen, indem er, was sich niemand außerhalb dieses stilistischen Rahmens gestatten dürfte, Wörter auf -ung bevorzugt. Im »Entschluß« ist der Schwankende schon gefestigt; in »Entschließungen« festigt er sich erst. »Entzücken« bezeichnet eine schon zur Vollendung gediehene Lust; in »Entzückungen« hebt das Entzücken erst an. Der »Schatten des Walds« würde einen dem Licht entrückten Raum bedeuten; in der »Umschattung« wirkt sich das Schattige aus und umgreift uns mit mächtigen kühlenden Armen. Wo aber keines von diesen Mitteln zur

[18] D. N. III, 63.

Verfügung steht, da sorgt das Ausrufungszeichen für Schwung und Auftrieb. Es steht am Ende von zehn Versen, nicht selten auch innerhalb der Zeilen. Der Wille zur Bewegung ist hier, wie im metrischen Schema, graphisch vermerkt.

»Bewegung« ist aber ein weiter Begriff; »bewegt« ist alle lyrische Sprache. Wir haben einstweilen nichts weiter gesagt, als daß mit Klopstock das Lyrische, wie der Ausdruck heute gebräuchlich ist, einsetzt, so machtvoll und energisch betont, daß man versucht sein könnte, einen Einschlag von Rhetorik zu buchen, der sich erübrigen würde bei dem heiteren Anlaß des Gedichtes. Es gilt jedoch, mit Vorsicht Klopstocks eigentümlichen Ton zu bestimmen.

Die Bewegung des metrischen Schemas, wenn wir es an und für sich betrachten, ist leer. Sie hat noch keinen Inhalt; sie nimmt nichts Irdisches mit. Die Striche und Haken bedeuten einen rhythmischen Wechsel, der auch mit Tönen, Solfeggien oder dergleichen ausgeführt werden könnte. Gerade in dieser Leere aber scheint sich Klopstock zu gefallen, in seinen metrischen Studien, in seinen Schriften über die Sprache, die Orthographie und die Grammatik, die sich um keinen Inhalt kümmern und einzig die Organe des Empfangens und Bewältigens prüfen. Ein Geist, der über den Wassern schwebt, der erst behutsam die Möglichkeiten der Inkarnation erwägt: so scheint sein Bild sich abzuklären, je länger der Blick darauf verweilt. Wir hätten diesen Eindruck schon bei den Wörtern auf -ung gewinnen können. Denn diese Wörter sind nicht nur aktiver und bewegter, sie sind zugleich abstrakter als die Bildungen, die ein späterer Geschmack vorzöge. Zwanglos reihen sie sich den Lieblingsvorstellungen an, von denen der ›Messias‹ überschwillt: Gott, Geist, Seraph, Engel, Jenseits, Unendlichkeit, Ewigkeit. Die all dem gemeinsame Unsinnlichkeit hat schon Goethe an Klopstocks Dichtung bemerkt[19]. Aber sogar die Landschaft der Zürcher Ode ist damit charakterisiert. Wir rufen uns Goethes demselben See gewidmeten Verse ins Gedächtnis:

> Auf der Welle blinken
> Tausend schwebende Sterne,
> Weiche Nebel trinken
> Rings die türmende Ferne;
> Morgenwind umflügelt
> Die beschattete Bucht

[19] Zu Eckermann 9. 11. 1824.

Und im See bespiegelt
Sich die reifende Frucht.

Dagegen Klopstock! Obwohl sein Gedicht um ein Mehrfaches länger ist als das Goethes, scheint seine Landschaft – was kein Werturteil bedeutet – minder sichtbar und fühlbar zu sein. Die Traubengestade des schimmernden Sees, die Höhen der silbernen Alpen, die Au, der Wald, der die Insel krönt, werden in den ersten Strophen erwähnt. Im ganzen Mittelstück ist von der Umgebung überhaupt nicht die Rede. Erst gegen Schluß nennt Klopstock noch die Lüfte des Walds und die silberne Welle. Das ist nicht viel; und wendet man ein, die Zahl der Motive gebe doch kaum den Ausschlag, so drängt sich eine andere, wesentliche Beobachtung auf: die Farben fehlen in diesem Gemälde. Der schimmernde See ist nicht blau, sondern hell; »grünlich hell« nennt ihn ein Brief an Schmidt vom 1. August 1750. Der schattende Wald ist dunkel, nicht grün. Sogar die Rose heißt »tauend«; den silbernen Tau zieht Klopstock der Röte vor. Er scheint auf seiner Palette nur über Schwarz, Silber und Weiß zu verfügen, am Rande dann noch über einige Töne, die wenigstens leise farbig behaucht sind. Dahin gehört der »rötende« Strahl, der zu dem »rötlichen« Mai in der Ode ›Die frühen Gräber‹ hinüberweist, was weiterhin an die »grünliche« Dämmerung in der ›Friedensburg‹ und einige weitere ebenso zarte Andeutungen von Farben erinnert. Wie anders ist dies als das tiefe und satte Grün von Eichendorffs Wald oder als der Frühling, der in der ersten Fassung von Goethes ›Ganymed‹ den Knaben im Morgenrot anglüht. Diese späteren Lyriker gehen mehr oder weniger in der Landschaft auf. Die Fühlung ist so innig, daß sich ihr Gemüt im Gegenstand, der Gegenstand im Gemüt auflöst. Klopstock ist nicht innig; er ist erhaben; sein Geist schwebt *über* der Landschaft und wird nur leise von ihrer festlich-heiteren Stimmung angetönt. Ihr Anblick weckt die Seele vielleicht. Doch was er weckt, die hohe Heiterkeit geht weit über den Anlaß hinaus und läßt den irdischen Stoff alsbald bis auf wenige Reste hinter sich.

Von des schimmernden Sees Traubengestaden her,
Oder, flohest du schon wieder zum Himmel auf,
Komm in rötendem Strahle
Auf dem Flügel der Abendluft,

Komm und lehre mein Lied jugendlich heiter sein . . .

Die Freude wohnt an sich im Himmel. Über die Brücken der Landschaft zieht sie in das Herz des Dichters ein und lehrt ihn ein jugendlich heiteres Lied. Doch ihrer würdig ist das Lied erst dann, wenn es gelingt, das reine Gefühl zu feiern, das nicht an die Landschaft gebunden bleibt. Mit fast beängstigendem Ungestüm macht Klopstock sich daran, die sinnlichen Elemente auszuscheiden. In der fünften Strophe findet sich bereits die abstrakte Wendung:

Und der Jünglinge Herz schlug schon empfindender ...

Die sechste preist die Poesie, indem sie Namen von Dichtern aufzählt, von Menschen, die dieselbe Woge einer erhabenen Stimmung durchflutet. Dann meldet sich noch einmal die Landschaft. Kühlung und Umschattung aber erinnern bei Klopstock an die geheimnisvollen Schauer des Grabes:

Wenn der Schimmer von dem Monde nun herab
In die Wälder sich ergießt, und Gerüche
Mit den Düften von der Linde
In den Kühlungen wehn;

So umschatten mich Gedanken an das Grab ...[20]

an das Grab, das weniger Stätte des Vermoderns als dunkle Pforte des Jenseits ist. So fühlt er sich auch hier vom Geheimnis des Überirdischen angeweht. Und nun vermag er die himmlische selbst, die Freude an sich in Worte zu fassen:

Da, da kamest du, Freude!
Volles Maßes auf uns herab!

Göttin Freude, du selbst! dich, wir empfanden dich!
Ja, du warest es selbst, Schwester der Menschlichkeit,
Deiner Unschuld Gespielin,
Die sich über uns ganz ergoß.

Wir Heutige werden diese Verse schwerlich als Gipfel der Ode verehren. Eher sind wir versucht, sie »leer« im bedenklichen Sinne zu finden. Doch Klopstock ist wohl überzeugt, er habe hier die Höhe erklommen. Gehäufte Ausrufungszeichen verkünden die Einkehr der Göttin, einer unsichtbaren Göttin der Innerlichkeit.

So – offen für die Welt, doch offen nur, um alles in den Himmel seines erhabenen Geistes zu heben – erscheint uns Klop-

[20] D. N. III, 119.

stock auch als Mensch, in jenen »halb weltlichen, halb geistlichen Galanterien«, die er, nach dem Zeugnis eines Freundes[21], an die jungen Damen verschwendete, oder in jenem unvergleichlichen Brief, in dem er Bodmer auf seine privaten Bedürfnisse vorzubereiten suchte:

> Wie weit wohnen Mädchens Ihrer Bekanntschaft von Ihnen, von denen Sie glauben, daß ich einigen Umgang mit ihnen haben könnte? Das Herz der Mädchen ist eine große, weite Aussicht der Natur, in deren Labyrinth ein Dichter oft gegangen sein muß, wenn er ein tiefsinniger Wisser sein will.[22]

Es ist kein Tartuffe, der da spricht. Jedes Wort ist echt und will genau so aufgefaßt sein, wie es dasteht. Die »Mädchens« sind ihm wirklich nur willkommen, sofern sie in der Musik seiner Seele mitschwingen. Keine einzige von den vielen, die er besungen, wird als Erscheinung so deutlich wie eine Geliebte Goethes. Es sind nur Seelen. Selbst Sophie Schmidts, die er so geliebt hat, daß er, der Gewandte, ihr gegenüber keiner geistlich-weltlichen Galanterie fähig war, vor der er tief ergriffen verstummte, wird nur als der »fühlenden Fanny« gedacht. Ja, diesen Namen setzt er erst nachträglich statt »fühlende Schinzin[23]« ein. So gleichgültig bleibt die Individualität. Und bei den Freunden ist es nicht anders. Wie könnten sie sichtbar werden, da es ihm weniger darauf ankam, ein Freund zu sein, als zu »*wissen*, ein Freund zu sein«, sich zu versichern, daß sein Gemüt in allen Gefühlen der Freundschaft schwelge? So wenig wie der Künstler gibt sich der Freund und der liebende Klopstock hin. Man wird zwar nicht behaupten wollen, er reflektiere nur auf sich selbst. Der Rausch einer göttlichen Einzigkeit, den der Sturm und Drang kennt, ist ihm noch fremd. Meist sagt er »wir«, nicht »ich«, durchdrungen von der Überzeugung, der gleiche Himmel der Innerlichkeit sei vielen edleren Herzen offen. Wer aber bürgt für eine Gemeinschaft in diesen überirdischen Räumen? Er hat die Namen der Dichter genannt, mit denen er sich verbunden fühlt. Doch empfindet er wirklich »wie Hagedorn«? Der Kult des Allgemeinen ist in Wahrheit ein Kult des eigenen Gefühls, der Seele Klopstocks, die nur dank der beschwörenden Kraft des dichterischen Worts zur

[21] Franz Muncker, F. G. Klopstock, Geschichte seines Lebens und seiner Schriften, Stuttgart 1888, S. 193.

[22] Ebd., S. 227.

[23] Albert Köster, Klopstock und die Schweiz, Leipzig 1923, S. 62. – Vgl. dazu aber Friedrich Beissner, Klopstocks Ode ›Der Zürchersee‹, Münster/Köln 1952, S. 21.

Seele einer Gemeinschaft wird. Seine persönliche Sprache bildet den Kreis, in dem sich die Herzen verstehen. So darf sie eigentlich »schöpferisch« heißen.

Seit langem, haben wir eingangs bemerkt, sei der Ausdruck »schöpferisch« uns geläufig. Sehen wir genauer hin, so dürfte Klopstock der erste deutsche Dichter sein, auf den er zutrifft, da er als erster nicht mehr im Namen der schon bestehenden Gesellschaft, der allgemeingültigen Vernunft, des allgemeinherrschenden Glaubens, sondern im Namen seiner Seele sprach und ein Geschlecht zu bannen wußte. Er selber ist denn auch der erste, der, wenigstens ahnungsweise, von der Schöpferkraft des Dichters zeugt. In Breitingers ›Critischer Dichtkunst‹ las er:

> Weil . . . die gegenwärtige Einrichtung der Welt der würcklichen Dinge nicht schlechterdings nothwendig ist, so hätte der Schöpfer bey andern Absichten Wesen von einer gantz andern Natur erschaffen, selbige in eine andere Ordnung zusammen verbinden, und ihnen gantz andere Gesetze vorschreiben können: Da nun die Poesie eine Nachahmung der Schöpfung und der Natur nicht nur in dem Würcklichen, sondern auch in dem Möglichen ist, so muß ihre Dichtung, die eine Art der Schöpfung ist, ihre Wahrscheinlichkeit entweder in der Übereinstimmung mit den gegenwärtiger Zeit eingeführten Gesetzen und dem Laufe der Natur gründen, oder in den Kräften der Natur, welche sie bey andern Absichten nach unsern Begriffen hätte ausüben können.[24]

Damit soll zunächst, wie in Bodmers ›Kritischen Betrachtungen über die poetischen Gemälde der Dichter‹, nichts weiter als das Walten der Einbildungskraft beim Erfinden wunderbarer Wesen, der Miltonschen Engel und Teufel oder der redenden Tiere der Fabel, gerechtfertigt werden. Klopstock indes begeisterte sich vor allem an dem Gedanken, daß die Dichtung »eine Art Schöpfung« sei und las heraus, daß der Dichter nicht die Natur, die schon vollendet ist, sondern ihre Schöpferkraft nachahmen müsse. Die Worte aus der Präambel zum ›Messias‹ sind kaum anders zu fassen:

> Aber, o Tat, die allein der Allbarmherzige kennet,
> Darf aus dunkler Ferne sich auch dir nahen die Dichtkunst?

[24] Johann Jakob Breitinger, Critische Dichtkunst, Zürich 1740, S. 136f.

Weihe sie, Geist Schöpfer, vor dem ich hier still anbete,
Führe sie mir, als deine Nachahmerin, voller Entzückung,
Voll unsterblicher Kraft, in verklärter Schönheit entgegen.[25]

Und von da aus verschiebt sich, unbewußt vielleicht, der Gedanke noch weiter. Die nächsten Verse nämlich lauten:

Rüste mit deinem Feuer sie du, der die Tiefen der Gottheit
Schaut und den Menschen, aus Staube gemacht, zum Tempel sich heiligt!
Rein sei das Herz! So darf ich, obwohl mit der bebenden Stimme
Eines Sterblichen, doch den Gottversöhner besingen ...

Der Schöpfergeist reinigt den Menschen zum Tempel. Der Sterbliche seinerseits reinigt das Herz. Sein Geist erhebt sich zum Schöpfergeist. Wenn dies gelungen ist, steht er als Dichter nicht mehr der Natur gegenüber, denkend, betrachtend und nachahmend; dann gären die Kräfte der Natur wie vor den Schöpfungstagen in ihm und sind bereit, zu einer neuen Schöpfung, im Kunstwerk, zusammenzuwirken. Vom schon Geschaffenen – und das heißt: von der Natur, wie sie überliefert und ausgelegt ist – loszukommen und diese uranfänglichen Schwingungen göttlicher Kräfte in sich zu verspüren, das ist es, worum sich Klopstock bemüht, in seiner Metrik, in seiner spannungsreichen emotionalen Syntax, in seinem ganzen, damals so neuartigen priesterlichen Gebaren. Das ist nun endlich auch der Sinn der vielberufenen ersten Strophe:

Schön ist, Mutter Natur, deiner Erfindung Pracht,
Auf die Fluren verstreut, schöner ein froh Gesicht,
Das den großen Gedanken
Deiner Schöpfung noch Einmal denkt.

»Denkt« ist nicht rational gemeint. Es hat schon hier die Bedeutung, die später die Ode ›Dem Unendlichen‹ abklärt:

Wie erhebt sich das Herz, wenn es dich,
Unendlicher, denkt! ...[26]

»Denken« bedeutet ein Erfassen mit ganzer Seele und ganzem Gemüt. Den Gedanken der Schöpfung noch einmal denken, besagt, den Schöpfungsakt mit all seinen Wundern im eigenen Herzen erneuern.

[25] D. N. I, 4.
[26] Recl., S. 116.

Aber die erste Phase dieses Geschehens, die Rückkehr der Schöpfung in das rhythmische Schüttern des Urbeginns, vollzieht sich entschiedener als die zweite, in der eine neue unerhörte, oder die alte bekannte Welt in neuem, aus der Seele des Dichters quellendem Glanz erstehen sollte. Es ist, als fürchte Klopstock, in die Nachahmung des Geschaffenen zurückzufallen. Nachdem er sich zur Feier der reinen Freude aufgeschwungen, verwandelt ihr Geist die Erde nicht; er feiert weiter das ganz abstrakte Gefühl: der »Begeisterung Hauch«, »Empfindungen« und »Entschließungen«, »bessere, sanftere Lust«, »Gedanken«, »Liebe«, das »schlagende Herz«. Und einzig indem er Gefühle verschiedener Grade zum Vergleich herbeizieht und in gewaltiger Steigerung vordringt vom Odem des Lenzes zur Lust des »sokratischen« Bechers – des kleinen, den der maßvolle Sokrates bei Xenophon anrät –, von da zur Wonne des Ruhmes und endlich wieder zum Höchsten, zur Süße der Freundschaft, bewahrt er sich und uns vor jener Monotonie, die den ›Messias‹ und viele seiner Oden gefährdet, und ist er imstande, den Preis der Göttin, ohne immer nur »Freude!« zu sagen, so zu verstärken und auszudehnen, daß die Dauer seiner Ergriffenheit einigermaßen zu ihrem Recht kommt. Wer genötigt würde, anzugeben, was der Dichter mit seiner pompösen Abschweifung eigentlich meine, der wüßte wohl keine andere Antwort als diese: »Heil mir! Ich empfinde, ich fühle gefühltestes Gefühl!« Denn alle Einzelheiten sind Requisiten der deutschen Anakreontik. Vom Lenz, vom Wein und von der Liebe, von Tempe und Elysium haben auch Haller und Hagedorn, Gleim und Ewald von Kleist gesungen. Nur so nicht, aus der Tiefe der unverwechselbar eigenen Leidenschaft! Und einzig um diese geht es hier. Um ihretwillen verwendet Klopstock die Muster des Meißener Porzellans, die als Schablonen verfügbar sind, damit, wo nichts zu sagen ist, doch Verse entstehen und erregte Sätze gebildet werden können. Wer das große Mittelstück in einer einzigen Spannung aushält, wer nach der ersten Kulmination mit »Süß ist, fröhlicher Lenz« zu einem Crescendo auf weiteste Sicht ansetzt, Atem schöpft, wenn die Strophe vom Wein, und wieder, wenn die vom Ruhm beginnt, um dann mit »Aber süßer ist noch« in einem letzten steilen Aufstieg den Gipfel abermals zu erreichen, der faßt noch immer nichts Bestimmtes, den aber streift eine Ahnung von der überströmenden Seele des herrlichen Jünglings, der da singt.

Und ähnlich ergeht es uns wieder am Schluß. Klopstock gedenkt der fernen Freunde, die heute nicht teilnehmen können, Schmidts, Gisekes, Gellerts, Cramers, und wen er sonst in seinen ersten Oden mit Namen nennt und ehrt. Er wünscht, sie möchten hier sein; dann würden sie »Hütten der Freundschaft« bauen, wie Petrus (Matth. XVII, 4) auf dem Berg, wo »gut sein ist«, für die Propheten Hütten bauen will. Ein unerfüllbarer, unmöglicher Wunsch, der höchstens geeignet wäre, das überschwengliche Entzücken ein wenig zu dämpfen und die Wehmut beizumischen, deren die Lust bedarf, wenn sie den Augenblick überdauern soll. Klopstock aber tut den Wunsch mit auf die Welle gesenktem Blick, fromm, schweigend, wie ein Gelübde, mit einem unverhältnismäßigen Aufwand von Mimik und Zeremoniell. Doch einzig dieser Aufwand ist seiner Gemütsbewegung gemäß. Den Anlaß läßt sie auch hier als fast unwesentlich hinter sich zurück.

Drei Strophen sind dem Ruhm gewidmet. Zumal die mittlere gibt uns noch zu einer letzten Betrachtung Anlaß.

Durch der Lieder Gewalt bei der Urenkelin
Sohn und Tochter noch sein; mit der Entzückung Ton
Oft beim Namen genennet,
Oft gerufen vom Grabe her . . .

Klopstock denkt hier vor in ein Dasein, das sich eröffnet nach dem Tod. Er hat sich über die Landschaft erhoben; jetzt erhebt sein Geist sich über alles gegenwärtige Leben. In einer früheren Ode besingt er seine künftige Geliebte:

Die du künftig mich liebst (wenn anders zu meinen Tränen
Einst das Schicksal erweicht eine Geliebte mir gibt!)
Die du künftig mich liebst, o du aus allen erkoren,
Sag, wo dein fliehender Fuß ohne mich einsam jetzt irrt?[27]

Die Ode ›An Ebert‹ geht noch weiter. Einst werden seine Freunde, wird die künftige Geliebte tot sein:

Stirbt dann auch einer von uns, und bleibt nur einer noch [übrig;
Bin der eine dann ich;
Hat mich dann auch die schon geliebt, die künftig mich [liebet.
Ruht auch sie in der Gruft . . .[28]

Hat je ein Dichter deutscher Sprache so das Futurum exactum

[27] D. N. III, 32.
[28] D. N. III, 38.

gebraucht? »Wenn ich dereinst geliebt worden bin!« In dieser Zeitform gründet schließlich die ganze Gewalt der Ode ›An Fanny‹. Klarer könnte nirgends werden, daß diesem Dichter ein weltlicher Inhalt seiner Gefühle erst bevorsteht, daß ihm noch kaum beschieden ist, sich zu erinnern, zu versenken und sich im Irdischen zu fühlen als in der Heimat seiner Seele. Doch von erhabener Stätte weist er prophetisch in dieses gelobte Land.

Lessing: Minna von Barnhelm

Am Anfang der neueren deutschen Literatur steht ein widerspruchsvolles und schwer zu bewertendes Buch, Gottscheds ›Critische Dichtkunst‹ vom Jahre 1730. Die Widersprüche ergeben sich daraus, daß der Verfasser seinen Glauben an Autoritäten des Geschmacks mit seinen persönlichen Überzeugungen oft nicht vereinigen kann. So auch in seinem Bemühen, das Wesen der Komödie zu bestimmen. Im Anschluß an Aristoteles erklärt er zunächst mit Zuversicht:

> Die Komödie ist nichts anders als eine Nachahmung einer lasterhaften Handlung, die durch ihr lächerliches Wesen den Zuschauer belustigen, aber auch zugleich erbauen kann.[1]

»Nachahmung einer lasterhaften Handlung«, mit diesen Worten versucht er, den Aristotelischen Ausdruck μίμησις φαυλοτέρων wiederzugeben. Zwei Seiten später aber heißt es:

> Die Komödie will nicht grobe Laster, sondern lächerliche Fehler der Menschen verbessern.[2]

Es ist leicht einzusehen, was Gottsched zu diesem Rückzug veranlaßt. Er mußte befürchten, mit dem Begriff des »Lasterhaften« gerade jene komischen Wirkungen zu empfehlen, die seine Idee der moralischen, einer Gesellschaft pflichtigen Kunst verletzten, Wirkungen also, wie sie die grobe Komödie des

[1] Johann Christoph Gottsched, Versuch einer critischen Dichtkunst (im folgenden zit.: Versuch), 4. Aufl., Leipzig 1751, S. 643.
[2] Versuch, S. 645.

Barock erstrebt und wie sie Opitz in seiner ›Deutschen Poeterey‹ höchst unbefangen mit den Worten umschrieben hatte:

> Die Comedie bestehet in schlechtem wesen unnd personen: redet von hochzeiten, gastgeboten, spielen, betrug und schalckheit der knechte, ruhmrätigen Landtsknechten, buhlersachen, leichtfertigkeit der jugend, geitze des alters, kupplerey und solchen sachen, die täglich unter gemeinen Leuten vorlauffen.[3]

Dergleichen sollte jetzt nicht mehr sein. Gerade das gemeine und unflätige Wesen verbat sich Gottsched, wie er sich in der Tragödie den Schwulst und das hohe Pathos verbat. Denn er, der sich das Ziel gesetzt, in Deutschland einen allgemeingültigen, sicheren Lebensstil zu schaffen und gegen die Barbarei zu schützen, er war den Extremen entschieden abhold; er liebte den goldenen Mittelweg der wohlanständigen Bürgerlichkeit und schätzte auch in der Dichtung nur, was nahe an diesem Mittelweg lag.

Damit schloß er in der Komik das aristophanische Erbe aus, jene Poesie, die uns mit unwiderstehlicher Gewalt von aller Anstrengung des höheren kultivierten Daseins befreit und einzig das Fraglos-Unmittelbare, den elementaren Trieb und die animalische Festlichkeit anerkennt. Den attischen Dichter selbst, den »ungezogenen Liebling der Grazien«[4], erwähnt die ›Critische Dichtkunst‹ nur flüchtig und mit unverkennbarer Verlegenheit. Plautus lehnt sie energisch ab. Er habe, so heißt es, sich zu sehr nach dem Geschmack des Pöbels bequemt und viele garstige Zoten und niederträchtige Fratzen eingemengt[5]. Shakespeare wird überhaupt nicht erwähnt. Wie wenig Gottsched aber die wildbehagliche Sympathie gefallen hätte, die etwa Falstaff weckt, ergibt sich aus seinem Urteil über Dryden und Jonson, denen er die übelste Sittenverderbnis vorwirft. Sein großer Meister ist Menander. An Menander schließt sich Terenz. Mit beiden ist die neuere französische Komödie verwandt, Molière, zwar nicht in den Farcen, aber in seinen feineren Stücken, und dann insbesondere Destouches, der unter den Neueren »sonder Zweifel« als »bester Komödienschreiber« gilt[6]. Die Kunst, die diese Dichter pflegen, oder – was nicht

[3] Martin Opitz, Buch von der deutschen Poeterey, Breslau 1624, 5. Buch.
[4] So Goethe im Epilog zu ›Die Vögel‹. (Vgl. GA VI, 597f.)
[5] Versuch, S. 634.
[6] Versuch, S. 642.

genau dasselbe ist und der Sache besser entspricht – das Lustspiel, wie es Gottsched vorschwebt, berührt die animalischen und elementaren Schichten kaum. Es leidet nicht an der Kultur, nicht an der Mühsal, Mensch zu sein, von der die derbere Komik uns im Augenblick des Gelächters entspannt. Es steht auf dem Boden der guten Gesellschaft; und wie wenig hier ein unmittelbar-natürliches Leben hinter dem der Gesellschaft in Frage kommt, wie ausgeschlossen es ist, daß das Parkett einbricht und die Erde der nackten Vitalität erscheint, das geht schon daraus hervor, daß die Worte »vernünftig« und »natürlich«, »wohlanständig« und »natürlich« in der Sprache Gottscheds dasselbe bedeuten. Komisch ist hier also nicht der Fresser und Säufer und Wüstling, nicht der aristophanische Phallos und Wanst, der einer höheren Menschlichkeit mit seinem puren Dasein spottet – das gilt nur noch als ungehörig –, sondern komisch ist jetzt alles, was in der anderen Richtung aus dem Rahmen des Menschlichen herausfällt, was sich eigensinnig und mit ganz unnötiger Anstrengung dem Vernünftig-Natürlichen widersetzt, ein übersteigerter Ernst etwa, ein irgendwie verkrampftes Gebaren; komisch ist der Geizige, der Gelehrte, der eingebildete Kranke, dann insbesondere der Menschenfeind, der verdüsterte Eigenbrötler, den die zuversichtlich-gesellige Welt des Rokoko unbegreiflich findet. Das Gelächter gewinnt hier jene soziale Funktion, die Henri Bergson[7] als »châtiment de la raideur« beschrieben hat: Im Namen der Gesellschaft züchtigt es den Sonderling, der sich gegen das Leben der Gesellschaft versteift, der sich nicht ungezwungen im Rhythmus der besten der möglichen Welten bewegt. Und die Komödie, die ein solches Gelächter auszulösen vermag, erfüllt wie keine andere Gattung in ein und demselben Zug die beiden Gebote des Horazischen Verses:

Aut prodesse volunt aut delectare poetae.

Sie wird, um an den Titel von Gottscheds moralischer Wochenschrift zu erinnern, zur ›Vernünftigen Tadlerin‹ und waltet ihres Amtes mit bestem Gewissen und tugendhaftem Behagen.

Gottsched selber freilich war der Mann nicht, sich als Dichter auf dem Feld des Lustspiels zu versuchen. Doch wo er versagte, half die »gelehrte Freundin«, seine Gattin Luise Adelgunde Gottsched, aus. Sie übersetzte Stücke Molières aus dem Französischen und faßte bald den Mut, auch deutsche

[7] Henri Bergson, Le Rire, 45. Aufl., Paris 1938, S. 134ff.

Originalkomödien auszuarbeiten. Die meisten Komödien in der ›Deutschen Schaubühne‹, diesem ältesten Repertoire des neueren deutschen Theaters, haben wir ihrer Feder zu danken: die ›Hausfranzösin‹, das ›Testament‹, die ›Ungleiche Heirat‹ und andere mehr. Der ›Hypochondrist‹ von Quistorp, der ›Geschäftige Müßiggänger‹ Johann Elias Schlegels schließen sich an. Doch auch die frühen Stücke Lessings, ›Der junge Gelehrte‹, ›Der Freigeist‹, ›Die Juden‹, sind nach derselben Schablone gemacht. Oft kündigt schon der Titel an, worin der Fehler besteht, den der moralische Dichter verbessern will. Um den Titelhelden gruppieren sich die Nebenfiguren, die meist als Folie dienen müssen; und jeder Auftritt, jedes Motiv bezieht sich überdeutlich auf das Thema. Ein Netz von logischen Relationen fängt jede Lebensregung ein. Eigentlich werden nur Begriffe, aber nicht Menschen ausgespielt und gegeneinander in Szene gesetzt. Und wenn am Schluß das »fabula docet« klipp und klar erläutert wird, so schwindet der letzte Rest der von Anfang an etwas ängstlichen Anmut hin. Es scheint, als sei die Vernunft in jener Zeit dem Sprachgebrauch zum Trotz doch noch zu wenig natürlich gewesen, als daß sie sich mit freier, spielerischer Leichtigkeit hätte entfalten können.

Dennoch haben wir Grund, der ›Deutschen Schaubühne‹ mit Respekt zu gedenken. Sie ließ zu wünschen übrig, und die Wünsche bahnten einen Weg. Originelle Versuche legte Johann Elias Schlegel vor. Sein Sinn für dramatische Kunst erkannte den Mangel an einer prägnanten Handlung, der den Charakterkomödien, wie sie Frau Gottsched geschaffen, eigen war. In seinem kleinen Meisterwerk ›Die stumme Schönheit‹, das Lessing noch im Jahre 1767 das beste deutsche Verslustspiel nennt[8], begnügte er sich nicht damit, die Heldin in einer Reihe typischer Situationen vorzuführen, sondern dachte sich eine spannende, mit allen Künsten analytischer Technik zu meisternde Fabel aus und brachte so ein Stück von mustergültig gestraffter Einheit zustande, das heute noch dem Spielplan jeder Bühne zur Ehre gereichen würde. Doch freilich war das zu wenig gewichtig, als daß es eine feste Überlieferung hätte begründen können. Und Schlegel selber starb in jungen Jahren und vermochte die Hoffnungen, die er geweckt hatte, nicht zu erfüllen. Früh entrissen wurde auch der hochbegabte Friedrich von Cronegk, dessen Komödie ›Der Mißtrauische‹

[8] In ›Hamburgische Dramaturgie‹, 13. Stück.

uns durch ein in den fünfziger Jahren einzigartiges persönliches Gepräge überrascht und fesselt.

Von einer anderen Seite versuchte Gellert dem Lustspiel weiterzuhelfen. Seinem liebenswürdigen, bei aller Sittenreinheit doch zur Liberalität geneigten Geist widerstrebte es, jeden einzelnen Teil mit ängstlicher und pedantischer Logik auf das Thema zu beziehen. Er gewährte seinen Gestalten Raum und ließ sie manchmal sozusagen der Aufsicht des Verstandes entlaufen. So war es ihm möglich, wirkliche deutsche Menschen auf die Bühne zu stellen, was Lessing zu dem Lobe bewog, die ›Kranke Frau‹, die ›Zärtlichen Schwestern‹ seien wahre Familiengemälde, in denen man sich zu Hause fühle. »Jeder Zuschauer glaubt, einen Vetter, einen Schwager, ein Mühmchen aus seiner eigenen Verwandtschaft darin zu erkennen.«[9] Was aber so in einer Richtung gewonnen wurde, ging leider auf der andern verloren. Gellert kommt nicht vorwärts. Er pinselt an seinen Gesprächen herum und eröffnet auf der Bühne gleichsam eine hohe Schule höflicher bürgerlicher Konversation. Doch niemand weiß, wo es hinauswill. Und meistens läuft es auf gar nichts oder auf eine so schwache Pointe hinaus, daß sich die Mühe des Wartens nicht lohnt.

So standen die Dinge, als in Deutschland der Siebenjährige Krieg ausbrach, und so noch, als er zu Ende ging. Ein großer Treffer war nicht zu verzeichnen. Lessing war nach den ersten Experimenten als Lustspieldichter verstummt. Er hatte die Entwicklung verfolgt, nicht ebenso aufmerksam vielleicht wie die der Tragödie, die ihm rätselhafter und deshalb reizvoller schien. Doch immerhin, er hielt die Augen offen und ließ sich nichts entgehen. Er prüfte die Möglichkeit, die komische und die tragische Gattung im rührenden Lustspiel einander anzunähern. Er lenkte seinen Blick auf den von Gottsched geschmähten Plautus und sah sich das italienische Schrifttum an. Doch seltsam! Wie er im Tragischen, nachdem er Shakespeare empfohlen und im ›D. Faust‹ das alte deutsche Bühnenspiel hatte erneuern wollen, als Dramaturg in Hamburg und als Schöpfer der ›Emilia Galotti‹ zu einem Kunstwerk kam, dessen Strenge und Naturalismus Gottscheds modernsten Ideen wieder nahestand und das Programm der ›Critischen Dichtkunst‹ in vielen Punkten erst erfüllte, so kehrte er auch im Lustspiel nach seiner weltliterarischen Odyssee zu dem

[9] Vgl. ›Hamburgische Dramaturgie‹, 22. Stück.

Komödientypus zurück, der seit den Tagen der Neuberin in Deutschland nach dem Muster der Franzosen vorgezeichnet war. Die ›Minna von Barnhelm‹ schließt sich den Komödien der ›Deutschen Schaubühne‹ an. Sie gehört zu ihnen, freilich so, wie die Nachtigall nach Goethes Wort in vielem noch Vogel ist, dann aber plötzlich allen Gefiederten erst zu bedeuten scheint, was Singen sei.

Die Zeitgenossen erkannten zunächst den Vorzug der Aktualität. Nicht nur deutsche Menschen, wie bei Gellert, standen auf der Bühne, sondern Deutsche, deren Not und Glück mit dem Geschick des ganzen Volkes aufs engste verflochten war. Den Hintergrund des Lustspiels bildete das Ende des Siebenjährigen Kriegs, ein nationales Ereignis insofern, als die Person des großen Königs sich über die Grenzen der Länder hinweg den Deutschen gewaltig eingeprägt hatte und nach beschlossenem Zwist ein um so innigeres Verlangen bestand, sich wieder als großes Ganzes zu fühlen. Mit feinstem Takt nimmt Lessing auf diese Stimmung seiner Hörer Rücksicht. Einfach und allgemein verständlich war die Verlobung des sächsischen Fräuleins mit dem preußischen Offizier als Wink, trotz allen heiklen politischen Fragen, dem Zug des Herzens zu folgen. Der aufmerksamere Hörer aber mochte außerdem eine besondere Delikatesse darin finden, daß der Dichter die Besiegten, die Sachsen, mit jener gewinnenden Liebenswürdigkeit ausgestattet hat, die allerdings keine Schlachten gewinnt, in zarterem Umgang jedoch die Tugenden eines Kriegers weit überstrahlt, während die Sieger, die Preußen, zumal in der Person des Wachtmeisters Werner, verdientermaßen respektgebietend, indes, wie alles, was zuviel Respekt einflößt, leicht lächerlich wirken.

Dieses Walten einer um Ausgleich besorgten, begütigenden Hand verspürt das Publikum unserer Theater nicht mehr. Zum Menschen aber sprechen noch heute die Menschen Lessings und ihr Geschick, reiner vielleicht sogar als in den sechziger Jahren jenes Jahrhunderts, da nun kein Interesse mehr das gesammelte Wohlgefallen beirrt.

Überblicken wir den Verlauf der Handlung, so finden wir, daß das Stück, wenn es nach dem Schema der ›Deutschen Schaubühne‹ ginge, ›Der Ehrenhafte‹ heißen müßte. Denn der Held mit dem komischen Fehler ist Tellheim, und sein »Fehler«, den das Lachen rügen soll, besteht in übertriebenem Ehrgefühl. Der bloße Vorschlag aber genügt, die Unmöglichkeit eines solchen Titels und den besonderen Reiz des Spiels, das ›Minna von Barnhelm‹ heißt, zu beleuchten. Als ›Ehrenhafter‹ wäre Tellheim ein notdürftig inkarnierter Begriff wie Schlegels geschäftiger Müßiggänger oder Quistorps Hypochondrist. Der Zuschauer fände sich aufgefordert, all sein Tun und Lassen als Äußerung seines Ehrgefühls zu deuten. Doch Tellheim ist nicht nur ehrenhaft; er ist auch ritterlich, liebenswürdig, zart, gutmütig und empfindsam. Ebenso ist Minna von Barnhelm nicht nur eine »Jungfer Fröhlichinn«, wie sie Quistorp seinem Hypochondristen gegenüberstellt. Eine gewisse Wehmut scheint ihrem geheimeren Wesen nicht fremd zu sein; und um den Fehler Tellheims zu verbessern, bedürfte es auch der Lust an kleinen Intrigen und der Launen nicht, die ihr so wohl anstehen. Noch mehr als Gellert also lockert Lessing die logische Disziplin. In ihm wird die Ratio zur Natur. Er darf, wie Wieland sich einmal ausgedrückt hat[10], dem Menschen*sinn* vertrauen, während die früheren Dichter sich noch vor der Menschen*vernunft* verantworten mußten. Geheime Harmonie, die immer mächtiger ist als die offenbare, wird damit seinem Werk zuteil. Es schwingt in Bezügen, die keine Meßkunst restlos nachzurechnen vermag.

Dennoch entrinnt es der Gefahr, die Spannung einzubüßen, der Gellerts Liberalität erlegen war. Mit dem »Fehler« Tellheims nämlich hat es seine eigene Bewandtnis. Der Ehrenhafte läßt sich nicht ohne weiteres neben den Bücherwurm oder den eingebildeten Kranken stellen. Diese sind fraglos lächerlich, so, daß der Zuschauer nur darauf wartet, sie endlich beschämt und verspottet zu sehen. Tellheim dagegen ist ein Charakter von höchster Würde. Er gewinnt schon im ersten Augenblick unser Herz. Und ob ihm unsere Liebe gleich mehr Bieg- und Schmiegsamkeit wünschen möchte, unsere Achtung wächst, je trotziger er auf seiner Ehre besteht.

Daraus entsteht ein echter Konflikt, der keine Lösung voraussehen läßt und eine Lösung doch dringend erfordert. Glücklich enden muß es ja wohl. Ein Lustspiel ist uns angekündigt. Und dieses Lustspiel trägt zudem den Untertitel ›Soldatenglück‹. Doch wie das möglich sei, ahnen wir nicht. Zeitweise sieht es fast so aus, als ob aus dem Lustspiel ein Trauerspiel würde. Tellheims Schicksal ist empörend. Man hat ihm Milde gegenüber dem Feind als Bestechlichkeit ausgelegt.

[10] In seinem Aufsatz ›Was ist Wahrheit?‹

Er hat sein Kommando, den guten Namen und sein Vermögen eingebüßt. Wie er nun die Folgerungen aus seiner Lage zieht und wahrnimmt, daß die Ehre nicht in seinem eigentlichen Dasein gründet, sondern im Urteil der Öffentlichkeit, daß also er, der bescholtene Mann, auf Minnas Hand verzichten muß, das zeugt von Größe und wächst bis in die Zonen des Trauerspiels empor. Es bedürfte nur einer leichten Verschiebung der Tonart, und Tellheim könnte sich die Worte von Corneilles Cid aneignen:

. . .honneur, amour,
Noble et dure contrainte, aimable tyrannie,
Tous mes plaisirs sont morts, ou ma gloire ternie.
L'un me rend malheureux, l'autre indigne du jour.
Cher et cruel espoir d'une âme généreuse,
Mais ensemble amoureuse . . .

Zum Fehler jedoch und leise komisch wird Tellheims Ehre, weil er sie vor der Geliebten behaupten will. Minna nämlich tritt als Frau dem starren Mann gegenüber wie das holde unwillkürliche Leben in Menschengestalt der abstrakten Vernunft. Wider die preußische Moralität, die »nordische Schärfe des Hypochonders«[11], die alles auf die Spitze treibt, setzt sie, das sächsische Fräulein, etwas ein, das man Läßlichkeit nennen möchte, eine Läßlichkeit indes, die keineswegs unmoralisch ist, die nur der Glaube an die unverwüstliche Güte des Lebens erlaubt – ein Glaube, der ihr denn auch gestattet, außerhalb aller Ordnung ihre Wünsche zu fördern und tätig zu sein, dort, wo die Frau sonst untätig sein soll: Sie reist dem geliebten Manne nach und wagt, ihm zu sagen: »Deine Hand!« Und sie braucht nicht um ihre Würde zu sorgen und darf der Eingebung des Augenblicks, ja sogar dem Zufall vertrauen. Sie darf sich gehenlassen; sie wird sich nie verirren aus der Wahrheit, die ihr im Geist und im Herzen wohnt. Und so, durchdrungen von Zuversicht, daß Gott die Schöpfung klug erdacht und den Menschen zum Glück erkoren habe, sieht Minna allen gewaltsamen Anstrengungen, das Rechte zu tun, mit feinem Lächeln zu, als wollte sie sagen: Was soll die Mühsal? Was plagst du dich, da du doch gut bist aus Natur und also die Anwartschaft auf Glück in deinem eigenen Herzen trägst?

[11] Goethe über Heinrich v. Kleist, um 1809 zu Falk.

Unter diesem Zeichen spielt sich bereits die erste Begegnung im neunten Auftritt des zweiten Aufzugs ab. Tellheim hat erklärt, daß ihm Vernunft und Notwendigkeit gebieten, sein Schicksal von dem der Geliebten zu trennen. Minna erwidert:

> Ich bin eine große Liebhaberin von Vernunft, ich habe sehr viel Ehrerbietung für die Notwendigkeit. – Aber lassen Sie doch hören, wie vernünftig diese Vernunft, wie notwendig diese Notwendigkeit ist.

Eine solche Mahnung, elastisch zu bleiben wie das Leben selber, müssen sich alle Helden in Komödien dieser Art anhören, Molières Misanthrope sowohl wie in den ›Zärtlichen Schwestern‹ Gellerts die Tochter, die nicht heiraten will. Aber Minna kann nur so leichthin sprechen, weil sie das ganze schwere Unglück Tellheims noch nicht kennt. Auch der Zuschauer kennt es noch nicht. Er sieht, wie Tellheim in tiefster Qual den Hut vors Gesicht schlägt und sich abkehrt. Die schmerzlichen Rufe Minnas hallen nach; der Vorhang fällt und verbirgt dem Auge die Träger eines noch unaufgeklärten, offenbar trüben Geschicks.

Ganz ausweglos kann es aber nicht sein. Sonst hätte es keinen Sinn, neben Minna von Barnhelm und Tellheim Figuren wie Just, den Wirt, Franziska und Werner zu stellen, deren bloße Gegenwart uns die beruhigende Versicherung gibt, es sei nicht unbedingt nötig, sich auf den Ernst des Tragischen einzulassen. Mit vollem Bewußtsein dürfte Lessing den Wirt nach der bewährten Schablone der Lustspieltradition ausgeführt haben. Das Wirtshaus, in dem die Menschen kommen und gehen, sich trennen und wiederbegegnen, ist wie kein anderer Ort geeignet, den Weltlauf vorzuführen und die Fäden kreuz und quer zu spinnen, ohne daß Raum beansprucht würde. Der einzige, der bleibt, der Wirt, kann all dem Treiben mit den Jahren nur noch skeptisch zusehen; und wenn er nicht gleichgültig wird, wie der Hausknecht in ›Cristinas Heimreise‹ von Hofmannsthal, der seinen Nihilismus aus der dunkelsten Korridorecke verkündet, so wandelt sich sein Anteil allmählich in eine novellistische Neugier. So hat ihn Lessing aufgefaßt; so überzeugt er an sich und tritt zugleich in den Dienst der Exposition, indem er im zweiten Aufzug Minna und Franziska weit über seine Kompetenz hinaus nach ihren Privatangelegenheiten befragt, denselben, die zu kennen auch der Zuschauer dringend verlangen muß. Die Plaudersucht der Zofe Franziska – auch dies ein stehender Zug des Lustspiels – kommt seinen Wünschen und also zugleich den Wünschen des Publikums entgegen. Der Wirt ist ferner geizig, wie wieder Lustspielwirte von jeher sind; und dieser Geiz wird eingesetzt, um die prekäre Lage Tellheims zu erhellen und obendrein die Intrige mit dem Ring, an dem er interessiert ist, vorzubereiten. So fügt sich eins ins andere ein mit jener Ökonomie, die dem Prinzip des geringsten Kraftaufwands bei maximaler Leistung entspricht, demselben Prinzip, das Lessing auch in den Fabeln und Epigrammen befolgt und als Kritiker ausgesprochen hat[12].

Franziska, Just und Werner aber sind inniger auf das Liebespaar bezogen. Mit oder ohne Wissen verbünden sie sich mit Minna und befehden Tellheims Ehrbegriff. So Franziska, wenn sie gesteht:

> Wir wollen uns gleich auch putzen und sodann essen. Wir behielten Sie gern zum Essen, aber Ihre Gegenwart möchte uns an dem Essen hindern, und sehen Sie, so gar verliebt sind wir nicht, daß uns nicht hungerte (III, 10).

Das ist eine schalkhafte Lektion, der Tellheim entnehmen könnte, es sei dem Menschen nicht möglich, sich immer und unablässig den höchsten Fragen zu widmen; die täglichen Bedürfnisse unseres Leibes behaupten ihr Recht, und die Lust an ihrer Befriedigung sei eine kleine Schule der Demut für den Ernst. Tellheim überhört das; er überhört auch, was ihm sein Wachtmeister sagt.

> Es ziemt sich nicht, daß ich dein Schuldner bin (III, 7).

Damit lehnt er die von Werner angebotene Hilfe ab. Doch Werner gedenkt der Tage im Krieg, da einer dem andern die Feldflasche reichte und gar kein Mein und Dein mehr war; er gedenkt des tödlichen Hiebs, den er von Tellheim abgewendet hat, gedenkt, mit einem Wort, der überschwenglichen Fülle des Lebens, die mit Summen nicht fixiert und in keinem irdischen Hauptbuch erfaßt werden kann. Gerade deshalb ist in diesem Spiel so oft von Geld die Rede. Die Unzulänglichkeit des Rechnens wird uns damit eingeprägt, wie in den zugespitzten Gesprächen die Unzulänglichkeit der Logik, die zarte menschliche Verhältnisse auf Begriffe zu bringen versucht.

[12] Am deutlichsten in der Rezension von Klopstocks ›Messias‹ (Briefe aus dem zweiten Teil der Schriften, 17. Brief).

Just steht in der Rangordnung der Gesellschaft auf der untersten Stufe. Er darf es sich gestatten, vom Wirt, seinem Feind, ein Schnäpschen anzunehmen. Denn

> warum soll ich meiner Gesundheit seine Grobheit entgelten lassen! (I, 2).

Niemand wird ihm das verübeln. Doch um so deutlicher sehen wir, daß Tellheim nicht zu helfen ist. Er ist der Herr, und was die Untergebenen sich erlauben dürfen, liegt außerhalb seiner Existenz. Die ernste und die heitere Region sind, nach der alten Regel, auch hier noch sozial geschieden.

Indes vermöchte Just in anderer Hinsicht seinen Herrn zu fördern. Er ist in seiner Treue rührend. Wir sehen an ihm, wie das Geschöpf gelegentlich von selber, aus dumpfem Trieb, so gut und liebevoll und warm sein kann, daß die klarste moralische Überzeugung daneben verblaßt – ein unschätzbarer Gegenstand für die Tugendandacht und demokratische Neigung des aufgeklärten Bürgers. Die philanthropischen Gefühle blühen auf beim Anblick Justs. Und eben dies sollte in Tellheim geschehen. Damit würde zwar sein Unglück nicht behoben; doch er fände sich einigermaßen erleichtert, in seinem Pessimismus widerlegt, erweicht und wieder fähig, an Gott und die Möglichkeit des Guten zu glauben. So weit reicht aber die Wirkung nicht, die von dem biederen Kerl und seiner pudelhaften Treue ausgeht. Freudlos, wie es scheint, läßt Tellheim einige wenige Menschen gelten. Gegen den Rest bleibt er verbittert.

Wo der Held sich so versteift, laufen die Komödien meist in vorgezeichneten Bahnen ab. Bei Molière ist es in der Regel ein liebendes Paar, das den Eigensinnigen erst mit rührenden Worten bestürmt und dann, wenn er sich nicht rühren läßt, dem allgemeinen Gelächter preisgibt. Hier jedoch sind Liebe und Eigensinn in derselben Person vereinigt; und der Eigensinn ist so beschaffen, daß man nicht ohne weiteres wünschen kann, er werde gebrochen. So kommt es zur zweiten Auseinandersetzung zwischen Tellheim und Minna, dem sechsten Auftritt des vierten Akts, der Szene, in der das Lustspiel ganz ins Tragische überzugehen droht.

Tellheim hat Minna in einem Brief über seine Verhältnisse unterrichtet. Sie aber weigert sich, vom schriftlich Festgelegten auszugehen, und will sich lieber dem Gespräch mit seinem Zufall und dem Blick von Auge in Auge anvertrauen. Das scheint ihr wenig zu nützen; Tellheim beginnt mit einer höflichen Formel.

»O Herr Major«, entgegnet sie, »so gar militärisch wollen wir es miteinander nicht nehmen.«

Über ihr Antlitz huscht dabei wohl noch ein Abglanz jenes Lächelns, das soeben, gefährlich für Tellheims Würde, das parademäßige Gebaren Werners hervorgelockt hat. Doch Tellheim zuckt nicht mit der Wimper. Was bleibt ihr da übrig, als halb scherz- halb ernsthaft ihm den Trübsinn auszureden und seine Not zu leugnen? Doch daß wir ja nicht bei der Schicklichkeit und Anmut ihrer Worte überhören, worum es geht. Tellheim bricht im Verlauf der Szene, die erst sein ganzes Geschick enthüllt, in ein schrilles, böses Gelächter aus. Es ist das Gelächter des Menschenhasses, das Minna in tiefster Seele erschreckt:

> Ihr Lachen tötet mich, Tellheim! Wenn Sie an Tugend und Vorsicht glauben, Tellheim, so lachen Sie so nicht! Ich habe nie fürchterlicher fluchen hören als Sie lachen.

Erschüttert ist sein Glaube an die Güte Gottes, die Weltvernunft; und das Gespräch, das wir vernehmen, bezieht sich auf die Theodizee, auf jene Frage, die seit Leibniz die Gemüter beschäftigt und das Denken der Zeit zusammenschließt. Was Tellheim erlitten hat, seine Kränkung, der schmähliche Abschied nach gewissenhaftestem Dienst, das verstört ihn so wie etwa Voltaire das Erdbeben von Lissabon, als ein Ereignis, das allen Begriffen von weiser und gerechter Fügung widerspricht. Denn ob er gleich nur ein Einzelner ist: ein einziges offenkundiges Unrecht, das die Vorsehung geschehen läßt, gefährdet die große Idee, die sich der Mensch von Gott gemacht hat, und legt ihm Iphigeniens Gebet zu den Himmlischen auf die Lippen:

> . . . Rettet mich
> Und rettet euer Bild in meiner Seele!

Man könnte sagen, solche Worte seien zu hoch gegriffen für ein Gespräch, das Leser unserer Tage, die sich anders um Gott bemühen, vielleicht sehr oberflächlich finden. Wenig geschieht, um die Weltvernunft von der Unvernunft des Geschicks zu entlasten. Minna hilft sich lange mit Scherzen und witzigen Redensarten aus:

Ich sage den Großen meinen großen Dank, daß sie ihre Ansprüche auf einen Mann haben fahren lassen, den ich doch nur sehr ungern mit ihnen geteilet hätte. – Ich bin Ihre Gebieterin, Tellheim, Sie brauchen weiter keinen Herrn ... Was sind Sie noch mehr? Ein Krüppel, sagten Sie? Nun, der Krüppel ist doch noch ziemlich ganz und gerade, scheinet doch noch ziemlich gesund und stark. – Lieber Tellheim, wenn Sie auf den Verlust Ihrer gesunden Gliedmaßen betteln zu gehen denken: so prophezeie ich Ihnen voraus, daß Sie vor den wenigsten Türen etwas bekommen werden, ausgenommen vor den Türen der gutherzigen Mädchen wie ich.

So geht es noch lange mutwillig weiter. Nun sind diese Scherze aber nicht ganz so harmlos, wie man annehmen möchte. Sie nähern sich jener Art von Witz, die Lessing selber oft in schwierigen Stunden an den Tag gelegt, die Lichtenberg in den Aphorismen zur Meisterschaft ausgebildet hat. Dieser Witz vereinigt mit Worten, mit sprachlicher Taschenspielerkunst, was sachlich unvereinbar ist. Insofern wahrt er nach außen die Form. Er tut so, als wäre alles in Ordnung. Doch da es nur Taschenspielerkünste sind und nur ein Schein von Ordnung erzeugt wird, erklärt der Witz zugleich, daß die Sache in Wahrheit nicht recht stimmt. So spiegeln Minnas Scherze jene prästabilierte Harmonie vor, jenes Glück, das hier im höchsten Sinne zum Lebensstil gehört und als Lohn der Tugend erwartet wird, und geben in eins damit zu verstehen, daß sie nicht beweisen könne, es sei um Tellheim und damit um Gott, der für ihn sorgen muß, gut bestellt. Indes verzweifelt sie darum nicht. Ihr strahlendes Lächeln, ihre Heiterkeit bekunden deutlich genug die unerschütterte Zuversicht. Die Meinung ist nur, *sie* sei nicht fähig, die Güte Gottes nachzuweisen. Und dies ist jetzt die Stunde des Geistes am Ende der Blütezeit der Aufklärung: auf einer schon ungewissen Basis, ohne Hilfe klarer Argumente, einstweilen dennoch an heiteren Überzeugungen festzuhalten, gleichsam auf einen Versuch hin, da alles ja dennoch gut sein könnte, auch wenn die Erkenntnis des Menschen versagt.

So Minna; aber anders Tellheim! Bei ihm verzerrt sich der Witz zu dem unerträglichen Lachen des Menschenhasses. Das »Murren wider die Vorsehung«[13], das Lessing von jeher als

[13] Vgl. ›Hamburgische Dramaturgie‹, 79. Stück.

Sünde gegen den Heiligen Geist verpönt, wird laut. Der Glaube wankt. Der Sinn der Tugend und Nächstenliebe fällt dahin. Wenn Tellheim dennoch edel bleibt, so bleibt er es nicht aus Überzeugung, sondern nur weil er nicht anders kann.

Ist eine so verstörende Szene in einer Komödie noch erlaubt? Wir müssen fragen, wie sie sich ins Ganze einfügt. Und siehe! Lessings gewaltiger Kunstverstand triumphiert! Wenn Tellheim in sein Gelächter ausbricht, sind wir nämlich bereits geneigt, einen glücklichen Ausgang für möglich zu halten. Ein schmaler Silberstreif von Hoffnung leuchtet auf am Horizont. Kurz vor der zweiten Begegnung des Paars ist Riccaut de la Marlinière erschienen und hat dem Fräulein von einem Rapport an den König und allerhöchster Entscheidung zugunsten des Majors erzählt. Eine völlig neue Lustspielfigur tritt damit auf die Bühne, der eitle, geschwätzige, abgefeimte Franzose, der die deutsche Sprache radebrechen muß, weil Minna, von dem frischen Nationalgefühl ihres Dichters beseelt, als Dame außerdem, es nicht für nötig hält, dem fremden Herrn zu Gefallen französische Sätze zu bilden:

RICCAUT. Nit? Sie sprek nit Französisch, Ihro Gnad?

DAS FRÄULEIN. Mein Herr, in Frankreich würde ich es zu sprechen suchen. Aber warum hier? Ich höre ja, daß Sie mich verstehen, mein Herr. Und ich, mein Herr, werde Sie gewiß auch verstehen; sprechen Sie, wie es Ihnen beliebt.

RICCAUT. Gutt, gutt! Ik kann auk mik auf Deutsch explizier (IV, 6).

Nun folgt der ergötzliche Dialog, in dem sich Lessing für alle Unbill rächt, die er selber von den Franzosen und mehr noch von den deutschen Affen französischen Wesens erfahren hat und die, nach seiner Überzeugung, dem ganzen deutschen Volk von dem französischen angetan worden ist. Kein Wunder, daß sich die Deutschen auf diese Szene etwas zugute getan und den komischen und erbärmlichen Riccaut um so kräftiger ausgelacht haben, je stärker in ihrem Gemüt der Zwang zu einer fast sklavischen Verehrung französischen Geistes gewesen war. Noch in der neuesten Literaturwissenschaft hallt diese Genugtuung nach. Da konnte man freilich leicht übersehen, wie wunderbar das scheinbar abgeschlossene kleine Charakterstück auf das Ganze der Handlung abgestimmt ist. Alles kommt darauf an, in der zweiten Begegnung zwischen Minna und Tellheim zwar die Gefahr des Augenblicks, die Möglichkeit eines Zusammenbruchs, in beklemmendster Weise zur Sprache zu bringen, zugleich aber Sorge dafür zu tragen, daß die Szene innerhalb des Lustspielrahmens erträglich bleibt. Dazu ist Riccaut der richtige Mann. Es fällt uns schwer zu glauben, daß dieser Windbeutel beim Minister gespeist und von Entschlüssen des Hofes, die sich auf Tellheim beziehen, erfahren habe. »Wie kämen Riccaut und ein Minister zusammen?« (IV, 6). Doch in der Bedrängnis täuschen wir uns selber und denken: es könnte doch sein. Und dieses Fünklein von Hoffnung genügt. Heller flackert es wieder auf, wenn Tellheim flüchtig bemerkt, an Riccauts Meldung sei vielleicht etwas Wahres; der Kriegszahlmeister habe sich ihm gegenüber soeben ähnlich geäußert. Daß er selber nur erwartet, man werde ihn »wollen laufen lassen«, bekümmert uns nicht allzusehr. Kennen wir doch seine Hypochondrie! Und in der Tat, es ist alles wahr! Der persönliche Brief des Königs trifft ein. Tellheim sieht sich rehabilitiert. Sein Glück, sein Name ist wieder heil.

Man hat das hin und wieder als allzu billige Lösung des Knotens im Sinn eines Deus ex machina gerügt. Doch wenn wir unsere Empfindung und nicht das Regelbuch der Ästhetik befragen, so finden wir, daß nur das Richtige, nur das Befriedigende geschieht. Wie hinter hämischen Beamten, umständlichen Kriegszahlmeistern und eitlen Ministern plötzlich der König erscheint und durchgreift, das ist, als trete aus allem, was unsere beschränkte Einsicht stört, was uns als Übel verwirrt und beirrt, jählings Gottes Majestät in überschwenglichem Glanz hervor. Und kein beliebiger Fürst greift durch. Sondern Friedrich der Große ist's, derselbe, der in Kants ›Beantwortung der Frage: Was ist Aufklärung?‹ als wahrer Herr und Genius des Jahrhunderts gepriesen wird. Der Genius der Aufklärung klärt auch das kleine Schicksal auf, das Lessing auf den Brettern, die die Welt bedeuten, inszeniert.

Sobald wir uns aber wieder im Schoß der Weltvernunft geborgen wissen, rückt Tellheims Verhalten endlich doch in das erwartete komische Licht. Mit seinem ganzen Aufwand an Ernst und moralischer Strenge gleicht er nun einem Mann, der im Begriffe steht, mit letzter Anstrengung eine angelehnte Türe einzurennen. Erst im fünften Aufzug liest er zwar den königlichen Brief. Doch wir glauben an das Ereignis bereits, wie die

Meldung des Kriegszahlmeisters verlautet. Ob Minna von Barnhelm auch daran glaubt? Wahrscheinlich! Denn eben jetzt beginnt die Bestrafung seines Eigensinns, »le châtiment de la raideur«, um Bergsons Ausdruck[14] zu gebrauchen, eine Bestrafung, die nur sie selbst im Namen der natürlichen Vernunft, im Namen des Lebens und des Menschensinns vollziehen darf. Sie täuscht vor, daß sie ihrerseits in tiefste Not geraten sei. Und da dem Major wieder freundliche Sterne scheinen, sind nun die Rollen vertauscht. Minna führt die Figuren aus, die er bis jetzt beschrieben hat.

> »Hören Sie also«, erklärt sie, »was ich fest beschlossen, wovon mich nichts auf der Welt abbringen soll ...« (V, 9).

Genau dieselbe Wendung hat Tellheim schon im vierten Aufzug gebraucht (IV, 6). Und abermals:

> Gleichheit ist allein das feste Band der Liebe (V, 9).

Dieselbe Sentenz war Tellheim genehm, als Minnas vorgetäuschte Not der seinen gleichzukommen schien (V, 5). Wie er dann aber den Brief des Königs zerreißen will, um sein neues Geschick dem ihrigen anzugleichen, tönt der Schwur zurück, den er früher, in der schwersten Stunde, getan (IV, 6):

> Es ist eine nichtswürdige Kreatur, die sich nicht schämet, ihr ganzes Glück der blinden Zärtlichkeit eines Mannes zu verdanken! (V, 9).
>
> Falsch, grundfalsch!

erwidert er. Und sie:

> Wollen Sie es wagen, Ihre eigene Rede in meinem Munde zu schelten?

Er meint dann freilich, sich mit dem Hinweis auf die andere Lage des weiblichen Geschlechts aus der Schlinge ziehen zu können. Doch dem widerspricht der neue Geist, der nur den Menschen an sich und gleiches Recht für alle anerkennt und – theoretisch schon in Gottscheds ›Vernünftigen Tadlerinnen‹, dichterisch rein und überzeugend gerade hier, in Lessings vollkommenstem Werk – die Frau als ebenbürtige Partnerin dem Mann zur Seite stellt.

So winden wir uns kunstgerecht, im gleichen Schraubenzug der Fragen und Probleme, aus der Verdüsterung in die tröst-

[14] Vgl. S. 65 Anm. 7.

liche Helle zurück und glauben bereits, das rechte, die Menschen verbindende Leben sei wieder erreicht. Doch da geht Minna zu weit – in Scherz und Spiel wie er in der Hypochondrie – und führt mit dem fatalen Ring eine kleine Komödie der Irrungen auf, die ein verwundetes Gemüt doch allzu schmerzlich berühren muß, nur damit auch sie ein wenig Unrecht habe und Vor- und Nachteil einigermaßen im Gleichgewicht ruhen. Ihre Schuld ist's, wenn im fünften Akt eine neue Krise entsteht und alles, was schon gerettet schien, ein zweites Mal zu scheitern droht – wie in der klassischen Sonate kurz vor dem Schluß oft eine unerwartete Ausweichung erklingt. Die Sprache der Menschenverachtung klingt jetzt gar noch schärfer als zuvor. Ja, was noch keinen Schaden gelitten, das Geistreich-Wohlanständige, wird in diesem Aufruhr schlimm zerzaust. Der Major verliert die Haltung. »Er naget«, heißt es, »vor Wut an den Fingern« (V, 11). Werner wirft ihm den Beutel Gold vor die Füße und schnauzt Franziska an. Minna bittet, fleht, beschwört. Alles ist außer Rand und Band. Uns aber macht das nicht mehr irre. Wir wissen zu gut, woran wir sind, wissen, daß sich alle Beteiligten jetzt nur locker lassen und den Ruf des Herzens hören dürfen, damit sich die im ganzen waltende höhere Weisheit offenbart. Bediente, die Minnas Oheim melden, laufen eilig über den Saal. Es ist ein Tumult – im nächsten Augenblick muß alles in Ordnung sein:

> Geschwind umarmen Sie mich, Tellheim . . . (V, 12).

Einige Sätze klären ihn auf; und schon steht das verliebte Quartett, zu dem sich auch noch Just gesellt hat, ausgerichtet auf den neuen Mittelpunkt, den Grafen von Bruchsall, der heiter-ahnungslos hereintritt und zu dem Vorfall weiter nichts als den väterlichen Segen zu geben hat. Wir könnten nicht befriedigter sein und empfinden in unserm ziemlich nahe an Leichtsinn grenzenden Glücksgefühl, mit dem der Dichter uns entläßt, das Leiden Tellheims, sein Gelächter, die Gefährdung der Harmonie als ebenso ungefährlich wie das Mißverständnis mit dem Ring: als unterhaltendes, pretiöses Intermezzo der Theodizee, gemäß den Worten der ›Dramaturgie‹:

> Das Ganze des sterblichen Schöpfers sollte ein Schattenriß von dem Ganzen des ewigen Schöpfers sein; sollte uns an den Gedanken gewöhnen, wie sich in ihm alles zum Besten auflöse, werde es auch in jenem geschehen.[15]

[15] Vgl. ›Hamburgische Dramaturgie‹, 79. Stück.

Wir übersehen nun ungefähr, wieviel der Dichter gewinnt, indem er einen ehrfurchtgebietenden »Fehler« zum Gegenstand seiner Darstellung macht. Das Richtige steht nicht von vornherein fest. So vermeidet er die Gefahr der Charakterkomödie, ein und denselben Beweis in einer zufälligen Reihe von Szenen immer wieder anzutreten; er sichert sich die anhaltende Spannung und ist in der Lage, das Spiel zu solcher Bedeutsamkeit zu steigern, daß der höchste Sinn, das Glück, die Tugend und Gottes Güte in Frage stehen.

Büßt aber ein solches Stück nicht allzusehr an komischer Wirkung ein? Kann es noch als Komödie gelten? Es scheint, als habe Lessing diesen Einwand selbst zu entkräften versucht. Einige Jahre später nämlich, in der ›Hamburgischen Dramaturgie‹, kommt er auf den ›Zerstreuten‹ von Regnard zu sprechen und widerlegt die Behauptung, »die Komödie müsse sich nur mit Fehlern abgeben, die sich verbessern lassen«[16].

Wo steht es denn geschrieben,

sagt er,

daß wir in der Komödie nur über moralische Fehler, nur über verbesserliche Untugenden lachen sollen? Jede Ungereimtheit, jeder Kontrast von Mangel und Realität ist lächerlich. Aber lachen und verlachen ist sehr weit auseinander. Wir können über einen Menschen lachen, bei Gelegenheit seiner lachen, ohne ihn im geringsten zu verlachen. So unstreitig, so bekannt dieser Unterschied ist, so sind doch alle Schikanen, welche noch neuerlich Rousseau gegen den Nutzen der Komödie gemacht hat, nur daher entstanden, weil er ihn nicht gehörig in Erwägung gezogen. »Molière«, sagt er z. E., »macht uns über den Misanthropen zu lachen, und doch ist der Misanthrop der ehrlichste Mann des Stücks; Molière beweiset sich also als einen Feind der Tugend, indem er den Tugendhaften verächtlich macht.« Nicht doch; der Misanthrop wird nicht verächtlich, er bleibt, was er ist, und das Lachen, welches aus den Situationen entspringt, in die ihn der Dichter setzt, benimmt ihm von unserer Hochachtung nicht das Geringste.

Und weiterhin im folgenden Stück:

Die Komödie will durch Lachen bessern, aber nicht eben durch Verlachen; nicht gerade diejenigen Unarten, über die

[16] Vgl. ›Hamburgische Dramaturgie‹, 28. Stück.

sie zu lachen macht, noch weniger bloß und allein die, an welchen sich diese lächerlichen Unarten finden. Ihr wahrer allgemeiner Nutzen liegt in dem Lachen selbst, in der Übung unserer Fähigkeiten, das Lächerliche zu bemerken, es unter allen Bemäntelungen der Leidenschaft und der Mode, es in allen Vermischungen mit noch schlimmern oder mit guten Eigenschaften, sogar in den Runzeln des feierlichen Ernstes, leicht und geschwind zu bemerken.

Es dürfte kein Zweifel bestehen: Lessing denkt hier auch an sein eigenes Lustspiel. Zunächst besagen die Worte, daß er es mit dem »prodesse«, dem Nutzen der Bühne, nicht mehr so peinlich genau nehmen will. Er nähert sich bereits der Idee des absichtslosen ästhetischen Spiels, die Schiller dann entschiedener, aber gleichfalls im Sinne einer »Übung unserer Fähigkeiten« faßt. Gerne gestehen wir heute der ›Minna von Barnhelm‹ diesen Charakter zu. Moralischer Unterricht wird höchstens in einigen Nebenszenen, wie in dem Gespräch zwischen Just und Franziska, erteilt. Doch auch das Unzweideutig-Komische spielt nur noch am Rande mit. Daß wir über Tellheim leise lächeln, benimmt ihm allerdings »von unserer Hochachtung nicht das Geringste«. Die Hochachtung muß aber unvermeidlich unser Gelächter dämpfen. Doch eben so erfüllt sich ein von vielen Seiten ins Auge gefaßtes Ideal der dramatischen Poesie. Wie die Tragödie, grundsätzlich, die herzzerreißende Wirkung meidet und ein versöhnliches Ende vorzieht – ›Emilia Galotti‹ widerspricht hier Lessings eigener Theorie! –, wie sie sich ferner als bürgerliche Tragödie der Welt des Lustspiels nähert, so nähert die Komödie sich durch ernstere Töne dem Trauerspiel, jedes also einer Mitte, die dem goldenen Mittelweg des aufgeklärten Menschen entspricht und ein gedeihliches Leben verbürgt.

Damit, möchte man glauben, sei nun endlich der feste Grund gelegt, auf dem die künftigen Dichter sicher hätten weiterbauen können. Doch die Vollendung erweist sich als Ende. Lessing selber hat kein neues Lustspiel mehr vorzulegen gewagt. Seine Sache war es nicht, die einmal errungene Meisterschaft in weiteren Proben zu bewähren. Was er konnte, das war erledigt. Und ›Minna von Barnhelm‹ zu überbieten, durfte auch er sich nicht getrauen. Wenige Jahre später aber beginnt in Deutschland eine andere, ungestüme Poesie, die das Recht des Einzelnen propagiert, hochtragische Akzente setzt und von dem sanften Joch der Vernunft, des allgemeingültigen und verbindlichen Geistes, nichts mehr wissen will. Bald verliert auch die Gesellschaft des Rokoko ihre Sicherheit. Einzelne Menschen sind wohl noch da, auf deren Lippen das Lächeln über den hartnäckigen Sonderling spielt. Ein Auftrag aber, den das Leben einer Zeit erteilt, um sich zu schützen und zu verklären, sind Bühnenstücke dieser Art nicht mehr. Und wie die Gesellschaft wankt, büßt auch der Künstler die Unbefangenheit ein, die einzig solche Gebilde ermöglicht. Ein Drama wie ›Minna von Barnhelm‹ nämlich ist eine »Nachahmung der Natur«, wie Gottsched sie gefordert, aber, noch befangen im Überlieferten, selber nie verwirklicht hat. Es ist durchaus realistisch gemeint und wurde als realistisch empfunden. Der Realismus geriet nicht in Konflikt mit den Forderungen des Schönen, weil das nachgeahmte Leben seinerseits noch stilistisch rein, einstimmig, und das bedeutet: schön war. Die Kultur des Rokoko ist die letzte, von der wir das sagen dürfen. Die Klassik kennt eine Wirklichkeit, die dem Ideal der Kunst widerspricht. Und seither ist der Widerstreit von Wirklichkeit und idealer Schönheit uns fast selbstverständlich. In solchen Zeiten halten zwar Lustspiele, wie sie Nestroy geschrieben hat, dem Publikum einen Spiegel vor. Die Komödie der hohen Literatur weicht in ferne Räume und Zeiten aus. Sie redet gleichnishaft den ewigen Menschen, aber nicht auch den Menschen, der eben jetzt im Theater sitzt, an. Einzig der ›Schwierige‹ Hofmannsthals, der in aristokratischen Kreisen Wiens am Anfang der zwanziger Jahre spielt, sucht noch mit leisem Lachen im Namen einer Gesellschaft den Mühsamen heim und vermag im Sinne des Rokoko vom Leben des Tages aus mit Anmut Unvergängliches zu bedeuten.

Wieland: Musarion

Als Goethe 1812 das siebente Buch von ›Dichtung und Wahrheit‹ schrieb, entsann er sich noch »des Orts und der Stelle«, wo Oeser ihm 1768 die ersten Aushängebogen von Wielands ›Musarion‹ unterbreitet hatte. Es fällt uns heute zunächst nicht leicht, das Lob zu unterschreiben, das er der harmlosen Verserzählung spendet. Nur innerhalb des ziemlich dürftigen Schrifttums jener Jahre scheint sie als kleine kühle Perle zu glänzen. Legen wir aber das Ding auf die Hand und wenden und drehen es aufmerksam, so zeigt sich, daß sein reizendes Licht auch in unseren Tagen nicht verblaßt, ja daß es – von den Doubletten, die wieder nur Wieland lieferte, abgesehen – den Wert einer Rarität besitzt und einen Geist verkörpert, den wir im Bereich der deutschen Sprache, des Volks, das über allem schwer wird, um des lieben Friedens willen öfter anzutreffen wünschten.

›Musarion oder die Philosophie der Grazien‹ lautet der volle Titel. Phanias, ein junger Grieche, liebt Musarion, eine durch Geist und Schönheit ausgezeichnete Dame. Da seine Liebe eines Tages beschwerlich-phantastische Formen annimmt, wendet sie sich vorübergehend Bathyll, einem tändelnden Gecken, zu. Darauf ergibt sich Phanias einer sinnenfeindlichen Philosophie und lebt mit seinen beiden Freunden, mit Theophron, dem Pythagoreer, und mit Kleanth, dem Stoiker, in einer Hütte auf dem Land. Musarion aber sucht ihn auf, philosophiert ein wenig mit ihm und veranstaltet schließlich ein kleines Gelage, das damit endet, daß der Stoiker unter den Tisch sinkt, der Pythagoreer sich von der Anmut Chloes, der jungen Aufwärterin, bestricken läßt, Phanias aber, liebestrunken, in die Kammer Musarions schleicht und, sei's durch Gründe, sei's durch unwiderstehliche weibliche Reize belehrt, die düstere Metaphysik preisgibt und den Entschluß faßt, mit der Geliebten sich in der Stille dem Genuß erreichbarer irdischer Güter zu widmen.

Die Erfindung einer Fabel ist niemals Wielands Stärke gewesen. Wenn er auf den Beistand antiker Geschichte und Mythologie und des Cervantes und Ariost verzichtet, zieht er die Linien so gerade und ordnet er alles so deutlich an, daß jedermann gleich die Absicht bemerkt – allerdings ohne verstimmt zu sein; man nimmt die Erfindung als solche nicht ernst und sieht sich durch den Dichter bestätigt, der selber darüber zu lächeln und mit betonter Nachlässigkeit zu versichern scheint, daß ihm das weniger wichtig sei.

Was ist nun aber die Absicht dieser so absichtsvoll gefügten Geschichte? Es handelt sich um die Heilung eines dem schicklichen Dasein entfremdeten Menschen, also um Wielands eigenen Weg von Weltverachtung und Schwärmerei zu heiter-geselliger Lebenskunst, den Weg, den darzustellen, zu bedenken, zu empfehlen er jahrelang nicht müde geworden ist, das

Thema, das auch die Romane ›Don Silvio von Rosalva‹ und ›Agathon‹ und unzählige kleinere Werke entwickeln.

Ähnliche Gedanken könnte man aber auch bei Geßner und Gellert und in der Komödie der deutschen Schaubühne und ihren französischen Mustern finden. Es ist die Ethik der Aufklärung mit ihrem Bekenntnis zu irdischem Glück – beinah schon veraltet, da Wieland sie noch einmal auszusprechen wagt. Schon meldet sich eine neue Zeit, in der es das Glück zu verachten und nichts als Freiheit und Größe zu schätzen gilt; und bald wird Kants kategorischer Imperativ und reine Gesinnungsmoral die Deutschen wieder, wie einst auf seine Weise Luther, davon überzeugen, daß das Reich des wahrhaft Guten und Großen nicht von dieser Welt sei. Von diesen Schlägen hat sich die Philosophie der Grazien und damit Wielands Ruhm bis heute noch nicht erholt. Selbst Goethe findet mit seinem Lob von Wielands Heiterkeit kein Gehör. Man zieht das romantische Ahnen und Hoffen einer anmutigen Gegenwart vor; man überliefert sich dem Weltschmerz und später dem Rausch des Willens zur Macht und hält in unsern Tagen sogar das Scheitern, die Katastrophe, das Nichts für würdiger als die schlichte Freude. Und um so vernichtender trifft den Schöpfer des ›Agathon‹ und der ›Musarion‹ das Urteil der jüngeren Generation, als er sein Glücksideal nicht mehr als selbstverständliches Dogma voraussetzt, sondern andere Möglichkeiten kennt und mit Bewußtsein verwirft. Hinter der Maske des Pythagoreers Theophron entdeckt der Leser den Anwalt jener Empfindsamkeit, der Wieland selber einst gehuldigt und die durch Klopstocks Mund noch immer für breiteste Kreise den Ton angab. Der Stoiker Kleanth scheint einer älteren Epoche anzugehören. Er fühlt sich als der erhabene Weise, den Schmerz und Freude nicht berühren; und wenn er auch, als Grieche, kein »gottverlobter hoher Geist« sein kann, so schimmert doch ein barocker Protestantismus in seiner Weltflucht durch.

Ehrfurchtgebietende Dinge sind es also, auf die der Erzähler anspielt. In seiner Darstellung ist aber nicht das Geringste von Ehrfurcht zu spüren. Er macht sich lustig darüber, daß Pythagoreer keine Bohnen essen. Er gibt die stoische Rabulistik dem allgemeinen Gelächter preis. Und ebenso verfährt er mit dem Entschluß zu heroischem Leben oder zu weltabgewandter Betrachtung, den Phanias in seinem verdüsterten Busen wälzt. Als Schnickschnack sieht er dergleichen an; und wenn er am Ende sich auch zu einer gewissen Rehabilitierung der Gegenstände seines Spottes aufrafft, genügt das bei weitem nicht, um die Entrüstung über den völligen Mangel an Ernst und Gründlichkeit zu beschwichtigen.

Wäre es aber so ganz unwürdig, lächelnd auf Wielands Seite zu treten? Er gibt uns ja schließlich nur zu verstehen, es sei nicht nur bequemer, sondern, wo uns die Umstände nicht zu einer mühevolleren Haltung zwingen, auch ehrlicher, ja bescheidener, glücklich sein und glücklich heißen zu wollen. Es sei ersprießlicher für den Einzelnen ebenso wie für die Gemeinschaft, da dauerhaftes Glück nur möglich ist, wo Maß und Rücksicht waltet und jeder, um nicht Unrecht zu leiden, sich hütet, dem andern Unrecht zu tun. Eine banale Weisheit, gewiß! Doch hie und da ist es nötig, sich auch an Banalitäten zu erinnern. Und keineswegs banal, ja abhandengekommen dürfte die Einsicht sein, daß dieses Glücksbedürfnis das allgemeine Wohlergehen besser verbürgt als die erhabenste Moral, die nur zum Herzen sprechen will und über dem Herzen den äußeren Menschen, den der Mitmensch täglich sehen und ertragen muß, vergißt. Oder wer könnte leugnen, daß die Jahrhunderte glücklicher waren, in denen die Menschen sich ihres Behagens nicht schämten – glücklicher als jene, die nach würdigeren Sicherungen und Heiligungen des Erdenwesens strebten? Niemals haben Epikureer Unglück über die Welt gebracht, unermeßliches aber Heilige und Propheten: ihre Jünger fallen übereinander her wie Kleanth und Theophron, der Stoiker und der Pythagoreer, die beide Heilsbotschaften verkünden und nicht bereit sind, sich das Heil eines freundlichen Sommerabends zu gönnen, sondern in Streit miteinander geraten.

Doch wie die beiden sich zerrauft und zerzaust vom Boden erheben, versichert Kleanth, was jeder seines Geistes versichern würde: die Wahrheit sei denn doch entscheidender als das Glück und dürfe jedes Opfer fordern. Aber auch darauf wäre Wieland um eine Antwort nicht verlegen. Er hat sich in einem Merkur-Aufsatz über die Frage des Pilatus »Was ist Wahrheit?« ausgesprochen.

Die *Wahrheit*,

so bekommen wir da zu hören,

ist weder hier, noch da – sie ist, wie die Gottheit und das Licht, worin sie wohnt, *allenthalben: ihr Tempel ist die Natur*, und wer nur *fühlen* und seine Gefühle zu *Gedanken* erhöhen und seine Gedanken *in ein Ganzes zusammenfassen* und *ertönen* lassen kann, ist ihr *Priester*, ihr *Zeuge*, ihr *Organ*. Keinem offenbart sie sich *ganz*, jeder sieht sie nur *stückweise*, nur von *hinten* oder nur den *Saum ihres Gewandes* – aus einem andern Punkt, in einem andern Lichte; jeder vernimmt nur *einige* Laute ihres Göttermundes, keiner die *nehmlichen*. –

Und was haben wir also zu tun?

Anstatt miteinander zu hadern, wo die *Wahrheit* sei? wer sie besitze? wer sie in ihrem schönsten Lichte gesehen? die meisten und deutlichsten Laute von ihr vernommen habe? – lasset uns in Frieden zusammen gehen oder, wenn wir des Gehens genug haben, unter den nächsten Baum uns hinsetzen und einander offenherzig und unbefangen erzählen, was jeder von ihr gesehen und gehört hat oder gesehen und gehört zu haben glaubt, und ja nicht böse darüber werden, wenn sich's von ungefähr entdeckt, daß wir falsch gesehen oder gehört oder gar (wie es brünstigen Liebhabern, die ihr zu nahe kommen wollen, öfters begegnet) *eine Wolke für die Göttin* umarmt haben.

Vor allem aber, lieben Brüder, hüten wir uns vor der Torheit, unsre *Meinungen* für *Axiome* und *unumstößliche Wahrheiten* anzusehen und andern als solche vorzutragen. Es ist ein widerlicher, harter Ton um den *Ton der Unfehlbarkeit*; aber es gibt einen, der noch unausstehlicher ist – *der Ton eines Energumenen*, der, auf dem heiligen Dreifuße sitzend, alle seine Reden als Göttersprüche von sich gibt. – *Bescheidenheit* würde uns vor dem einen und vor dem andern sicher stellen.

Welch herzlicher Ton, gemischt aus Skepsis und einer fast evangelischen Milde! Wir glauben, so etwas wie einen Hirtenbrief an eine Gemeinde zu lesen. Und eine Gemeinde ist es in der Tat, an die sich Wieland wendet und die er, wie in seinem offenen Bekenntnis zum Glück, zur Bescheidenheit mahnt. Er hat sie selbst den unsichtbaren Orden der Kosmopoliten genannt; und alles, was er in reiferen Jahren tat und sagte, ist als Dienst an diesem Orden zu verstehen, an dieser imaginären Gesellschaft, in der die beste der möglichen Welten menschliche Gestalt annimmt. Im Dienste dieser Gesellschaft befleißigte Wieland sich der Lebenskunst und aristokratischer Manieren; in ihrem Sinne pries er das Glück und schätzte er das Mittelmaß und hielt er es mit dem heute verpönten »man« – man sagt, man tut, man denkt. Um ihretwillen war er von tiefem Mißtrauen gegen die Größe und alle betonte Eigenart erfüllt und unterwarf er sich jederzeit dem Gebot der allgemeinen Vernunft, die einzig imstande ist, das menschliche Leben zuverlässig zu regeln. Denn was für die ganze Kultur der Aufklärung gilt, das gilt erst recht für ihn. Man führte nicht dieses Leben und zog nicht diese Güter anderen vor, weil die Vernunft es so gebot; sondern man ehrte die Vernunft, weil man so zu leben, sich so zusammenzufinden gesonnen war.

Darüber war sich Wieland im klaren, und eben dies unterscheidet ihn von Männern wie Voß und Nicolai, die sich ständig auf die Vernunft als die höchste Autorität beriefen und jede abweichende Ansicht als Ketzerei verfolgen zu müssen glaubten. Wieland rückte nicht die Thesen der Aufklärung in den Vordergrund, sondern den menschenfreundlichen Sinn, den er in diesen Thesen fand. Nicht eine vernünftige Deutung der Natur und kein System als solches war es, worauf es ihm eigentlich ankam, sondern eine lebenswürdige, geistbelebte Geselligkeit – ein hohes, ein unschätzbares Gut, das wohl den Einsatz eines langen Menschenlebens und die Treue eines begabten Künstlers lohnte!

Weil es nur auf die Geselligkeit ankam, gab sich Wieland auch keine Mühe, die Lehren Kleanths und Theophrons mit triftigen Gründen zu widerlegen. Sie waren falsch für ihn, schon weil sie das gute Einvernehmen störten. Man fällt nicht auf durch einen Bart, wenn jedermann glattrasiert erscheint. Man bereitet der Frau des Hauses keine Verlegenheit, indem man sich weigert, Bohnen zu essen! Man ist nicht so undankbar, die Seligkeit überirdischer Sphären zu preisen, wenn aufmerksame Gastfreundschaft uns irdische Paradiese bereitet und wenn ein reizendes Gesicht uns über einer wohlbesetzten, mit Blumen geschmückten Tafel anlacht. Wenn die Vernunft gebieten würde, solche Dinge zu verschmähen, so hätte Wieland eher die Zuständigkeit der Vernunft als die Zulässigkeit der geselligen Genüsse in Zweifel gezogen. Doch dazu hatte er keinen Anlaß. Das Angenehme ist vernünftig und das Vernünftige angenehm. Kollisionen sind nicht zu befürchten. Die Sinne und die Vernunft sind wunderbar aufeinander abgestimmt. Man lasse die gute Natur gewähren und tue weder seiner Vernunft noch seinen Trieben Gewalt. Dann fügt sich alles zur Harmonie.

Ob das zutrifft oder ob es sich da um eine grobe Verkennung des Radikal-Bösen handelt, ist eine Frage zweiter Ordnung. Wieland ist Humanist genug, um eine optimistische Schätzung des Menschen für ersprießlich zu halten. Man sage dem Menschen, er sei zum Glück geschaffen und sei von Hause aus gut. Man bringe das Glück sozusagen in Mode; so wird es sich auch bequemen zu kommen.

Treu seiner Überzeugung, daß die Vernunft und die Sinne verbündet sind, trägt nun der Dichter von beiden Seiten einen konzentrischen Angriff gegen die Feinde der guten Gesellschaft vor, und zwar durch ein und dieselbe Macht, die ebenso mit Reizen wie mit Geist begabte Musarion. Sie spricht ihrem Freund mit Gründen zu und läßt die beiden ungebärdigen Philosophen mit diplomatischer Vorsicht und geheuchelter Bewunderung einige Zeit gewähren. Doch ihre Reden, so klug sie sind, *begleiten* nur den unwiderstehlichen Zauber ihrer Jugend und Anmut. Erst in der Schilderung ihrer persönlichen Reize legt Wieland sich ins Zeug, entwickelt er seiner Lüste Glanz, in der Schilderung weiblicher Koketterie, die alle Logik und die erhabensten Philosopheme spielend besiegt:

Belustigt an dem hohen Schwung,
Den unser Doktor nahm, stellt sich die schlaue Schöne,
Als ob vor Hörenslust und vor Bewunderung
Ihr Busen sich in seinen Fesseln dehne.
Zum Unglück für den Mann, der lauter Wunder spricht,
Entsteht dadurch (und sie bemerkt es nicht)
Ich weiß nicht welche kleine Lücke,
Die seinen Flug auf einmal unterbricht;
Und wie zuletzt die Richtung seiner Blicke
Ihr sichtbar macht, was ihn zerstreut,
Und sie beschäftigt scheint, den Zufall zu verbessern,
Hat sie die Ungeschicklichkeit
(Wofern's nicht Bosheit war), das Übel zu vergrößern ...

Mit lächelnder Verachtung sieht die Dame
Das weise Paar mit seinem Flitterkrame
Von falschen Tugenden und großen Wörtern an;
Und, eh die Herren sich's versahn,
Weiß sie mit guter Art den unbescheidnen Blicken,
Was, ihresgleichen zu entzücken,
Die Charitinnen nicht mit eigner Hand
So schön gedreht, auf einmal zu entrücken;
Und alles sinkt sogleich in seinen alten Stand.

Solche kleine Episoden sind es, um derentwillen man Wieland der Unsittlichkeit bezichtigt hat, um derentwillen ihn aber auch ein freier, seiner selbst gewisser Kreis wie der der Herzoginmutter Amalia in Weimar willkommen hieß. Man wußte, der Schäker werde gewisse Grenzen respektieren und die Damen nicht in Verlegenheit, höchstens zu einem leichten Erröten bringen. Und so erfreute man sich der Kunst, in der sich dieser Dichter als ein unübertrefflicher Meister erwies, die neue Provinzen der Poesie für das Reich der deutschen Sprache erschloß. Denn wo wäre Ähnliches im älteren Schrifttum zu finden gewesen? Barocke Autoren las man nicht mehr, und Dichter der ersten Jahrhunderthälfte (die Bremer Beiträger, Hagedorn, Haller) pflegen das Atmosphärische nicht. Sie haben genug damit zu tun, über das Leben zu reflektieren, scharfe Konturen zu ziehen und eine reinliche Ordnung herzustellen. Vernunft und gesunder Menschenverstand sind noch so unerprobte Führer, daß sie ihre Herrschaft mit einiger Ängstlichkeit behaupten müssen. Jedermann dringt auf feste Begriffe und meidet das Ungewisse oder klärt es so beharrlich auf, daß schließlich alles Geheimnis verschwindet und eine poetische Landschaft entsteht, in der es nicht nur keine Schatten, sondern auch keine Luft mehr gibt, kein webendes Fluidum, keinen Duft, in dem die Gegenstände verschmelzen. So das frühe 18. Jahrhundert. Erst Klopstock wagt es wieder, das Unbegreifliche dichterisch auszusprechen. Doch Klopstock hat sich fast ganz auf erhabene und geistliche Regionen beschränkt. Wieland ist der erste bedeutende deutsche Dichter der neueren Zeit, der eine entschieden weltliche Stimmung poetisch heraufzubeschwören versteht. Eine Errungenschaft, die in weiterem Zusammenhang gewürdigt sein will.

Wenn wir aufgefordert würden, mit einem einzigen Wort den neuen Geist zu bezeichnen, der sich in Deutschland seit dem Ende des Barockzeitalters durchzusetzen beginnt, so würden wir von »Vertrauen« sprechen, Vertrauen auf einen Gott, der als reine Vernunft begreifliche Züge annimmt und dem Menschen näher rückt, Vertrauen auf die Natur, die als vernünftige Schöpfung nicht mehr unter dem Zeichen der Verderbnis steht, sondern zur Heimat eines vernunftbegabten Wesens werden kann, Vertrauen auf die Geschichte sodann, die nicht mehr bloß als ein den Schrecken des Jüngsten Gerichts entgegentaumelndes, sondern als sinnerfülltes Geschehen, als stetiger Fortschritt begriffen wird. Doch dieses Vertrauen behauptet sich in der ersten Jahrhunderthälfte noch etwas mühsam gegen die alte Angst. Man läßt sich auf das Leben, dessen Trefflichkeit man doch erkennt und demonstriert, noch nicht recht ein. Man hält es sich gegenüber, das heißt, man *denkt* es erst, man *fühlt* es nicht. Daher das eigentümliche, für uns so unliebsame frostige Klima der älteren Aufklärung, ihr pädagogischer Eifer, ihre strenge Objektivität. Daher der Nachdruck, den die Ästhetik auf den Begriff der Nachahmung legt. Dichtung als Nachahmung der Natur! Es leuchtet ein, daß die rationalistische Metaphysik das Geschäft des Dichters nicht anders auszulegen vermag. Sie fühlt sich aber auch nicht gedrängt, nach einer anderen Erklärung zu suchen. In dem Begriff der Nachahmung ist gerade das »Nach« von Wichtigkeit. Nachträglich fügt der Dichter zum Kunstwerk zusammen, was die Erfahrung ihm bietet. Ein unwillkürliches Sprechen liegt völlig außerhalb seiner Möglichkeiten. In aller Ruhe, in der Stille einer Stube, die noch ziemlich einer Gelehrtenstube gleichsieht, müssen die Dinge gesichtet und säuberlich aufeinander bezogen werden. Dann wird es sich zeigen, daß sie vertrauenswürdig sind und daß man sich ihrer ohne Bedenken freuen darf. Das ist der äußerste Gegensatz einer romantischen Hingabe an die Natur; es schließt den Zauber der Stimmung aus. Dazu paßt der Alexandriner, das Versmaß, dessen die Dichter dieser Zeit sich noch vorzugsweise bedienen, das Versmaß, das, nach Schiller, ununterbrochen den Verstand auffordert, das mit dem abgezählten Auf und Nieder, der Pause in der Mitte und den paarweise gereimten Zeilen, mit seiner exakten Symmetrie – in deutscher Sprache wenigstens – die klanggewordene Logik ist und allem und jedem mit unerbittlichem Finger seinen Platz anweist. Auch in Wielands ›Musarion‹ finden sich verstreut noch Alexandriner:

> Ein bunter Schmetterling, so glatt wie eine Schlange,
> Mit Gänseflaum ums Kinn, mit rotgeschminkter Wange . . .
>
> Mich fängt kein Lächeln mehr! – Ich seh ein Blumenfeld
> Mit mehr Empfindung an als eure schöne Welt.

Man könnte dies Wielands Grundmaß nennen, das Metrum, das er noch voraussetzt. Er bleibt ihm aber nicht treu. Selbst wo er es äußerlich noch bewahrt, intoniert er es schon so leicht, daß sich niemand darauf verlassen wird. Dann lockert er die Ordnung der Reime, gleitet über die Pause hinweg, verlängert und verkürzt die Zeilen und bringt damit jene spielerischen, koketten und neckischen Verse zustande, die uns heute als Inbegriff von Rokokopoesie erscheinen:

Schön, wenn der Schleier bloß ihr schwarzes Aug' entdeckte,
Noch schöner, wenn er nichts versteckte;
Gefallend, wenn sie schwieg, bezaubernd, wenn sie sprach:
Dann hätt' ihr Witz auch Wangen ohne Rosen
Beliebt gemacht; ein Witz, dem's nie an Reiz gebrach,
Zu stechen oder liebzukosen,
Gleich aufgelegt, doch lächelnd, wenn er stach,
Und ohne Gift. Nie sahe man die Musen
Und Grazien in einem schönern Bund;
Nie scherzte die Vernunft aus einem schönern Mund,
Und Amor nie um einen schönern Busen.

Die Versgeschichte lehrt uns, daß solche Gebilde schon bei älteren deutschen Dichtern vorbereitet sind, ja daß sie – welche Blasphemie! – schon in den Rezitativen von Bachs Kantaten und Passionen stehen. Doch dieser Hinweis stört uns nicht. Wir wissen, daß jedes Stilelement nur innerhalb des Rahmens, in dem es auftritt, beurteilt werden darf. Die Madrigalverse eines Picander mögen, nach Silbenzahl und Längen und Kürzen berechnet, völlig gleich sein; sie haben doch einen ganz anderen Sinn als Wielands liebenswürdige Spiele. Näher stehen ähnliche Versuche von Hagedorn, Gellert und Uz, die, wie die ›Musarion‹, dem Vorbild Lafontaines verpflichtet sind. Doch da vermissen wir noch die unaussprechliche Süße von Wielands Vers. Wir vermissen gerade das, was uns die lose Ordnung erst empfiehlt, die innere Nachgiebigkeit des Dichters, die lächelnde Bereitschaft, sich auf Ungewisses einzulassen, dem Vagen, dem »Je ne sais quoi«, dem Atmosphärischen Raum zu geben. Erst Wielands aufgelöste Verse verraten eine Lebenszuversicht und bekunden ein Vertrauen, das instinktiv zu werden anfängt, das vom Bereich des Denkens auf dunklere Regionen übergreift und so das Gegenüber von Ich und Welt behebt, in Stimmung auflöst. Sie mögen also einerseits noch an die starre Ordnung des Alexandriners und ähnlicher Maße grenzen; andererseits nähern sie sich bereits den schwebenden Versen der Goethezeit. Manche Töne sind kaum von Tönen des jungen Goethe zu unterscheiden. Und schlagen wir dann gar die ›Lady Johanna Gray‹ und die ›Alceste‹ auf, so meinen wir hin und wieder schon Iphigenie auf Tauris sprechen zu hören. Aber das verliert sich wieder. Die einzige Magie, die Wieland immer zu Gebote steht, ist die der heiter-erotischen Stimmung. Auf diesem Felde freilich bringt er es zu erstaunlicher Virtuosität. Die ›Musarion‹-Szenen sind noch bescheiden. Sie werden weit übertroffen durch einige Schilderungen im ›Agathon‹, durch jene Skala der sinnlichen Reize, die von den Blicken und Gebärden einer jungen Sklavin bis zu der kühnen Tanzpantomime, Leda mit dem Schwan vorstellend, reicht und schließlich dieses üppigste Bild noch durch das schlichteste, die Rose in Danaes schwarzem Haar, überbietet. Darüber hat sich ein jüngerer Zeitgenosse, der wahrlich mitzureden befugt war, Lichtenberg, vor Bewunderung und Entzücken kaum zu fassen gewußt:

Wieland ist ein großer Schriftsteller,

so schreibt er,

> er hat verwegene Blicke in eine Seele getan, in die seinige oder eines andern; mitten in dem Genuß seiner Empfindungen greift er nach Worten und trifft, wie durch einen Trieb, unter Tausenden von Ausdrücken oft den, der augenblicklich Gedanken wieder zu Empfindungen macht.
>
> Wieland ist aber weit über alles, was ich kenne, in den Schilderungen der sinnlichen Wollust, so wie sie sich einer schönen Einbildungskraft entkörpert und sie in den geistigen Genuß unendlicher Wonne versenkt, in welcher eine durch alle Sinne einströmende Wollust wie ein Tropfen verschwindet; durch die der Adept Könige und Kurfürsten hinter sich läßt, sich gegen eine Welt gewogen stolz den Ausschlag gibt und Taten aufwiegt, wovon der Ruf durch Jahrtausende hallt. Sein Rosenfarb und Silber, sein Quell des Lichts, sein Klang der Sphären haben für den Kenner im stillen zu seiner Zeit eben den Wert, den seine verschobenen Halstücher, seine leinenen Nebel und seine zweideutigen Schatten zu einer andern Zeit für einen andern Leser haben.

»Rosenfarb und Silber« – das prägt sich jedem Leser Wielands ein, das Silber als die Kühle, die noch über seiner weithin mehr gedachten als erlebten Welt liegt, der rosenfarbene Hauch als die das Silber bestrahlende Liebesglut.

Doch je besser ihm dergleichen glückte, desto ungestümer meldeten die Deutschen ihre sittlichen Bedenken an. Wieland war dafür nicht unempfänglich. Es verdroß ihn manchmal – schon um seines Ruhmes und Behagens willen – als Verderber der Sitten der deutschen Jugend verschrien zu sein. Aber er besserte sich nicht. Er hielt den eingeschlagenen Kurs und durfte sich sagen, er folge auch mit seinen verwegensten Phantasien nur jenem Stern, der über allen Werken seiner Reifejahre leuchtet: seiner Idee der Gesellschaft. Denn besser als alle Gründe, besser als die festeste Moral und als die Erkenntnis des Guten und Wahren hält die Gesellschaft das gewinnende Lächeln einer Frau zusammen. Wo Amor seine Pfeile auflegt, kapituliert die beschwerliche Würde und schlägt die eigensinnigste Sprache in eine heimliche Werbung um. Da wird der Sonderling zugänglich, da überspielt die Gegensätze eine zarte Vibration.

Die Frauen sind es also nun, in deren Händen das Geschick der menschlichen Gesellschaft ruht. Man war darauf sogar in Deutschland einigermaßen vorbereitet. Schon Gottsched hatte eine Zeitschrift mit dem Titel ›Vernünftige Tadlerinnen‹ herausgegeben und damit der Frau Mitspracherecht verliehen. Seine eigene Gattin war mit ihren Komödien eine solche vernünftige Tadlerin gewesen. Doch das bedeutete vorerst nur, daß auch die Frau vertrauenswürdig, das heißt mit natürlichem Licht begabt sei. Man ließ an ihr nur gelten, was allen Menschen als solchen gemeinsam ist. Damit konnte sie aber gerade ihr eigenstes Wesen nicht entfalten. Wo man sie auszuzeichnen gedachte, wurde sie unversehens zum Blaustrumpf.

Nun, auch Musarion ist gebildet. Sie darf es wagen, an den Gesprächen der Philosophen teilzunehmen. Sie ist sogar die einzige, die einen höheren Standpunkt einnimmt und schließlich einen Gedanken entwickelt, der fast wie eine moderne Psychologie der Weltanschauungen aussieht. Was die Frau seit einigen Jahrzehnten gewonnen hat, soll also keineswegs preisgegeben werden. Außerdem ist sie nun aber wieder in betonter Weise weiblich, kokett, verführerisch, liebeatmend, nur durch ihr zierliches Format und ihre der Menschheit nützliche Absicht von einer Armida unterschieden.

Doch wer ist Musarion überhaupt? Phanias ist, wie sie selber versichert, nur ihr platonischer Freund gewesen:

Du warst mein *Freund* und fordertest nicht mehr;
Vergnügt mit einem Band, das nur die Seelen bindet,
Sahst du mich Tage lang und fandest gar nicht schwer,
Mich, wenn der Abendstern dir winkte, zu verlassen,
Um an *Glycerens* Tür die halbe Nacht zu passen.

Dann hat sich der Ärmste eines Tages beim Anblick der vom Bad erfrischten Freundin in ein »Mittelding von Faun und

Liebesgott« verwandelt und Worte dithyrambischer Begeisterung zu stammeln begonnen. Das ist ihr unbequem gewesen:

. . . Allein mein eignes Herz
Kam in Gefahr dabei; es wurde mir verdächtig:
Denn Schwärmerei steckt wie der Schnupfen an;
Man fühlt, ich weiß nicht was, und, eh' man wehren kann,
Ist unser Kopf des Herzens nicht mehr mächtig.

So hat sie ihn stehen lassen und sich ein wenig bei Bathyll, dem Gecken, der Puppe, dem bunten Toren, zerstreut. Doch bald genug verleidet ihr das. »Der mütterlichen Lehren uneingedenk«, so heißt es, verläßt sie Athen und sucht den entschwundenen Schwärmer auf. Ein immerhin etwas zweideutiger Schritt! Eine Zofe folgt ihr nach – dem Anstand zuliebe, nehmen wir an. Doch Chloe hat andere Dinge im Kopf, als ihre Herrin zu bewachen. Sie spinnt, wie wir wissen, intime Beziehungen zu dem Pythagoreer an, während Musarion, etwas subtiler, das gleiche mit Phanias unternimmt. Auch dies geht wieder merkwürdig zu. Phanias betritt das Zimmer der Freundin:

Vergib, Musarion, vergib (so fing der Blöde
Zu stottern an), die Zeit ist unbequem –
Allein – »Wozu«, fiel ihm die Freundin in die Rede,
»Wozu ein Vorbericht? Wenn war ich eine Spröde?
Ein Freund ist auch zur Unzeit angenehm:
Er hat uns immer was, das uns gefällt, zu sagen.«

Das klingt ermunternd. Dieselbe Musarion aber, wie Phanias näher rückt, scheint plötzlich doch wieder die Spröde zu spielen:

Wenn Phanias mich liebt, so räumt er, hoff' ich, ein,
Daß ich, eh ich mich selbst verschenke,
Auf meine Sicherheit vorher ein wenig denke.
Bei Leuten von so warmem Blut
Ist diese Vorsicht wohl nicht allzu weit getrieben.
Verzeihe, wenn sie dir ein wenig Unrecht tut;
Allein, du selber willst, daß wir im Ernst uns lieben!
Sonst tändelt' ich mit Amors Pfeilen nur:
Jetzt, da er mich erhascht, ist's nicht mehr Zeit zum Lachen;
Es ist darum zu tun, daß wir uns glücklich machen,
Und nur vereinigt kann dies Weisheit und Natur.

Phanias beeilt sich natürlich, Weisheit und Natur zu verbinden. Er hört der gelehrten Freundin zu und sieht die bestrikkende Schöne an. Und damit ist endlich alles bereinigt. Die beiden feiern ihr Liebesfest und ziehen sich in die Stille, in eine arkadische Ländlichkeit, zurück.

Wie sollen wir das zusammenreimen? Was sagt die besorgte Mutter dazu? Was ist das für ein Mädchen, das beständig die Tugend im Munde führt und fragt: »Wenn war ich eine Spröde?«, das mit der liederlichen Zofe bei ungeschliffenen Gesellen übernachtet und die gültige Weisheit, die Philosophie der Grazien, verkündet? Man antwortet uns, wir seien in Griechenland und Musarion sei eine Hetäre. In Griechenland, wie es sich Wieland vorzustellen beliebt, sei alles möglich. Daß der fremdländische Schauplatz unentbehrlich ist, sehen wir sofort ein. Musarion, aus gutem Haus, in dem man auf Sitte und Anstand hält, schön, gebildet und geachtet, tugendhaft und doch nicht spröde, züchtiges Mädchen und Dame von Welt, in bürgerlichen Ehren und wieder von keinen bürgerlichen Ehrbegriffen behindert: das gibt es in Deutschland freilich nicht; das ist ein Dichtertraum, geboren in der Trübsal kimmerischer Nacht. Doch gibt es das etwa anderswo? Vor einer griechischen Hetäre wäre Wieland vermutlich erschrokken, er, der doch in seiner Musarion das Züchtige und Behütete und den besonderen Reiz der Tugendandacht nicht entbehren wollte. Die Zumutung, in Musarion eine Art Aspasia zu sehen, berührt uns heute eher komisch. Nur wenn es gelingt, das Griechische auf die Namen zu beschränken und von allen antiken Sitten und Gebräuchen abzusehen, finden wir uns in Wielands Verserzählungen und Romanen zurecht.

Doch wie kommt das? Wieland hat die Antike so gut wie Hölderlin oder Goethe, ja wohl noch besser gekannt. Er hat Cicero, Horaz, Lucian übersetzt, antike Autoren von der ältesten bis zur spätesten Zeit gelesen. Seine Schriften sind gespickt mit geschichtlichen Kenntnissen aller Art. Sogar die kleine Erzählung, mit der wir uns beschäftigen, wimmelt von lateinischen und griechischen Namen und von versteckten Anspielungen auf Lehren und Meinungen alter Denker. Und niemand gewinnt den Eindruck, Wieland krame mühsam Gelehrsamkeit aus. Er redet fast im Ton eines Mannes, der selber dabeigewesen ist; und indem er alles nur flüchtig berührt und andeutet, ist er noch so höflich, dem Leser dieselben ausgedehnten und sicheren Kenntnisse zuzutrauen. Auch daran wird man sich nicht stoßen, daß es ungewiß bleibt, in welchem Jahrhundert die Handlung eigentlich spielt. Noch lange ist man in Deutschland gewohnt, die griechische Welt als räumlich und zeitlich ungegliedertes Ganzes zu sehen. Selbst Goethe vermag den Geist eines raffinierten Spätwerks wie ›Daphnis und Chloe‹ nicht von dem altertümlichen Wesen homerischer Hymnen zu unterscheiden. Und hat denn Goethe überhaupt die Antike richtiger gesehen als Wieland? Wir sind geneigt, dies anzunehmen. Doch sind wir dann nicht selber zu sehr von Goethes Anschauungen bestimmt? So möchte man hin und her argumentieren.

Allein, die Sache liegt nicht ganz so. Zweifellos ist Goethes Bild der Antike eine Abstraktion. Über vieles, was die Geschichte in deutlichen Worten überliefert, sieht er hinweg, im Hinblick auf ein Maß, die plastische Menschengestalt, so wie sie uns in den Werken antiker Künstler noch heute vor Augen steht und wie sie für klassische Meister der neueren Zeiten kanonisch geworden ist. In diesen Gestalten findet er seine Idee des organischen Lebens erfüllt. Und als organisches Leben faßt er sodann die ganze Antike auf, als Reich der Natur, vor dem sich unsere Unnatur zu beugen hat. Wir können dieselbe Abstraktion im Sinne Goethes noch immer vollziehen und nehmen dann freilich, wie Goethe, nur eine Schicht der Antike, in dieser jedoch ein zeitlos gültiges Dasein wahr.

Anders Wieland! Er setzt sich über die Fülle des Geschichtlichen nicht durch kühne Abstraktionen hinweg. Seine Antike ist viel bunter und mannigfaltiger als die Goethes. Auch die politischen Händel und die Hintergründe der Sozietät, Mysterien, bacchantische Feste, die Zerrüttung der Sitten in den Städten, die alexandrinischen Zustände nimmt er mit lebhaftem Interesse zur Kenntnis. Was aber unser historisches Vertrauen erschüttert und was uns, nach dem ersten Schrecken, auch wieder erheitert, ist seine unverfrorene Art, dies alles nicht nur in den Geist – das ginge noch an – sondern in die Gepflogenheiten, die Vorurteile, die Mode seiner Zeit zu übersetzen. Man fragt sich, was er sich eigentlich dachte, als er noch im Jahre 1768 ›Musarion‹ schrieb. Damals lag doch immerhin schon Winckelmanns Kunstgeschichte vor. Offenbar fiel aber keinem Leser das Unvereinbare der beiden Darstellungen antiken Lebens auf, nicht einmal Oeser, der sich doch als Jünger Winckelmanns fühlte und die Verserzählung Goethe empfahl. So werden wir annehmen dürfen, auch Wieland habe in gutem Glauben geschrieben, nicht anders als in den ›Abderiten‹, wo er uns mit der Opernbühne im italienischen Stil überrascht, und im ›Agathon‹, wo die delphische Pythia, eine angejahrte Dame, halbwüchsigen hübschen Jünglingen nachstellt.

Doch wo geraten wir da hin? Wieland vermeidet den deutschen Schauplatz, weil es da weder die Schönen nach seinem Geschmack noch jene Gesellschaft der Kosmopoliten, an die er sich wendet, gibt. Auf Griechenland aber überträgt er die Sitten und Moden seines Jahrhunderts, mit Auswahl freilich und allen Lizenzen, die tiefe Vergangenheit ihm gewährt. Moderne Torheit siedelt er in Athen, Korinth und Rhodos an und kostümiert die Empfindungen deutscher Herzen mit Peplos und Byssosgewebe. Das erlaubt ihm, mit einem Alibi als Satiriker aufzutreten. Im selben Griechenland spart er dann aber auch Räume aus, deren Idealität an Geßners Idyllen erinnern könnte, wenn sie nicht wieder von hochkultivierten, gebildeten Menschen besiedelt wären. Ein mondänes Arkadien – das ist vielleicht das richtige Wort.

Demnach treten wir überall in eine vollkommen künstliche Welt. Das griechische Rokoko ist ein Traum, das deutsche ist ein Postulat. An keiner Stelle berührt der Erzähler den Boden historischer Wirklichkeit. Er blickt nicht sehnsuchtsvoll der entschwundenen Schönheit der Antike nach. Er redet so vertraulich von ihr, als ob sie gegenwärtig wäre, und scheint sich auch im Vergangenen einzig um die Gegenwart zu kümmern. Doch wo ist diese Gegenwart? Wo hätte Wieland jemals einem seiner unvergleichlichen »embarquements pour Cythère« beigewohnt? Er kannte keinen glänzenden Hof wie Watteau oder Fragonard. Er wurde nicht durch epigrammatisch zugespitzte Gespräche verwöhnt und angespornt, die feinste Marivaudage noch zu überbieten. Aus einem allgemeinen Begriff des Menschen als eines ζῷον πολιτικόν ist alles konstruiert, gesponnen gleichsam aus der weichen geistigen Luft, die in jenen Jahrzehnten von Westen her über Deutschland wehte, und dann gefärbt mit der Rosenglut des süßen Triebs, der bei allen Zeiten und Völkern vorausgesetzt werden darf.

Ist das noch echte Poesie? Wäre Wieland ein Franzose oder auch ein Zeitgenosse Lohensteins und Hofmannswaldaus, so fiele die Frage von selber dahin. Doch da er, als ein deutscher Dichter, auf der Schwelle der Goethezeit steht, da er erst im letzten Jahrhundert, hochbetagt, gestorben ist, nimmt sein Werk sich freilich seltsam und fast unglaubwürdig aus. Es ragt in eine Zeit hinein, die Dichtung nach anderen Maßen mißt, die Größe und Natürlichkeit und eine unmittelbar im persönlichen Erlebnis gründende Wahrheit verlangt. Auch diese Zeit ist aber vorüber. Was soll uns also hindern, Wielands dichterische Leistung anzuerkennen? Wir täuschen uns, wenn wir meinen, daß uns noch immer die Künstlichkeit befremde. Dieselbe Künstlichkeit lassen wir uns auf anderen Gebieten längst wieder gefallen. Nein, auch heute noch und gerade heute ist Wielands epikureisches *Glaubensbekenntnis* unerwünscht. Wir ziehen ihm minder bedeutende, aber gewichtig auftretende Schriftsteller vor. So wenig sind wir bereit, den Tiefsinn und den Hochmut preiszugeben und auf dem bescheidenen Mittelweg der Anmut und des Glücks zu wandeln.

Goethes antike Versmaße

Die Frage, wie ein deutscher Dichter antike Verse nachbilden müsse, wie die Hebung sich zur Länge, die Senkung sich zur Kürze verhalte, ob und auf welche Weise der Spondeus wiederzugeben sei, alle jene Probleme also, die durch Voß und Schlegel auch an Goethe herangetreten sind und bis heute die Lehrer der Metrik beschäftigen, stehen hier nicht zur Diskussion. Sie werden höchstens am Rande berührt. Wir halten uns an den deutschen Vers und fragen, was die Hexameter, Distichen, Trimeter Goethes poetisch bedeuten, wann und warum er sie vorzüglich pflegt und warum er wieder von ihnen abläßt. So wird die Studie mehr als Beitrag zur *Ästhetik* als zur *Theorie* der Verse gelten können. Vielleicht ist aber gerade eine solche Betrachtung besonders geeignet, uns über das Wunder nachdenken zu lassen, daß Verse, die der Autorität der Alten ihre Entstehung verdanken, auf einer bestimmten Stufe von Goethes Schaffen so richtig und notwendig sind und so genau in die Entwicklung seiner natürlichen Rhythmik passen wie irgendein eigenständiges, ohne Vorbild zustande gekommenes Maß.

Wenn man es als Zeichen einer echten, nicht nur durch Lektüre vermittelten Begegnung nimmt, daß Hölderlin in seinen Hymnen nur wenige griechische Götter feiert, so darf dasselbe

Kriterium auch für Goethes antike Maße gelten. In seinem fast unübersehbaren Werk, das so manche stilistische Wandlung erfährt, sind griechische und lateinische Metra nur in bestimmter Auswahl vertreten. Wenig mag es bedeuten, daß die großen Systeme der Chorlyrik fehlen. Der Stürmer und Dränger kannte sie nicht; er meinte, mit seinen freien Rhythmen in Pindars Art gesungen zu haben. Und wenn er auch später, von vereinzelten, ziemlich frei gefaßten Strophen der Helenatragödie abgesehen, die Chorlyrik nachzubilden verschmähte, so schließen sich ihm fast alle großen Dichter deutscher Sprache an. Chorlyrische Systeme bleiben das Eigentum ängstlicher Übersetzer und jener Poeten, denen gelehrte Anspielung mehr bedeutet als der Takt, den unser Ohr noch hört.

Wohlbekannt aber waren Goethe von Jugend auf die Odenstrophen. Trotzdem hat er sich nur ein einziges Mal, im ›Mahomet‹ von 1773, darin versucht. Die Strophe:

Teilen kann ich euch nicht dieser Seele Gefühl.
Fühlen kann ich euch nicht allen ganzes Gefühl.
  Wer, wer wendet dem Flehn sein Ohr?
    Dem bittenden Auge den Blick?[1]

die viermal, mit leichten Schwankungen, wiederkehrt, erinnert an den asklepiadeischen Vierzeiler von Horaz I, 5. Weiter aber reicht die Wirkung der antiken Ode, trotz dem gewaltigen Beispiel Klopstocks, nicht. Der Dichter, der das Land der Griechen mit der Seele suchte, kann sich hier nicht einmal mit Voß, Hölty, Matthisson oder Salis messen.

Man könnte geneigt sein, als Ersatz die Ioniker und Choriamben der ›Pandora‹ gelten zu lassen. Allein, gerade da wird uns die Haltung Goethes erst verständlich.

Meinen Angstruf,
Um mich selbst nicht:
Ich bedarf's nicht,
Aber hört ihn . . .[2]

Mühend versenkt ängstlich der Sinn
Sich in die Nacht, suchet umsonst . . .[3]

Solche Verse bedürfen keiner künstlichen Planung auf weite Sicht. Knappe, faßliche Gruppen werden einfach aneinander-

[1] GA IX, 181.
[2] GA VI, 435.
[3] GA VI, 434.

gereiht. Der Odendichter dagegen muß sich das metrische Schema vor Augen halten und jede einzelne Silbe nach Gesetzen regeln, die ihm kaum je ganz in Fleisch und Blut übergehen, die mehr oder weniger den Charakter einer höheren, reineren, nur mit Kunst erreichbaren Sphäre bewahren. So dichtet Klopstock Oden, um sein sterbliches Dasein zu überhöhen, so Hölderlin auf der Hyperion-Stufe, da er die Welt des Schönen von seinem wirklichen Leben geschieden weiß, so Platen, der um so starrer an überlieferten strengen Formen festhält, je schwerer die Armut seiner Seele und seiner Umgebung auf ihm lastet.

Eben solche Scheidung aber ist Goethe, dem Menschen und Dichter, fremd. Er mag die Kunst als Blüte der Natur, als Läuterung der Fülle des leidenschaftlichen Lebens erfahren; nie sieht er sie als Gegensatz. Und also widerstrebt es ihm, zu heiligen Maßen aufzublicken und ein gespanntes Verhältnis zwischen objektiven Gesetzen und unwillkürlicher Regung anzuerkennen. Das Maß der antiken Ode ist – in jenem besonderen Sinn, den Goethe dem Wort verliehen – kein »klassisches« Maß.

Zu klassischen Maßen bilden sich aber die Distichen und Hexameter aus. Es ist bemerkenswert, wie spät sich Goethe an diese Gebilde wagt. Obwohl er die ersten Gesänge des ›Messias‹ schon als Kind mit seiner Schwester auswendig rezitiert, obwohl in der Wertherzeit die Epen Homers seine treuen Begleiter sind, beginnt er erst ungefähr 1780 eigene Hexameter zu schreiben. Eine der frühesten Proben ist das Scherzgedicht ›Er und sein Name‹, das unsanft mit dem Namen Klopstock spielt und sich über das feierliche Gebaren mit »Lettern und Silben« lustig macht[4]. Die Verse sind noch ungelenk. Gleich den ersten hätte Goethe später wohl kaum mehr verantworten wollen:

Bei allen Musen und Grazien sagt an mir, ihr Deutschen!

Gelegentlich fehlt die Zäsur:

Ach, der Gute hat leider endlich altshändyscher Ahnung...

Eine Zeile erlaubt sich entweder viersilbigen Takt oder ist zu lang:

Haltet hier, und widmet euch der Feier stiller Betrachtung...

[4] GA II, 74.

Das sind Hexameter, wie sie uns auch im ›Messias‹ immer wieder begegnen:

Führe du mich zu den göttlichen Fußstapfen meines Erlösers ... (I, 490)
Siehe das Lamm Gottes, das der Erden Sünde versöhnet ... (II, 570)

unklare, ja man möchte entschiedener sagen, dunstige, lichtlose Verse. Wir werden bei Goethe aber kaum parodistische Absicht vermuten dürfen. Denn auf der gleichen Stufe stehen die ungefähr um dieselbe Zeit entstandenen ›Physiognomischen Reisen‹.

1782 setzt eine neue Bemühung ein. Herder hat Epigramme aus der griechischen Anthologie übersetzt. In ihrer Tonart dichtet Goethe ›Erwählter Fels‹, ›Einsamkeit‹, ›Ländliches Glück‹, ›Philomele‹, ›Der Park‹ und fährt mit vereinzelten Distichen fort, bis nach der italienischen Reise die ›Römischen Elegien‹ das Hexameterjahrzehnt eröffnen. Noch reden die Metriker nicht darein. So stehen die echtesten Hexameter Goethes in den ersten Drucken der Distichen und im ›Reineke Fuchs‹.

Im Gegensatz zu Klopstock beachtet Goethe nun überall die Zäsur, das heißt nach deutscher Übung den Schnitt innerhalb des dritten oder des vierten Takts. Er, der in metrischen Dingen manchen Zeitgenossen zu lässig schien, verfährt in diesem Punkte wenigstens mit der größten Akkuratesse, und offenbar mehr aus eigenem Antrieb als aus Regelgläubigkeit. Das ist zu beachten. Denn der Laie und dilettantische Verseschmied, der seine privaten Hexameter modelt, läßt sich oft nur schwer vom Sinn der Regeln, zumal vom Sinn der Zäsur, überzeugen. Und doch ist es erst die Zäsur, die den Vers befestigt wie ein kleiner Stift. Wo sie fehlt, da fluten die Daktylen als ein breiter Strom dahin und überschwemmen gleichsam die Vorstellung, die der Vers erzeugen möchte. Klopstocks Stil mag dies ertragen. Goethe hätte so die Bildlichkeit, die plastische Rundung des einzelnen Teils, auf die es ihm seit der Rückkehr von Italien ankam, verfehlt.

Es kann auch sein, daß eine falsche Zäsur den Vers genau halbiert, zum Beispiel in Bürgers ›Ilias‹:

Einen schönen Paian / sangen die jungen Achaier (I, 473),

oder in Mörikes ›Märchen vom sicheren Mann‹:

Schmeidige doch ein weniges / deine borstige Seele.

An dieser Gegenprobe bewährt sich die regelrechte Zäsur erst recht. Sie teilt den Vers zwar auf, vermeidet aber die peinliche Symmetrie und läßt uns so um den toten Punkt in der Mitte hin- und herüberpendeln, wie es dem klassischen Wesen entspricht, das einerseits zwar ein klares, über allem waltendes Maß anstrebt, doch andrerseits auch den Zufall des Lebendigen nicht entbehren mag. Ich würde nicht zögern, über den Eingang des ›Reineke Fuchs‹, wo alle möglichen Zäsuren in holdestem Wechsel fallen, die Worte der ›Farbenlehre‹ zu setzen:

> Mit leisem Gewicht und Gegengewicht wägt sich die Natur hin und her, und so entsteht ein Hüben und Drüben, ein Oben und Unten, ein Zuvor und Hernach, wodurch alle die Erscheinungen bedingt werden, die uns im Raum und in der Zeit entgegentreten[5].

Andreas Heusler, der wenig Rücksicht auf individuellen Sprachstil nimmt und die Verse meist nach einer absoluten metrischen Regel bewertet, führt als »einziges nennenswertes Gebrechen« von Goethes früheren, durch Voß noch nicht gestörten Hexametern »ungewichtige Hebungssilben« an[6]:

> Laß nicht ungerühmt mich *zu* den Schatten hinabgehn ...[7]
> Warum bist du, Geliebter, nicht heute zur Vigne gekommen?[8]

Schiller allerdings gibt den Hebungen viel entschiedener ihr volles Gewicht, wie er ja auch in den jambischen und trochäischen Maßen meist in hart herausgestoßenen Takten spricht. Andrerseits ist Goethe aber auch weit entfernt von jenen Anomalien, die Hölderlin sich erlaubt, zum Beispiel in folgendem Distichon:

> Wenn er die Zeiten erneut, der Schöpferi*sche*, die stillen
> Herzen der altern*den* Menschen erfrischt und ergreift ...[9]

Hier werden die Konturen so verwischt, daß das metrische Schema beim Sprechen sich beinahe aufzulösen droht – nach

[5] GA XVI, 10.
[6] Andreas Heusler, Deutsche Versgeschichte, Berlin und Leipzig 1925ff., III, 269.
[7] GA I, 200.
[8] GA I, 176.
[9] Friedrich Hölderlin, Sämtliche Werke, Große Stuttgarter Hölderlin-Ausgabe im Auftrag des Württembergischen Kultusministeriums hrsg. von Fr. Beissner, Stuttgart 1946ff. (im folgenden zit.: HSW), II/1, 97.

Heusler ein unverantwortlicher Fehler, von Hölderlin aus gesehen ein Vorzug. Denn solche Verse sind die vollkommene rhythmische Wirklichkeit eines Daseins, das eben im Begriff ist, aus der Starre des nüchtern-klaren Bewußtseins in trunkenes Fließen überzugehen, sich selber aufzugeben und dem »wunderbaren Sehnen dem Abgrund zu« nicht länger zu widerstehen. Zwischen Schillers kräftiger Selbstbehauptung, dem Willen, im festen Takt die Identität der Person zu garantieren, und Hölderlins Neigung, sich aufzugeben, steht Goethe ungefähr in der Mitte. Seine – nicht Schillers – Haltung bewahrt das Gleichgewicht von »Person« und »Zustand«, Aktivität und Empfänglichkeit, In-sich-sein und Außer-sich-sein, das Schillers ästhetische Briefe nach klassischer Lehre vom Menschen als schön bezeichnen.

Es ist nicht möglich, mit den Mitteln der Metrik die Eigenart des Goetheschen Hexameters völlig herauszuarbeiten. Jenseits dessen, was die Begriffe »Hebung«, »Senkung«, »Zäsur« erschließen, bleiben noch rhythmische Qualitäten, die zwar so deutlich wahrnehmbar sind, daß ein geübtes Ohr nach wenigen Versen Goethes Ton erkennt, die aber mit Worten zu beschreiben einstweilen nicht gelingen will. Dagegen läßt sich der klassische Stil in Goethes Hexametern noch von einem andern Gesichtspunkt aus erkennen.

Ein metrisches Regelbuch, das die Gesetze des Verses, wie sie Goethe beachtet, im Einzelnen festlegt, sieht sich zu einer Reihe von Paragraphen genötigt:

Der Hexameter besteht aus sechs Takten.

Im Gegensatz zum Griechischen liegen im Deutschen Dreivierteltakte vor.

Die Füllung der Takte ist insofern frei, als sie zwei oder drei Silben aufnehmen können, ausgenommen der letzte Takt, der jederzeit nur aus zwei Silben besteht.

Der zweitletzte Takt erträgt zwei Silben weniger gut als die ersten vier Takte.

Der Vers beginnt stets ohne Auftakt.

Innerhalb des dritten oder vierten Taktes steht die Zäsur, entweder nach der Hebung oder nach der ersten Senkungssilbe.

In dieses Gesetz ist noch kein einziges Postulat der »strengen Schule« Vossens und Schlegels aufgenommen. Dennoch scheint es reichlich kompliziert zu sein und die Schritte des

Dichters mit Buß- und Verbottafeln so zu umstellen, daß der Verängstigte den Spaziergang in diesem Gelände lieber aufgibt. So *scheint* es; aber es *ist* nicht so. Der so genau geregelte Hexameter bereitet dem Dichter keine ernstlichen Schwierigkeiten. Er läßt sich sogar, mit einigem Glück, auf längere Strecken hin improvisieren. Jeder, der nicht ganz unbegabt ist, wird diese Erfahrung bestätigen. Und wem die Versuche mißlungen sind, der halte sich an Goethes Zeugnis:

Oftmals hab ich auch schon in ihren Armen gedichtet
   Und des Hexameters Maß leise mit fingernder Hand
Ihr auf den Rücken gezählt ...[10]

Im leisen Sprechen entsteht der Vers, und die zählenden Finger wehren höchstens den »siebenfüßigen Bestien« den Zutritt. Odenstrophen ließen sich kaum in so lieblicher Lage schmieden.

Improvisierte Regel! Unwillkürliche Gesetzmäßigkeit! Diese Formel deutet besser als alles früher Gesagte die klassischen Tugenden des Hexameters an. Der junge Goethe hätte sich nicht mit diesem Maß befreunden können. Denn die Epoche des Sturm und Drang verwarf zunächst einmal jedes Gesetz und predigte die grenzenlose Freiheit des Originalgenies. Wie sie die Leidenschaft schützte gegen die Anforderungen der Gesellschaft und gegen den generellen Menschen ihr heftiges »Ich selbst!« aussprach, so brach sie auch in der Metrik mit der öffentlich anerkannten Ordnung. Sie lehnte den Alexandriner ab, fügte sich aber auch den neuen strengen Gesetzen Klopstocks nicht und suchte ihre Ehre darin, wie Prometheus seine Werke, jeden Vers aus dem heilig glühenden Herzen selber zu vollenden. Daher die freien Rhythmen und die individuellen Strophen der Lieder, die, mit Recht, den Anspruch erheben, metrische Urzeugungen großer schöpferischer Augenblicke zu sein; daher der Knittelvers, mit dem man sich nicht etwa der Autorität der Meistersinger zu beugen gedachte, sondern der Läßlichkeit frönte und deshalb sogar, im Gegensatz zu Hans Sachs, die Silben zu zählen unterließ.

Seit dem Eintritt in Weimar aber fühlte sich Goethe beauftragt, ein neues allgemeines Gesetz zu finden, ohne doch die Errungenschaft des Sturm und Drang, das Recht des besonderen, individuellen Menschen, zu opfern. Wie war das möglich? Wenn sich die einzelne, bisher anarchische Individualität

[10] GA I, 167.

im Grund als gesetzliches Wesen erwies und eine Ordnung nicht nur gehorsam, sondern von Herzen anerkannte. Auf allen Gebieten des Lebens hat sich Goethe um diese Lösung bemüht. Von Götz, dem »Selbsthelfer in anarchischer Zeit«, rückt der Staatsmann allmählich ab, ohne doch wieder zum Fürsten*diener* im Stil des Rokoko zu werden. Als seines Herzogs *Freund* betritt er den Raum der klassischen Humanität. Im ›Egmont‹ fällt das Wort, es sei »des Freiesten Freiheit, recht zu tun«. Das leitet über zur klassischen Sitte. »Erlaubt ist, was gefällt«, sagt Tasso; »erlaubt ist, was sich ziemt«, die Prinzessin. Dem sittlichen Menschen gefällt, was sich ziemt; und damit vereinigt er die allgemeine Moral der Aufklärung, die ohne Ansehn der Person gebietet, mit den besonderen Wünschen seiner Individualität. Die gleiche Gnade – denn bloß mit Willen erzwingen läßt sich die Sitte nicht – erfährt der Dichter in einer neuen Begegnung mit der Tradition. Die großen Meister drängen ihn nicht mehr zu außerordentlichem Gebaren; sie überzeugen ihn von dem freundlichen, lebenfördernden Sinn der Muster. Und also befreundet sich Goethe nun auch mit der Autorität des ältesten Verses der europäischen Poesie und bewegt sich unbehindert, frei – in seiner eigenen Sprache zu reden – »mit Behagen« in dessen Gesetz.

Denn dieses Gesetz ist gar nicht so drakonisch, wie es von außen erscheint. Allein schon die Zahl der Silben kann, sogar wenn der versus spondiacus wegfällt, zwischen dreizehn und siebzehn schwanken; und aus dem Wechsel in der Folge trochäischer und daktylischer Takte ergeben sich sechzehn Möglichkeiten. Diese sechzehn Möglichkeiten lassen sich wieder mit den vier verschiedenen Zäsuren kombinieren. So öffnet sich ein weiter Spielraum. Der Zufall des Lebendigen bleibt in zart umrissenen Grenzen gewahrt. Man möchte sich an die Verse erinnern:

> Dieser schöne Begriff von Macht und Schranken, von Willkür
> Und Gesetz, von Freiheit und Maß, von beweglicher Ordnung,
> Vorzug und Mangel erfreue dich hoch; die heilige Muse
> Bringt harmonisch ihn dir, mit sanftem Zwange belehrend.[11]

Goethe faßt so die Lehre von der Metamorphose der Tiere zusammen. Beinah jedes Wort aber könnte als Ehrung des Hexa-

[11] GA I, 521.

meters gelten, mit Fug; denn nach allem erweist sich: der Hexameter ist ein organischer Vers, ein Organismus, wie er in Goethes naturwissenschaftlichen Schriften steht.

So läge die Behauptung nahe: Goethe hätte den Vers erfunden, wenn er ihn nicht gefunden hätte. Doch ein erfundenes Versmaß hätte ihm kaum das gleiche Behagen gewährt. Sein Wohlgefühl gründete in dem Bewußtsein, vom selben Rhythmus eingewiegt zu werden, in dem sich Homer gewiegt. In griechischer Plastik begrüßte er das ewig gültige Bild des Menschen, im Vers Homers das Maß, dem ewige rhythmische Wahrheit innewohnt. Humboldt hat dies ausgesprochen, vielleicht zu feierlich im Ton, sonst aber gewiß nach Goethes Sinn:

> Der ursprünglichste und älteste Vers der Griechen, der Hexameter, ist zugleich der Inbegriff und der Grundton aller Harmonien des Menschen und der Schöpfung . . . Wenn man sich das Hin- und Wiederfluten aller lebendigen Bewegung der ganzen Schöpfung nach gesetzmäßiger Harmonie hinstrebend denkt, so ist es, als hätte sie endlich ihr üppiges Überschwanken in diese leicht beschränkenden Maße beschwichtigt, sich beruhigend in diese Weise eingewiegt, die dann ein glücklich organisiertes Volk ergriff und in seine Sprache heftete. So viel mehr scheint dieser Vers dem Rhythmus der Welt als dem Stammeln menschlicher Laute anzugehören . . .[12]

Wenn Goethe nun aber meinte, an dieser Urbewegung teilzunehmen, so war er in einem der segensreichsten Irrtümer der Geschichte befangen. Er liebte Homer. Er las sein Gedicht und ahmte die Verse der Ilias nach, tief befriedigt von ihrem Klang. Die Verse las er jedoch nicht so, wie sie Homer gesprochen hat. Wenig will es zwar besagen, daß er nach dem Vorbild Klopstocks außer Daktylen und vermeintlichen Spondeen auch Trochäen zuließ. Aber der ganze metrische Bezug erweist sich als Illusion, wenn wir bedenken, daß Goethes Vers aus schwebenden Dreivierteltakten, Homers Hexameter dagegen aus Viervierteltakten besteht und daß im deutschen Vers betonte und unbetonte, im griechischen lange und kurze Silben wesentlich sind. Die Lehrer der strengen Schule, Voß und insbesondere Aug. Wilh. Schlegel, haben nun zwar versucht, den

[12] Latium und Hellas. Werke, hrsg. von der Deutschen Akademie der Wissenschaften, Berlin 1952ff., III, 147.

Gesetzen des griechischen Verses auch in deutscher Sprache zu genügen. Sie reden von langen und kurzen Silben, obwohl es absolut lange und kurze Silben in deutscher Sprache nicht gibt. Sie schalten den Trochäus aus und bemühen sich, deutsche Spondeen zu bilden, obwohl das in den meisten Fällen nur durch Tonbeugung möglich ist. Sie vermeiden amphibrachische Kola – und kommen mit alledem zu jenen prosodischen Ungeheuerlichkeiten, die etwa Vossens Vers belegt:

> Düster zog Sturmnacht, graunvoll rings wogte das Meer auf.[13]

Goethe hat sich nicht in allen, aber in vielen Punkten zunächst der Autorität der Gelehrten gebeugt. Doch es ist bezeichnend, wie er verfährt. Er läßt sich die metrischen Regeln von seinen Freunden auseinandersetzen und strengt sich an, ihnen Folge zu leisten. Da dies indes nicht recht gelingen will, bleibt ihm bald nichts anderes übrig, als mit schlechtem Gewissen weiterhin ungriechische Verse zu schreiben und die »Fehler« sich von seinen Lehrern korrigieren zu lassen. Die Resultate sind bekannt. Voß und Schlegel haben manche Zeile Goethes zugrunde gerichtet, dem Schaffen des allzu unbelehrbaren Schülers aber nach wie vor kein gutes Zeugnis ausgestellt.

Man könnte nun allgemein sagen, Goethes natürlichem deutschen Sprachempfinden habe das fremde Gesetz widerstrebt. Immerhin wäre beizufügen, daß Goethe sich dessen nicht bewußt war. Auch später, als er sich offen gegen die Lehren der strengen Schule aussprach, hat er sich nur dagegen gewehrt, die Poesie der Metrik zu opfern, die Richtigkeit der Vossischen Hexameter aber nie bezweifelt. Das heißt mit anderen Worten: er glaubte sich zu der schmerzlichen Einsicht verpflichtet, daß der strenge Hexameter seiner Natur nicht angemessen sei. Und wirklich, dieser Vers kann nicht mehr im Goetheschen Sinne »klassisch« heißen. Trochäenverbot, Berücksichtigung angeblich langer und kurzer Silben, Ausschluß amphibrachischer Kola – das nötigt zu ständiger Reflexion und schränkt die Freiheit dermaßen ein, daß keine Improvisation der metrischen Regel mehr möglich ist. Ähnlich wie bei den Odenmaßen muß sich der Dichter auch hier die Gesetzestafeln ständig vor Augen halten. Er muß, wie Goethe sich einmal ausdrückt, den Generalbaß gründlich studieren; und alle holde Unbefangenheit dichterischen Sprechens fällt dahin.

[13] Nach: Andreas Heusler, Deutsche Versgeschichte, Berlin und Leipzig 1925 ff., III, 271.

Auch Improvisationen aber, die Freunde nachträglich korrigieren, sind auf die Dauer nicht erfreulich. So wendet sich Goethe nach 1800 allmählich vom Hexameter ab.

Im Jahre 1806 aber taucht der Plan eines epischen ›Tell‹ wieder auf. Die ›Tageshefte‹ verzeichnen die Worte:

> Ich hatte Lust, wieder einmal Hexameter zu schreiben, und mein gutes Verhältnis zu Voß, Vater und Sohn, ließ mich hoffen, auch in dieser herrlichen Versart immer sicherer vorzuschreiten.[14]

Wir haben begründete Zweifel, daß diese Hoffnung berechtigt gewesen sei. Deshalb hätte aber der Plan des epischen ›Tell‹ nicht zu scheitern brauchen. Denn kurz darauf, schon 1807, befreit er sich mit einem kräftigen Ruck von der metrischen Diktatur und ist entschlossen, sich seinen eigenen Hexameter nicht länger verleiden zu lassen. Endlich gibt er sich gleichsam dichterische Vollmacht gegen die Pedanterie. Aber seltsam! Mit dieser Vollmacht weiß er nichts mehr anzufangen. Obwohl er sich jetzt wieder so frei fühlt wie zur Zeit des ›Reineke Fuchs‹, entstehen in diesen und in den folgenden Jahren keine Hexameter mehr. Dagegen rückt jetzt ein anderer Vers in den Vordergrund, der Trimeter. Fragen wir uns, was der Trimeter leistet, so klärt sich wohl auch die Frage auf, warum der Hexameter verschwindet.

Zunächst zwar scheint es, als ob sich beide Verse gar nicht vergleichen ließen. Der Hexameter ist ein episches, das Distichon ein elegisches Maß, während der Trimeter vor allem in die dramatische Gattung gehört und bei Goethe einzig in Werken, die für die Bühne bestimmt sind, vorkommt. Dann müßte die Frage also lauten: Warum entstehen jetzt keine epischen und elegischen Dichtungen mehr? Doch diese Frage, richtig gestellt und verstanden, ist mit der ersten identisch.

Nach dem Gesetz der Steigerung, das Goethe in sich selbst und in der Natur bestätigt findet, geht sein Trimeter aus dem Blankvers hervor. In Blankversen wurden während und nach der italienischen Reise die beiden voritalienischen Stoffe ›Iphigenie‹ und ›Tasso‹ ausgeführt. In einem dritten Drama, in der ›Natürlichen Tochter‹, erreicht der Vers die Grenzen seiner Möglichkeit. Goethe hat hier nämlich beinah jede Zeile mit schwerstem Sinn oder schwerster sinnlicher Fülle belastet:

[14] GA XI, 787f.

Der Schein, was ist er, dem das Wesen fehlt?
Das Wesen, wär es, wenn es nicht erschiene?

Nun leihe mir der Perlen sanftes Licht,
Auch der Juwelen leuchtende Gewalt.[15]

Solche Bedeutsamkeit und Fülle jedoch trägt ein Versmaß schwer, das keine scharfen Profile und keinen Zwang zu markantem Zeilenschluß kennt und deshalb den Leser zu einem widerstandslosen, stetigen Gleiten einlädt. Ist nicht auch dies ein Grund, warum die ›Natürliche Tochter‹, dies »wunderbare Erzeugnis«, bis heute verhältnismäßig wenig Freunde gefunden hat? Nur langsamstes Lesen erschließt ihren Sinn. Der Blankvers aber ist eher flüchtig.

Schon 1800 tastet Goethe neue Möglichkeiten ab. ›Paläophron und Neoterpe‹ wartet mit einer Musterkarte metrischer Gebilde auf. Spanische Trochäen stehen neben kürzeren jambischen Zeilen. Der größte Teil des Spiels wird aber von jambischen Trimetern bestritten. Sie finden sich wieder in der ersten Fassung der Helenatragödie, die gleichfalls schon 1800 entsteht, im Lauchstädter Prolog von 1802, im Vorspiel zur Eröffnung des Weimarischen Theaters vom Jahre 1807, in großen Teilen der ›Pandora‹, im Prolog für Halle 1811 und schließlich in den Fragmenten des klassisch-romantischen Dramas ›Der Löwenstuhl‹.

Ganz allmählich bildet sich die Eigenart des Verses aus. Es sieht zunächst so aus, als sei nur der Blankvers um eine, bei männlichem Ausgang um zwei Silben erweitert worden. Allein, schon dieser bescheidene Zusatz verändert die rhythmische Qualität. Der längere Vers hat mehr Gewicht und grenzt sich besser ab, da jede Zeile mit einer Hebung schließt. Das widerstandslose Gleiten hört auf. Nun ist der antike Trimeter aber ein dipodisches Maß und gliedert sich in drei Jambenpaare, so, daß die erste Silbe jedes Metrums, das heißt Jambenpaars, kurz oder lang sein kann. Gelegentlich können statt der Jamben auch Anapäste eintreten. Diese Freiheiten des alten Tragödienverses lassen sich im Deutschen zwar nur unvollkommen realisieren, und Goethe bildet sie auch nicht nach. Aber »antiker Form sich nähernd«, nimmt er sich immerhin das Recht, an jeder beliebigen Stelle des Verses statt einer Senkung zwei zu setzen, so schon vereinzelt im Auftakt in ›Paläophron und Neoterpe‹:

[15] GA VI, 348.

Ob sie mir und den Meinen guten Schutz vielleicht ...

Könnte man auch fordern, daß ich sagte, wer ich sei ...[16]

Um 1800 hieß es in der Helenatragödie noch:

Noch immer trunken von der Woge schaukelndem
Bewegen, die vom phrygischen Gefild uns her,
Auf straubig hohem Rücken, mit Poseidons Gunst
Und Euros' Kraft, an heimisches Gestade trug.[17]

In letzter Fassung lesen wir:

Noch immer trunken von des Gewoges regsamem
Geschaukel, das vom phrygischen Blachgefild uns her
Auf sträubig-hohem Rücken, durch Poseidons Gunst
Und Euros' Kraft, in vaterländische Buchten trug.[18]

Außer den drei dreisilbigen Takten bemerken wir, daß Goethe schwache Hebungen möglichst durch starke ersetzt. Die letzten Silben von »phrygischen« und »heimisches«, die Hebungen waren, genügen seinem Empfinden nicht mehr und werden zugunsten der starken Töne »Blach-« und »Bucht-« in die Senkung verwiesen. Auf diese Weise kommt eine Füllungsdichte zustande, die kein anderer Vers in Goethes Werk erreicht. Überdeutlich, prunkhaft treten die einzelnen Vorstellungen heraus. Zugleich versichert uns aber die scharfe, wenngleich bewegliche Akzentuation im weit gespannten metrischen Bogen der geistigen Überlegenheit, des »Vorwaltens des obern Leitenden«, worin sich, nach dem Wort in den Anmerkungen zum ›Westöstlichen Divan‹, vornehmlich das Alter bewährt. Es scheint mir möglich, auch dies noch aus der Entwicklung Goethes zu verstehen.

Nach der italienischen Reise war der Dichter und Forscher bemüht, im Ganzen und Einzelnen die Struktur des organischen Kosmos nachzuweisen. Dabei verfuhr er symbolisierend. Jedes einzelne Lebewesen repräsentiert das organische All. Also mußte ein jedes als gerundetes Ganzes dargestellt werden. Das geschieht in dem plastischen Stil der Epen, als dessen tauglichstes Instrument sich der Hexameter erweist, der, selbst ein Organismus, als reinstes symbolisches Versmaß gelten darf. Um 1800 etwa ist der Nachweis des proteïschen Da-

[16] GA III, 569.
[17] GA V, 531.
[18] GA V, 410.

seins der Natur so weit gesichert, daß keine Notwendigkeit mehr besteht, die allgemeinen Gesetze behutsam im einzelnen Beispiel darzulegen. Das »Wesen« scheint sich für Goethes Bewußtsein von der »Erscheinung« abzulösen, der Vers aus der ›Natürlichen Tochter‹:

Das Wesen, wär es, wenn es nicht erschiene?

die Geltung zu verlieren. Denn ohne zu erscheinen, abstrakt, verkündet es sich z. B. in dem Zyklus ›Gott, Gemüt und Welt‹ und andern gedankenlyrischen Stücken, die zu Beginn des Jahrhunderts unverkennbar tonangebend sind.

Derselbe Dichter aber, der so dem nahenden Alter den Zoll entrichtet, der das Tiefste gedacht, gewinnt in unerschöpfter Jugendlichkeit aufs neue das Lebendigste lieb. Und weil er der Erscheinung, um der Gottheit gewiß zu sein, nicht mehr bedarf, kann er sich jetzt gestatten, das Besondere kräftig herauszuarbeiten, ohne es immer auf die allgemeine Ordnung abzustimmen. So löst sich das Symbol in seine beiden Elemente auf. Das Allgemeine spricht sich unmittelbar als abstrakter Gedanke aus. Das Besondere wuchert in üppigem Wachstum über alle Gehege empor. An Goethes neuen Wortbildungen ließe sich das am deutlichsten zeigen. Hier genüge der Hinweis, daß sich so ein allegorischer Stil von einzigartiger Legitimität ausbildet. Die allegorische Dichtung kleidet einen Gedanken, eine Idee nachträglich in herrliche Gewänder. Wenn diese Nachträglichkeit sonst oft die Vermutung nahelegt, ein Denker bemühe sich ängstlich um Poesie, kann Goethe beiden Anforderungen mit ungebrochener Kraft genügen. Der Tiefsinn der ›Pandora‹ hält den denkenden Betrachter fest. Aber auch der Leser, der die Dichtung nicht gedanklich ausschöpft, weilt gebannt in ihrem Raum und ist ergriffen von der glänzenden, visionären Szenerie.

So herrscht hier denn dasselbe Verhältnis, das im Trimeter zwischen der souveränen metrischen Regelung und der Stärke der einzelnen Silben besteht. Der Trimeter Goethes bewährt sich als Vers der allegorischen Poesie, schon in ›Paläophron und Neoterpe‹ und wieder in der ›Pandora‹ und in den Helenaszenen des ›Faust‹. Die kürzeren Gebilde, die Joniker und Choriamben der ›Pandora‹, vermögen zwar, dank den vielen hart aufeinanderstoßenden Hebungssilben, die einzelne Vorstellung ebenso kräftig oder noch kräftiger auszuprägen, z. B. in Epimeleias Worten:

Das Geheg stürzt,
Und ein Wald schlägt
Mächtge Flamm auf.
Durch die Rauchglut
Siedet Balsam
Aus dem Harzbaum . . .

Aber diesen Gebilden fehlt der weite Raum, den das Auge des alten Goethe gelassen überblickt. Außerdem ist der Trimeter durch die Autorität der antiken Tragödie mehr als die anderen Maße empfohlen. So hat er sich in der späteren Dichtung am entschiedensten durchgesetzt.

Doch wieder dürfen wir uns nicht täuschen. Goethes Trimeter mögen in mancher Hinsicht an die Sprache des äschyleischen ›Agamemnon‹ erinnern. Metrisch unterscheiden sie sich noch mehr als die Hexameter und Distichen von dem antiken Vorbild. Auch ist die Bestimmung des Verses bei den griechischen Tragikern eine andere. Dort dient er nicht allegorischem Prunk, sondern einer oft kaptiösen Rhetorik und Fechterstreichen hitziger Logik.

Abermals also waltet jene segensreiche Täuschung, die schon die Blüte von Goethes Hexameter zeitigt. Der tiefste Grund des Dichterischen, der Rhythmus, verwandelt sich, da der Dichter die Schwelle des höheren Alters betritt. Der Verwandelte fühlt sich von einem ihm längst bekannten, aber bisher wenig beachteten Versmaß angesprochen und schätzt sich glücklich, in ältester Tradition eine neue Heimat zu finden. Er fühlt sich aber nur angesprochen, weil er den Vers schon anders hört, als ihn die griechische Zunge gebildet.

Vielleicht ist aber überhaupt kein anderes Verhältnis zur Geschichte möglich und sehen wir immer nur uns selber, wenn wir in ihren Spiegel sehen. Nachdem das Gespräch über die historische Wahrheit schon einige Jahrzehnte dauert, finden wir das kaum mehr seltsam. Doch seltsam ist, daß trotzdem niemand auf Tradition verzichten kann, daß sie uns dennoch nicht nur beglückt, sondern wunderbar fördert und erweitert. Möglich ist das nur, wenn die großen Werke des Menschen bereits die Keime der Verwandlung in sich tragen, Keime, welche die Sonne des Geistes späterer Geschlechter hochzieht. Der Wert des Überlieferten bemißt sich nach dieser Kraft zur Verwandlung. Nichts hat eine gewaltigere bewiesen als das Erbe der Antike.

Es ist in der deutschen Ästhetik üblich, unter dem Tragischen eine Art metaphysischer Krise zu verstehen, eine Kollision von Pflichten zum Beispiel, von Freiheit und Notwendigkeit, einen Bruch im Sinngefüge der Schöpfung, ein Verhängnis, das die widerspruchsvolle Beschaffenheit der Welt, des menschlichen Geistes offenbart und den Glauben an höchste Werte erschüttert. Ob eine Versöhnung auf höherer Stufe oder ein tödliches Irrsal als letztes Ziel in Aussicht genommen wird, ist eine Frage der terminologischen Zweckmäßigkeit, die uns in diesem Zusammenhang nicht beschäftigen soll. Genug, der Ausdruck »tragisch« bezeichnet meist ein objektives Verhältnis, eine besonders unheilvolle Konstellation von Gestalten und Mächten, die unabhängig von unserm Empfinden, an sich, als Möglichkeit immer besteht. Es ist heute dem Sprachgebrauch gemäß, den Begriff in diesem Sinne zu fassen. Die Philosophen werden ihn sich auch nicht mehr nehmen lassen wollen. Sie brauchen ein eigentümliches Wort für ein eigentümliches Phänomen.

Wenn aber nun nach diesem Begriff die Tragödie aller Zeiten und Völker gedeutet und beurteilt wird, so muß der Historiker Einspruch erheben. Er nimmt ihn als das, was er ist, als Schöpfung des deutschen Idealismus nämlich, die ihren Ursprung in den Problemen, die den jungen Schelling und Hegel beschäftigten, nicht verleugnen kann, sooft er auch abgewandelt und anderem Denken angepaßt worden ist. Und also wird er sich seiner nur mit der größten Behutsamkeit bedienen, sobald es sich darum handelt, Werke auszulegen, die früher und außerhalb Deutschlands »tragisch« genannt worden sind. Die griechische Tragödie[1] zum Beispiel, von der die Bezeichnung doch schließlich stammt, ist höchstens ausnahmsweise und wie aus Zufall tragisch in dem geschilderten Sinn. Bei den meisten Stücken gelingt es nur einer listigen, um den deutlich ausgeprägten Willen des Dichters unbekümmerten Dialektik, die tragische Rechnung zum Stimmen zu bringen[2]. Von Seneca,

[1] Vgl. Ernst Howald, Die griechische Tragödie, München und Berlin 1930. – Die vorliegenden Ausführungen über das Tragische bei und vor Schiller sind durch Howalds vorurteilsloses Buch in entscheidender Weise bestimmt.

[2] Vgl. insbesondere die Interpretation der Sophokleischen ›Antigone‹ durch Hegel in der ›Phänomenologie des Geistes‹ und im dritten Teil der ›Vorlesungen über Ästhetik‹. Schelling hat am meisten durch seine ›Philosophischen Briefe über Dogmatismus und Kritizismus‹ zur idealistischen Deutung des Tragischen beigetragen.

Shakespeare, den Spaniern und den Franzosen ist überhaupt nicht zu reden. Da hat man sich lange genug entweder die Sicht durch zähes Beharren auf der Idee des Tragischen verdorben oder den unangemessenen Begriff mit schlechtem Gewissen beiseite geschoben und klüglich verschwiegen, daß es Trauerspiele höchsten Ranges gibt, die nicht geeignet sind, ihn zu belegen.

Auch heute noch scheint es angebracht, auf diese Dinge hinzuweisen und Vorurteile beiseite zu schaffen. Es genügt aber keineswegs, zuzugeben, daß viele als Tragödien bezeichnete und als Meisterwerke anerkannte Dramen nicht »tragisch« verlaufen, sondern das Leben unter irgendwelchen andern Aspekten enthüllen; es gilt, darüber hinaus zu erkennen, daß die Darstellung des menschlichen Lebens jahrhundertelang überhaupt nicht die letzte Absicht der Tragiker war, sondern nichts als ein Mittel, um in der Masse der Hörer Leidenschaften aufzuregen und wieder auszugleichen. Der Übergang von dieser älteren Auffassung der Tragödie als einer Kunst, die Leidenschaften beschwört, zur neueren, wonach auch sie vor allem ein Bild des Lebens bieten soll, ist im Bereich des deutschen Schrifttums durch Gerstenbergs ›Briefe über Merkwürdigkeiten der Literatur‹ vom Jahre 1766 markiert[3]. Gerstenberg kommt auf Shakespeare zu sprechen und findet, die Deutschen seien seinem Schaffen noch nicht gerecht geworden:

Eine der vornehmsten Ursachen,

sagt er,

warum Shakespeare selten, vielleicht niemals aus dem rechten Gesichtspunkte beurteilt worden, ist ohne Zweifel der übel angewandte Begriff, den wir vom Drama der Griechen haben. Die wesentlichste Hauptabsicht einer griechischen Tragödie war, wie Sie wissen, Leidenschaften zu erregen, einer griechischen Komödie, menschliche Handlungen von einer Seite zu zeigen, von der sie zum Lachen reizten ... Ist dies wahr – ist die Erregung der Leidenschaften oder des Lachens die eigentliche Natur des griechischen Drama: gut! so werden Sie mir bald einräumen müssen, daß Shakespeares Tragödien keine Tragödien, seine Komödien keine Komödien sind, noch sein können. – Ich verlange nichts mehr.

»Wie nun? Shakespearen die Erregung der Leidenschaf-

[3] Vgl. Sturm und Drang, Kritische Schriften, Plan und Auswahl von Erich Loewenthal, Heidelberg 1949, S. 13f.

ten, die erste und wichtigste Eigenschaft eines Theater-Skribenten, streitig zu machen? Was bleibt ihm übrig?«

Der Mensch! die Welt! Alles! – Aber merken Sie sich, daß ich ihm die Erregung der Leidenschaften nicht streitig mache, sondern sie nur einer höhern Absicht unterordne, welche ich durch die Zeichnung der Sitten, durch die sorgfältige und treue Nachahmung wahrer und erdichteter Charaktere, durch das kühne und leicht entworfene Bild des idealischen und animalischen Lebens andeute. Weg mit der Klassifikation des Drama! Nennen Sie diese »plays« mit Wielanden oder mit der Gottschedischen Schule Haupt- und Staatsaktionen, mit den britischen Kunstrichtern »history, tragedy, tragicomedy, comedy«, wie Sie wollen: ich nenne sie lebendige Bilder der sittlichen Natur.

Ob diese Deutung Shakespeare angemessen sei, bleibe dahingestellt. Gerstenberg streitet ihm zwar die Erregung der Leidenschaften nicht völlig ab. Er nennt sie aber untergeordnet der höheren Absicht, das animalische und idealische Leben zu schildern. Ähnlich spricht der Wilhelm Meister der ›Theatralischen Sendung‹ von dem Augenblick an, da er Shakespeare kennt. Früher hat ihn besonders das Studium der Bühneneffekte interessiert. Jetzt ist allein von Charakteren und von der menschlichen Wahrheit die Rede.

Noch heute verhalten wir uns nicht anders. Wenn wir Tragödien würdigen sollen, so reden wir beiläufig von der Wirkung, ausführlich von den Charakteren und bis zur Erschöpfung vom Problem. Das mag bei Kleist oder Hebbel am Platz sein. Wir müssen aber auch wissen, wo es *nicht* am Platz ist. Wir müssen einsehen, daß eine solche Deutung von Dramen einer Epoche angehört, die den Sinn für eine gemeinschaftsbildende Kunst fast ganz verloren hat und mehr und mehr nur kühle Neugier für psychologische Sonderfälle und ungewöhnliche Lagen aufbringt.

Bevor die Wendung eintrat, die in Deutschland Gerstenbergs ›Briefe‹ anzeigen, lag es bei theoretischer Würdigung der Tragödie immer am nächsten, von Aristoteles auszugehen. Man mochte sich über die schwer verständlichen Sätze seiner Poetik streiten. Daß es sich um die παθήματα, die Leidenschaften des Publikums, handle, wurde kaum je ernstlich bezweifelt. In Theorie und Praxis des Barock herrschen Furcht und Bewunderung oder eher noch Schrecken und Staunen vor. Lessing wollte alles auf das Mitleid ausgerichtet sehen und ließ die Bewunderung nur als Ruhepunkt des Mitleids, die Furcht nur als das auf uns selbst bezogene Mitleid gelten[4].

Auch Schillers Tragödien gehören aber noch mehr zu der älteren Tradition, insofern wenigstens, als auch bei ihm der Wille, sich der Gefühle der Hörer in einer bestimmten Art zu bemeistern und affektive Wirkungen zu erzielen, ungleich mächtiger ist als der Wunsch, Gestalten zu schaffen und irgendwelche Probleme zu entwickeln. Die Ratlosigkeit der Schiller-Forschung dürfte darin begründet sein. Er gilt als geheimnisloser Dichter. Man ist sich mit Humboldt darüber einig, er gehe vom Gedanken aus und handle in allen Dingen bewußt. Dennoch will es nicht gelingen, allgemein überzeugende Deutungen seiner Werke durchzuführen. »Worte des Glaubens« nennt sie der eine; ein anderer entnimmt denselben Dramen ein Bekenntnis der tiefsten Verzweiflung und des Irrewerdens an Gott. Für beide Auslegungen eignen sich aber meist nur einzelne Szenen. Dann wird versichert, das übrige sei Rhetorik und falle nicht in Betracht, wenn es gelte, die Tragik herauszuarbeiten[5]. Noch öfter freilich wenden sich neuere Forscher entrüstet von Schiller ab und wagen es auszusprechen, daß er gar kein Dichter gewesen sei. Er war aber ein Theaterdichter. Er sah schon bei den ersten Entwürfen immer das Publikum vor sich und schrieb neben das Personenverzeichnis sogleich die Namen der Schauspieler, denen die einzelnen Rollen zugedacht waren[6]. Ja, ganze Szenen haben wir nur der Rücksicht auf das Personal und besondere Wünsche und Bedürfnisse seiner Weimarer Bühne zu danken[7]. Das ist mit neueren Ideen von der Würde der Dichtung schwer zu vereinen. Es ist aber dem Theater gemäß. Und richtiger als der Zweifel an Schiller wäre

[4] Vgl. dazu insbesondere Lessings Auseinandersetzung mit älteren Theorien, u. a. den Brief an Mendelssohn vom 18. Dezember 1756 und das 75. Stück der ›Hamburgischen Dramaturgie‹.

[5] Zur Schiller-Forschung vergleiche die schon im Titel die unangemessene Fragestellung bekundenden Arbeiten von: Robert Petsch, Freiheit und Notwendigkeit in Schillers Dramen, München 1905; G. Fricke, Der religiöse Sinn der Klassik Schillers, zum Verhältnis von Idealismus und Christentum, München 1927; T. A. Hohenstein, Schiller, die Metaphysik seiner Tragödie, Weimar 1927; H. Pongs, Schillers tragisches Weltbild, Marburg 1939. Benno von Wieses wertvolle Darstellung der ›Deutschen Tragödie von Lessing bis Hebbel‹, Hamburg 1948, ist auf die Idee der Theodizee ausgerichtet, kann also Schiller am wenigsten gerecht werden. Ganz außer Betracht bleibt der Dichter und Künstler Schiller (also doch wohl der eigentliche!) in Melitta Gerhards Buch ›Schiller‹, Bern 1950. Die Verwirrung erreicht ihren Gipfel in den Interpretationen des ›Demetrius‹; vgl. dazu die interessante Zusammenstellung bei: E. Lachmann, Die Natur des Demetrius, Limburg a. d. Lahn 1940.

[6] Friedrich Schiller, Sämtliche Werke, historisch-kritisch hrsg. von O. Güntter und G. Witkowski, Leipzig 1910/11 (im folgenden zit.: SSW), VIII, 228 und IX, 180, 195.

[7] Vgl. besonders die Entstehungsgeschichte des ›Tell‹.

der Zweifel an unserm Verständnis für elementare Theaterkunst. Wir wissen nicht mehr viel davon. Wir können auch keine Erfahrungen sammeln. Denn unsere Schauspieler wagen es kaum mehr, auf das Publikum loszugehen, und sind des pathetischen Stils nicht mächtig. Sie tun so, als wären wir gar nicht dabei. Sie erlauben nur objektive Betrachtung, also einen im wahrsten Sinne des Wortes nur »theoretischen« Anteil.

Schiller dagegen hat es noch mit den Affekten der lauschenden Menge zu tun, vor allem in seinen Jugendwerken, aber auch während der Freundschaft mit Goethe, obwohl oder vielmehr weil er sich da bemüht, den Menschen in Freiheit zu setzen und ihn am Ende dahin zu bringen, daß er sich über das Irdische in gelassener Anschauung erhebt. 1792 erklärt er in einer Studie über die tragische Kunst[8]:

> Der Zweck der Tragödie ist: *Rührung*, ihre Form: *Nachahmung* einer zum Leiden führenden Handlung.

Da steht noch Lessings Auslegung des aristotelischen Satzes nahe. Von »rührenden Situationen« ist auch in den nachgelassenen Entwürfen die Rede, meist dann, wenn eine bedrängte Schöne, ein leidendes Liebespaar auftritt. Max und Thekla im dritten Aufzug von ›Wallensteins Tod‹ sind Muster des Rührenden, wie es der spätere Schiller noch duldet. Er *duldet* es aber wirklich nur von dem Augenblick an, da er ernsthaft nach einer klassischen Form der Tragödie strebt. Und jene Formel von 1792 verliert ihre Gültigkeit. Gerade im Hinblick auf Max Piccolomini nämlich schreibt er an Körner, der diesem Jüngling besonders zugetan war:

> In deinem Urteil über den [Wallenstein] glaubte ich noch etwas zu sehr Stoffartiges zu bemerken, weil du mir auf den Max Piccolomini ein zu großes Gewicht legtest, ja voraussetztest, daß er in den ›Piccolomini‹ die Hauptperson vorstellen sollte, und den Wallenstein umdunklen.[9]

Der Ausdruck »etwas zu Stoffartiges« ist nicht ohne weiteres klar. Er spielt aber eine große Rolle in Schillers theoretischen Schriften sowohl wie in den Reflexionen, mit denen er gern sein Schaffen überwacht. An Goethe schreibt er am 6. Juli 1802:

> Auch zu Lauchstädt sind es also, wie Ihr Repertorium besagt, die Opern, die das Haus füllen. So herrscht das Stoff-

[8] SSW XVII, 250.
[9] An Körner 13. Juli 1800.

artige überall, und wer sich dem Theaterteufel einmal verschrieben hat, der muß sich auf dieses Organ verstehen.

In den Skizzen zum ›Demetrius‹ beginnt der Abschnitt ›Einzug in Moskau‹ mit den Worten:

> Die Hauptszene des Stückes in Rücksicht auf stoffartiges Interesse[10].

Es ist nicht leicht, die Wirkung Max Piccolominis auf Körner, die Vorherrschaft des Stoffartigen in den Opern zu Lauchstädt und den Effekt des Einzugs in Moskau auf einen gemeinsamen Nenner zu bringen. Hier hilft nun aber vielleicht der knappe Entwurf einer ›Agrippina‹ weiter, mit dem sich Schiller zur Zeit der ›Maria Stuart‹ beschäftigt haben dürfte[11]. Dieser Entwurf beginnt mit den Worten:

> Der Tod des Britannicus und der Tod der Agrippina geben beide den Stoff zu einer reinen Tragödie, und vorzüglich der letztere.
>
> In dem erstern ist vielleicht noch zuviel von einem stoffartigen Interesse und einem sentimentalischen Mitleid zu fürchten, da der Untergang der Agrippina mehr die tragische Furcht und das tragische Schrecken erregt.
>
> Agrippina ist ein Charakter, der nicht stoffartig interessiert, bei dem vielmehr die Kunst das Stoffartigwidrige erst überwinden muß. Rührt Agrippina, versteht sich, ohne ihren Charakter abzulegen, so geschieht es lediglich durch die Macht der Poesie und die tragische Kunst.
>
> Agrippina erleidet bloß ein verdientes Schicksal, und ihr Untergang durch die Hand ihres Sohnes ist ein Triumph der Nemesis. Aber die Gerechtigkeit ihres Falls verbessert nichts an der Tat des Nero; sie verdient, durch ihren Sohn zu fallen, aber es ist abscheulich, daß Nero sie ermordet. Unser Schrecken wird also hier durch kein weiches Gefühl geschwächt. Wir erschrecken zugleich über den Opferer und das Opfer. Eine leidende Antigone, Iphigenia, Kassandra, Andromacha usw. geben keine so reine Tragödie ab.

Britannicus, der Sohn des Kaisers Claudius und der Messalina, von Geburt am ehesten zum Nachfolger seines Vaters be-

[10] SSW VIII, 206.

[11] SSW IX, 153–157. – Die Datierung ist unsicher. ›Maria Stuart‹ steht dem ›Agrippina‹-Entwurf am nächsten nach Form und Inhalt. Vor allem hätte auch in der ›Agrippina‹ jene »Euripideische Methode« angewandt werden müssen, »welche in der vollständigsten Darstellung des Zustandes besteht« (Schiller an Goethe, 26. April 1799, über ›Maria Stuart‹).

stimmt, wurde von Agrippina beiseite geschoben und im Alter von vierzehn Jahren auf Neros Befehl vergiftet. Hier wäre also zu viel von einem stoffartigen Interesse und einem sentimentalischen Mitleid zu fürchten. Der schuldlose Knabe gewinnt unser Herz. Sein Unglück, seine Verlassenheit inmitten des schrecklichen Hofes rührt uns. Von Agrippina dagegen heißt es, daß sie nicht stoffartig interessiert. Agrippina, »Tochter eines Cäsars, Gemahlin eines Imperators und Mutter eines solchen, verbindet«, wie Schiller sagt, »die höchste weibliche Würde auf ihrem Haupt«. Ihrer ruchlosen Energie gelingt es, statt Britannicus Nero, den Sohn aus erster Ehe, zum Kaiser zu machen. In dem Augenblick, da die Tragödie einsetzt, ist ihre Macht aber schon gesunken.

> Sie hat ihren Einfluß auf ihn verloren und muß andere, statt ihrer, ihn beherrschen sehen. Dies ist ihr größtes Unglück, denn sie hatte ihm die Herrschaft mehr verschafft um ihretwillen als um seinetwillen, aber er ist ihr entschlüpft, weil sie ihre Regiersucht nicht zu mäßigen oder zu verbergen verstand. Jetzo büßt sie es teuer durch Verlassenheit und Verachtung. – Sie kann diesen Zustand nicht gelassen ertragen.
>
> Sie steht zuweilen auf dem Sprung, gegen ihren eignen Sohn zu konspirieren, und zuverlässig würde sie ihm einen Gegner wecken, wenn sich hoffen ließe, daß sie dadurch etwas gewänne. Aber im Augenblick des gekränkten Stolzes überlegt sie nicht einmal die Folgen; sie findet eine Befriedigung darin, ihm die Macht zu nehmen, die sie nicht mit ihm teilen soll. – Durch diese Gesinnung ist sie ein gefährlicher Charakter, kann wenigstens dem Nero so abgeschildert werden ...
>
> Sie hat sich fähig gezeigt zu jedem Verbrechen, da sie Ehebruch, Blutschande und Mord schon versuchte.

Selbst ihre scheußlichste Tat war Schiller wenigstens anzudeuten entschlossen:

> Agrippina macht einen Versuch, die Begierden des Nero zu erregen, so weit dies nämlich ohne Verletzung der tragischen Würde sich darstellen läßt.

Eine solche Heldin wird an sich gewiß kein Mitleid erregen, auch wenn sie zu Beginn der Tragödie »zurückgesetzt und verlassen« dasteht und am Ende auf Befehl ihres eigenen Sohnes ermordet wird. Ihre Geschichte ist aber prächtiger und reicher als die des Britannicus. Das scheint indes in diesem Fall das stoffartige Interesse nicht zu erhöhen. Das Wort bedeutet hier offenbar dasselbe wie »sentimentalisches Mitleid«, wie Schiller ja auch sonst synonyme Begriffe gern mit »und« verbindet[12]. Wieso aber kann es dasselbe bedeuten?

Schon an dieser Stelle müssen wir kurz auf das heikle Verhältnis Schillers zum »Leben«, zur »Welt«, zur »Natur« eingehen. Er ist dem Leben höchstens mit Wissen und Willen, keineswegs aber im Grunde seines Herzens freundlich gesinnt. Er kennt es nicht als Liebesheimat. Stärker als die Liebe sind in ihm das Mißtrauen und die Angst. Wallenstein spricht von den »tückischen Mächten« und von »des Lebens Fremde« sicher ganz im Sinne seines Schöpfers. Die »Angst des Irdischen«, »des Lebens schweres Traumbild«: solche Worte stehen an ausgezeichneter Stelle in einem seiner schönsten Gedichte. Die philosophischen Schriften nennen das ungestaltete Leben »Stoff«. Schiller liebt es nicht, vom Stoff berührt oder gar überwältigt zu werden. Er findet dies unter der Würde des Menschen. Im Mitleid aber sind wir weich und verlieren wir unsere Selbständigkeit. Darum heißt es schon in der Schrift ›Vom Erhabenen‹:

> Sobald wir ... objektiv die Vorstellung eines Leidens erhalten, so muß, vermöge des unveränderlichen Naturgesetzes der Sympathie, in uns selbst ein Nachgefühl dieses Leidens erfolgen. Dadurch machen wir es gleichsam zu dem unserigen. *Wir leiden mit* ... Wenn aber das Affekterregende (oder Pathetische) einen Grund des Erhabenen abgeben soll, so darf es nicht bis zum wirklichen *Selbstleiden* getrieben werden. Auch mitten im heftigsten Affekt müssen wir uns von dem selbstleidenden Subjekt *unterscheiden*, denn es ist um die Freiheit des Geistes geschehen, sobald die Täuschung sich in völlige Wahrheit verwandelt.
>
> Wird das Mitleiden zu einer solchen Lebhaftigkeit erhöht, daß wir uns mit dem Leidenden ernstlich verwechseln, so beherrschen wir den Affekt nicht mehr, sondern er beherrscht uns.[13]

Beherrscht zu werden ist unerträglich. Es gibt in Schiller kein Gefühl, das elementarer wäre als dieses. Ein Wille zur Macht, gewiß aber auch puritanische Reinlichkeit reden da mit. Welch

[12] SSW IX, 303 »notwendig und ungezwungen«; IX, 309 »dramatische Katastrophe und echt tragischer Ausgang«; IX, 329 »fatalste Wirkung und höchste tragische Furcht«.
[13] SSW XVII, 395.

einen Ekel bekundet zum Beispiel sein Urteil über die neuere Musik (womit wohl die Italiener gemeint sind):

> Alles *Schmelzende* wird daher vorgezogen, und wenn noch so großer Lärm in einem Konzertsaal ist, so wird plötzlich alles Ohr, wenn eine schmelzende Passage vorgetragen wird. Ein bis ins Tierische gehender Ausdruck der Sinnlichkeit erscheint dann gewöhnlich auf allen Gesichtern, die trunkenen Augen schwimmen, der offene Mund ist ganz Begierde, ein wollüstiges Zittern ergreift den ganzen Körper, der Atem ist schnell und schwach, kurz, alle Symptome der Berauschung stellen sich ein: zum deutlichen Beweise, daß die Sinne schwelgen, der Geist aber oder das Prinzip der Freiheit im Menschen der Gewalt des sinnlichen Eindrucks zum Raube wird.[14]

Auch hier erliegen die Hörer offenbar einem stoffartigen Interesse, demselben, das, nach dem Brief an Goethe zu schließen, die Opern in Lauchstädt erregen. Allerdings könnten in Opern auch dekorative Künste in Frage kommen. Dann würden wir wieder an den Einzug des Kronprätendenten in Moskau erinnert, die Szene im ›Demetrius‹, die am meisten stoffartig interessiert. Wir wissen nun aber, was dies bedeutet. Stoffartig nennt Schiller ein Interesse, das an den Stoff, die Wirklichkeit des Lebens, die Materie gebunden bleibt: das Interesse am Dasein und am Glück eines leidenden Menschen, das Mitleid – das Interesse an jener Empfindung, die schmelzende Musik einflößt –, das Interesse an schönen Gewändern, an Schmuck und Prunk und wehenden Fahnen: dies alles gehört für Schiller auf dieselbe niedrige Ebene des Daseins: Wir sind nicht frei; wir geben uns hin; Vergängliches überwältigt uns; wir werden in Irdisches einbezogen und hangen vom Zufall des Wirklichen ab.

Nun weiß der Dichter zwar gut genug, daß solche Bindungen unentbehrlich sind, wenn er das Publikum fesseln will. Schon der Brief an Goethe deutet es an: Wer sich dem Theaterteufel verschreibt, der muß sich auf dieses Organ verstehen, das heißt, er muß imstande sein, zu reizen, Mitleid zu wecken und sich empfänglichen Herzen einzuschmeicheln. Schiller selber fühlt sich von Versuchungen dieser Art nicht frei. In demselben Brief, in dem er Körners stoffartiges Interesse an Max Piccolomini rügt, gesteht er, daß er »übrigens selbst, von alten

[14] SSW XVII, 402.

Zeiten her, an solchen Stoffen hänge, die das Herz interessieren«. Vermutlich denkt er an den ›Don Carlos‹. Doch er gibt diesem Hang auch später noch nach, so in der ›Jungfrau von Orléans‹ und im ›Wilhelm Tell‹, wo er offen zugibt[15], er selber und das Publikum seien am Dasein, an der irdischen Existenz der Helden interessiert; die Lust am Kunstwerk sei hier also nicht ganz künstlerisch rein und frei. Meist aber geht er lieber von einem unsympathischen Helden aus und mildert erst im Verlauf der Arbeit das Widrige oder zeichnet so viel Sympathisches ein, als nötig scheint, um den Anteil des Publikums sicherzustellen. So hat er es im ›Wallenstein‹ und in der ›Maria Stuart‹ gehalten. Er kann dann getrost bis zum Äußersten gehen und so herzzerreißende Szenen dichten wie die Hinrichtung Marias. Er weiß, er behält sich fest in der Hand. Das Mitleid bemeistert ihn nicht. Im Gegenteil! Er ist's, der das Mitleid meistert und mit vollendeter Kunst dosiert. So muß auch die Wirkung kunstgemäß sein.

Immerhin scheint sich sein Gewissen selbst da noch nicht beruhigt zu haben. Er sinnt einer »reinen Tragödie« nach und glaubt den Stoff zu einer ganz reinen in Agrippina zu finden. Antigone, Iphigenia, Kassandra, Andromacha eignen sich nicht so gut, weil sie edle Unglückliche sind, an deren Existenz uns etwas liegt, deren Anblick uns abermals verleitet, die Frucht im Garten des Todes zu brechen und unser Herz der Wirklichkeit und ihrem Zufall auszuliefern. Wir zittern um Antigone. Um Agrippina zittern wir nicht. Sie ist ein Scheusal, eine Gestalt von ungeheurer Schrecklichkeit. Auch daß sie älter ist und uns kaum mit weiblichen Jugendreizen bestrickt, empfiehlt sie dem puritanischen Geist. Schiller spricht das zwar nicht aus. Man braucht aber seinen Entwurf nur mit Lohensteins ›Agrippina‹ zu vergleichen, um gleich zu erkennen, wo er hinaus will. Lohensteins Tragödie gipfelt in jenem Auftritt, den Tacitus im zweiten Kapitel des vierzehnten Buchs der ›Annalen‹ erzählt, der Szene also, wo Agrippina Nero, den eigenen Sohn, verführt. Die Lust als Werkzeug des Willens zur Macht, die Stickluft blutschänderischen Begehrens, die Schwaden schwüler Atmosphäre, die da die Bühne umnebeln, haben selbst im Barock nicht ihresgleichen. Auch Schiller will dieses Beispiel frevel-

[15] An Körner 13. Juli 1800, 5. Januar 1801; an W. v. Humboldt 2. April 1805. – Es ist kein Zweifel, daß der Abschnitt über die Zugeständnisse an die materiellen Forderungen der Welt auf den ›Tell‹ bezogen werden muß. Höchst charakteristisch ist sodann der Zusatz: »Anfangs gefällt es, den Herrscher zu machen über die Gemüter, aber welchem Herrscher begegnet es nicht, daß er auch wieder der Diener seiner Diener wird, um seine Herrschaft zu behaupten.«

haftesten Trachtens nicht entbehren. Er deutet es aber nur vorsichtig an.

»Es wird«, so sagt der Entwurf, »versteht sich, mehr erraten als ausgesprochen.«

Diese ganze barocke Dimension beschäftigt ihn also nicht. Er sieht die Verbrecherin, nicht das Weib. Ihr Anblick soll Furcht und Schrecken erregen.

Damit fällt das zweite Wort aus der aristotelischen Definition. Φόβος wird im Deutschen bald mit »Schrecken« und bald mit »Furcht« übersetzt. Barocke Theoretiker haben es vorgezogen, »Schrecken« zu sagen, dem eruptiven Charakter der barocken Bühnenkunst gemäß. Lessing bestand darauf, die einzige richtige Übersetzung sei »Furcht«[16]. Den Schrecken als Überraschung hätte er ein »armseliges Vergnügen« genannt. Schiller entscheidet sich diesmal nicht. Er setzt beide Begriffe nebeneinander, scheint also ebenso die plötzliche wie die langfristige Wirkung zu meinen. An andern Stellen freilich neigt er sich eher der Ansicht Lessings zu. In dem Entwurf zum ›Narbonne‹ heißt es:

> Es ist nur nötig, daß in der Exposition dem Zuschauer alles verraten werde, damit die Furcht immer herrsche.[17]

›Maria Stuart‹ ist ein Stoff von »tragischen Qualitäten«, weil man »die Katastrophe gleich in den ersten Szenen sieht und, indem die Handlung des Stücks sich davon wegzubewegen scheint, ihr immer näher und näher geführt wird. An der Furcht des Aristoteles fehlt es also nicht«. Ein sehr bezeichnender Zusatz folgt: »Und das Mitleid wird sich auch schon finden[18].« Es findet sich auch in der ›Agrippina‹. Die Heldin mag eine Verbrecherin sein; sie ist aber immerhin auch noch Mutter. So muß sie, wie Schiller an späterer Stelle des Entwurfs, vielleicht im Widerspruch zu den einleitenden Sätzen, erklärt, »nichts gegen den Nero tun, obgleich sie zu allem fähig wäre; diesen Grad der Unschuld muß sie ihm gegenüber und in diesem letzten Verhältnis haben, das erfordert das tragische Gesetz« – das tragische Gesetz, wonach der Dichter um ein gewisses Maß an Sympathie besorgt sein muß. Er gründet sie hier auf einen Instinkt, das heißt für ihn, eine physische Macht oder wenigstens ein »Moralisches, welches eine physische Macht

[16] Vgl. ›Hamburgische Dramaturgie‹, 48. und 74. Stück.
[17] SSW IX, 121.
[18] An Goethe 18. Juni 1799.

ausübt«. Es ist also eine sehr schmale Basis. Das Mitleid kommt, noch deutlicher als in ›Maria Stuart‹, erst später dazu und behauptet nur einen bescheidenen Platz.

Wo Schiller sonst den Ausdruck »tragisch« verwendet, bezieht er sich meist auf die Furcht. Es ist von »tragischem Effekt«[19], daß Narbonne, der Verbrecher, sich selbst das »Haupt der Gorgone« heraufholt, das heißt, um eines erlittenen Diebstahls willen die Polizei in Bewegung setzt, die dann seine eigene Schuld aufdeckt. In demselben Stück ist es »von tragischer Kraft, daß etwas Furchtbares, was man nicht erwartet, etwas noch viel Schlimmeres, als was man weiß, noch zurück ist und ans Licht kommt«. »Auf eine dramatische Katastrophe und einen echt tragischen Ausgang zu denken, wo Unglück und Größe vereinigt sind«, nimmt sich der Dichter in dem Entwurf zur ›Prinzessin von Celle‹ vor[20]. Endlich äußert er sich in einem Brief vom 28. November 1797 an Goethe so:

> Ich las in diesen Tagen die Shakespearischen Stücke, die den Krieg der zwei Rosen abhandeln, und bin nun nach Beendigung Richards III. mit einem wahren Erstaunen erfüllt. Es ist dieses letzte Stück eine der erhabensten Tragödien, die ich kenne, und ich wüßte in diesem Augenblick nicht, ob selbst ein Shakespearisches ihm den Rang streitig machen kann. Die großen Schicksale, angesponnen in den vorhergehenden Stücken, sind darin auf eine wahrhaft große Weise geendiget, und nach der erhabensten Idee stellen sie sich nebeneinander. Daß der Stoff schon alles Weichliche, Schmelzende, Weinerliche ausschließt, kommt dieser hohen Wirkung sehr zustatten, alles ist energisch darin und groß, nichts Gemeinmenschliches stört die rein ästhetische Rührung, und es ist gleichsam die reine Form des tragisch Furchtbaren, was man genießt. Eine hohe Nemesis wandelt durch das Stück, in allen Gestalten, man kommt nicht aus dieser Empfindung heraus von Anfang bis zu Ende.

Diese Stelle nähert sich am meisten dem ›Agrippina‹-Entwurf. Man hat sich durch Begriffe wie »Nemesis« und dergleichen verleiten lassen, zu meinen, Schiller verehre eine Vorsehung, die den Bösen bestraft, und sei bestrebt, in seinen Tragödien Zeugnis von diesem Gott zu erstatten. Nun ist es wahr, wie in dem Brief über ›Richard III.‹ und in der Skizze zur ›Agrip-

[19] SSW IX, 144.
[20] SSW IX, 309.

pina‹ weist Schiller auch im ›Wallenstein‹ auf die Nemesis hin und behauptet sogar, er spreche damit die Quintessenz des Dramas aus. Wann hätte er aber seit seiner Begegnung mit Kant im Ernst an dergleichen geglaubt? Ich erinnere an die ›Worte des Wahns‹, die 1799 entstanden sind:

Verscherzt ist dem Menschen des Lebens Frucht,
    Solang er die Schatten zu haschen sucht.

Solang er glaubt an die goldene Zeit,
    Wo das Rechte, das Gute wird siegen –
Das Rechte, das Gute führt ewig Streit,
    Nie wird der Feind ihm erliegen,
Und erstickst du ihn nicht in den Lüften frei,
    Stets wächst ihm die Kraft auf der Erde neu.

Solang er glaubt, daß das buhlende Glück
    Sich dem Edeln vereinigen werde –
Dem Schlechten folgt es mit Liebesblick,
    Nicht dem Guten gehöret die Erde ...

Es ist ein Wahn, zu meinen, der Gute werde belohnt und der Böse bestraft. Wenn Schiller dennoch in seinen Tragödien gerne das Walten der Nemesis darstellt, so deshalb, weil es am besten geeignet ist, tragische Furcht zu bewirken. Die tragische Furcht unterscheidet sich von einer gewöhnlichen Furcht durch ihr Ausmaß und eine tiefere Bedeutsamkeit. Das geht aus jeder Stelle hervor, wo Schiller sich des Worts bedient. Da fürchtet der Mensch sich nicht vor einem einzelnen Unglück oder Verhängnis. Er schaudert vor der Welt überhaupt, dem Reich des Irdischen, zurück. Insofern scheint sich Schiller freilich schon Kleist und Hebbel anzunähern. Es gehört zu den Selbstverständlichkeiten der immer noch Schelling verpflichteten deutschen Literaturwissenschaft, daß echte Tragik nicht auf einem vereinzelten Vorfall, sondern auf dem tiefsten Grunde der Schöpfung beruhe. Dennoch bleibt auch hier der prinzipielle Unterschied bestehen. Bei Kleist und Hebbel kommt es mehr als auf die Affekte des Lesers und Hörers auf eine *Erkenntnis* der Widersprüche und Paradoxien des Daseins an. Schiller wendet sich an das *Empfinden* des Publikums, einzig darum bemüht, es abzuschrecken und von dem Genuß der irdischen Speise zu entwöhnen. Es ist ihm gleichgültig, ob er die Wirkung mit sachlichen Argumenten, die er selber vertreten könnte, erzielt, oder ob sie mit Hilfe von populären Vorstellungen zustande kommt, die er längst als Denker erledigt hat. Dies einzusehen ist unerläßlich, wenn Schillers künstlerischem Willen endlich Gerechtigkeit widerfahren soll. In Zonen, die tiefer liegen als jene, in denen der Denker sich bewegt, scheint ihm das menschliche Leben verdächtig. Es kommt darauf an, den Verdacht zu verbreiten in einer Erziehung des Menschengeschlechts, die ihre Mittel der Stufe anpaßt, auf der sich die meisten Schüler befinden. Noch wichtiger aber als diese auch von dem reifen Schiller nie ganz preisgegebene pädagogische Absicht – freilich, wie sich zeigen wird, davon nicht abzulösen – sind die Anforderungen der tragischen Kunst. Der Dramatiker braucht die tragische Furcht, um dem tragischen Mitleid die Waage zu halten. Das Mitleid zieht uns unwiderstehlich in den Gang des Geschehens hinein; wir leiden mit; wir sind dabei; wir sind mit vergänglichem Stoff vermischt. Die Furcht aber schreckt uns wieder zurück. Wie jenes berückt, rückt diese ab. So schwebt das Kunstwerk in jenem bemessenen Abstand, der Mitte, die wir als klassisch anzuerkennen längst gewohnt sind. Was Goethe mit einer weisen Mischung bezaubernder Reize und distanzierender reiner Ordnung zustande bringt, erzielt der Tragiker Schiller, indem er Furcht und Mitleid ins Gleichgewicht setzt.

Ebenso wesentlich ist der Ausgleich, den Schiller mit einer klugen Gradation der Affekte zustande bringt. Hier weicht der Klassiker wohl am meisten von seinen Jugendwerken ab. In der ›Verschwörung des Fiesko zu Genua‹ lesen wir noch den Satz, der sicher nicht nur auf den Helden, sondern ebenso auf den Dichter und seine tragischen Intentionen zutrifft:

> Zerstücke den Donner in seine einfachen Silben, und du wirst Kinder damit in den Schlummer singen; schmelze sie zusammen in *einen* plötzlichen Schall, und der monarchische Laut wird den ewigen Himmel bewegen.[21]

Das ist φόβος als Schrecken im Stil des Barock. Ganz anders äußert sich Schiller in dem Aufsatz ›Über die tragische Kunst‹ vom Jahre 1792:

> Wenn der Anfänger den ganzen Donnerstrahl des Schrekkens und der Furcht auf einmal und furchtlos in die Gemüter schleudert, so gelangt jener [der reife Künstler] Schritt vor Schritt durch lauter kleine Schläge zum Ziel und durch-

[21] SSW IV, 253.

dringt eben dadurch die Seele *ganz*, daß er sie nur allmählich und gradweise rührte.[22]

Nicht nur durchdringt er damit die Seele ganz; er bewegt sie auch richtiger und mehr der Würde des Menschen gemäß. Denn, so führt der Aufsatz über die tragische Kunst des weiteren aus:

Die Gradation der Eindrücke weckt das selbsttätige Vermögen zum verhältnismäßigen Widerstand. Unaufhörlich muß dieses geschäftig sein, gegen den Zwang der Sinnlichkeit seine Freiheit zu behaupten, aber nicht früher als am Ende den Sieg erlangen, und noch weit weniger im Kampf unterliegen; sonst ist es im ersten Fall um das Leiden, im zweiten um die Tätigkeit getan, und nur die Vereinigung von beiden erweckt ja die Rührung. In der geschickten Führung dieses Kampfes beruht ja eben das große Geheimnis der tragischen Kunst; da zeigt sie sich in ihrem glänzendsten Lichte.

Es ist leicht zu erkennen, daß es hier abermals um das schwebende Gleichgewicht geht. Schiller redet zwar nicht mehr von dem, was uns berückt und was abrückt. Er stellt die Begriffe Sinnlichkeit und Selbsttätigkeit einander entgegen. Die Wirkung ist aber wieder dieselbe. Statt daß uns die Angst des Irdischen davor warnt, uns sympathisch mit dem leidenden Helden, dem Stoff zu vermischen, bekämpfen wir seine Verführungskünste mit überlegener Aktivität. Im Dichter bewährt sich diese so, daß er alle Empfindungen und Gefühle nach einem bewußten Kunstplan ordnet. Im Publikum wird sie angeregt, indem er es nötigt, mehr als auf den Gegenstand auf die »Verbindung der Mittel«, das heißt auf die Form von Dichtung zu achten[23].

Von allem, was Schiller über die Form in seinen Schriften geäußert hat, wird diese Erklärung: »Verbindung der Mittel« dem, was er meint, wohl am besten gerecht. Denn immer denkt er dabei zunächst an eine Kraft, über die er verfügt, ein Schalten und Walten nach eigenem Sinn, das »Handhaben«, wie es Goethe genannt und an seinem Freunde bewundert hat[24]. Ebenso könnte man auch sagen, die Form sei Hohlform

[22] SSW XVII, 245. – Bei den Zitaten aus dem Aufsatz ›Über die tragische Kunst‹ ist immer zu bedenken, daß die an Lessing erinnernde Berufung auf das Rührende – womit bald das Mitleiderregende, bald das Erschütternde gemeint ist – einige Verwirrung stiftet, die später dahinfällt.

[23] SSW XVII, 249.

[24] Zu Eckermann 18. Januar 1825.

in seiner Hand, ein Prägestock, dessen er sich bedient, um den Stoff zu modeln, wie er es will, und der ungeheuren Gefahr zu entgehen, seinerseits vom Stoff überwältigt und sich selber entrissen zu werden. Waltet die »Form« in diesem Sinne des Wortes, so bringt sie zuletzt die »Form« als geprägtes, geformtes Gebilde zustande.

Außer der Gradation der Affekte gehört dazu die Verwandlung des Rohmaterials in eine »tragische Fabel«[25]. Damit begegnet der Künstler dem stoffartigen Interesse, das die Fülle historischer Gestalten, fremder Länder und Menschen auf sich zieht. Wie er das Mitleid oft in einem gefährlichen Ausmaß gewähren läßt, um desto mehr gezwungen zu sein, die Furcht dagegen ins Feld zu führen, so wird er es wagen, den ganzen Reichtum vergänglicher Pracht und scheinbar unentwirrbare Schicksale vor den Augen des staunenden Publikums auszubreiten, um seiner Selbsttätigkeit einen desto gewaltigeren Triumph zu sichern. Was ist aber eine »tragische Fabel«?

Zunächst einmal gehört dazu, daß alles in Handlung verwandelt wird.

> Alle ... Vorstellungen müssen, wenn sie uns lebhaft rühren sollen, einen unmittelbaren Eindruck auf unsere Sinnlichkeit machen, und weil die erzählende Form jederzeit diesen Eindruck schwächt, durch eine gegenwärtige Handlung veranlaßt werden. Zur Vollständigkeit einer tragischen Schilderung gehört also eine Reihe einzelner versinnlichter Handlungen, welche sich zu der tragischen Handlung als zu einem Ganzen verbinden.[26]

Der Tragiker, der das Geschehen in Handlung umsetzt, steigert also die Sinnlichkeit noch und erhöht die stoffartige Wirkung, damit er zum vollen Einsatz seiner formenden Kraft gezwungen sei. Die formende Kraft betätigt sich, indem sie die Handlung organisiert. Die Organisation der Handlung rühmt Körner an ›Maria Stuart‹, und Schiller findet, er habe gerade damit das Wesentliche getroffen[27]. Er geht sogar so weit, zu erklären, den Dichter dürfe bei der Wahl des Helden nur die Erwägung leiten, ob es möglich sei, die Handlung allein von ihm ausgehen zu lassen oder auf ihn allein zu beziehen. Man sieht, er teilt die Ansicht nicht, es müsse durchaus ein tätiger

[25] An Goethe 2. Oktober 1797.
[26] SSW XVII, 243.
[27] An Körner 9. Juli 1800.

Held sein. Maria Stuart ist nicht aktiv; auch Agrippina wäre, wenigstens im Verlauf des entworfenen Dramas, zur Untätigkeit verurteilt gewesen. Doch was auch immer geschieht, muß auf die Person des Helden bezogen sein. Dann vereinigt sich alles, wie Körner sagt, »in einen einzigen Brennpunkt«.

Der ganz in Handlung verwandelte Stoff der Tragödie bedarf sodann eines Moments, der »so prägnant ist, daß alles, was zur Vollständigkeit derselben gehört, natürlich, ja in gewissem Sinne notwendig darin liegt, daraus hervorgeht. Es bleibt nichts Blindes darin, nach allen Seiten ist es geöffnet.«

Von dem prägnanten Moment ist in den Skizzen immer wieder die Rede. Oft genug klagt Schiller darüber, daß er ihn nicht zu finden vermöge. Ein so herrlicher Plan wie die ›Malteser‹ ist daran gescheitert[28]. Auch in dem Entwurf zur ›Agrippina‹ ist nichts zu entdecken, was einem tüchtigen punctum saliens ähnlich sähe. Schiller gelangt hier nicht einmal bis zur Erörterung dieses Problems. In ›Wallenstein‹ ist der prägnante Moment der Übergang vom Zögern zur Tat, in ›Maria Stuart‹ das Todesurteil, im ›Demetrius‹ die Enthüllung des Betrugs. Es läßt sich also nicht allgemein sagen, an welcher Stelle des Dramas der prägnante Moment eintreten muß. Genug, wenn alle Fäden der Handlung darin mit Kraft zusammengerafft sind. Dann bleibt »nichts Blindes« in dem Stück, das heißt, es gibt kein blindes Geleise. Alles und jedes führt irgendwohin und kommt irgendwoher und ist deutlich auf eine Mitte bezogen.

In demselben Brief an Goethe, der so den prägnanten Moment erklärt, teilt Schiller mit, es sei ihm gelungen, »die Handlung gleich vom Anfang in eine solche Präzipitation und Neigung zu bringen, daß sie in stetiger und beschleunigter Bewegung zu ihrem Ende eilt. Da der Hauptcharakter eigentlich retardierend ist, so tun die Umstände eigentlich alles zur Krise, und dies wird, wie ich denke, den tragischen Eindruck sehr erhöhen.«

Es handelt sich um den ›Wallenstein‹. Präzipitation und Neigung (zum Ende) werden meist so erzielt, daß der Held die Zukunft mit Taten herbeizwingt. Wallenstein schreckt vor Taten zurück, und dennoch neigt sich und stürzt das Geschehen unaufhaltsam dem Ausgang zu. Dies erhöht den tragischen Eindruck, weil es uns von dem Walten übermächtiger Fatalität überzeugt. Zugleich gewinnt der tragische

[28] An Körner 13. Mai 1801.

Dichter auf diese Weise sein rasches Tempo. Das Künftige wirkt wie ein Magnet, der alle Gegenwart an sich zieht. Soll der Magnet seine Kraft bewähren, so muß gezeigt werden, wie er wirkt. Wo er nicht in Entschlüssen des handelnden Helden sichtbar ist, muß der Dichter das Künftige anders antizipieren. In der ›Maria Stuart‹ geschieht es durch die Verkündigung des Todesurteils und wird unterstrichen durch den Umstand, daß wir im letzten Akt dasselbe Zimmer betreten wie im ersten: den Kerker der Königin und die Stätte, wo sie hingerichtet wird. Was Schiller von der ›Jungfrau von Orléans‹ sagt, gilt noch mehr von dem früheren Stück:

> Der letzte Akt . . . erklärt den ersten, und so beißt sich die Schlange in den Schwanz.[29]

In der ›Agrippina‹ sollte die Antizipation der Zukunft durch jenes Mittel bewerkstelligt werden, dessen die Alten sich so gern bedient, durch ein Orakel nämlich:

> Agrippina hat ein Orakel erhalten, daß ihr Sohn herrschen und sie töten würde. Damals war es ihr nur um ihren Zweck zu tun. Occidat dum imperet.

Unter dem Schatten der ungeheuren Weissagung steht Agrippina schon im ersten Aufzug da. Und wie es ihr im Verlauf der Handlung »noch einmal auf einen Augenblick« gelungen ist, »die Herrschaft über ihren Sohn« zu gewinnen, gerät sie in das Verhängnis, das von Anfang an feststand, indem sie Nero »schnell darauf dem Tode dahingibt«.

Auf diese Weise wird der Stoff zu einer Tragödie organisiert. Das Ergebnis der Organisation ist ein großes, doch übersichtliches Ganzes, das wir uns *vorzustellen* vermögen. Auf dieses »Vorstellen« kommt es an. Nur insofern nämlich, als wir vorstellen und nicht nur empfinden, bleiben wir frei. So steht es in dem Aufsatz ›Über den Grund des Vergnügens an tragischen Gegenständen‹:

> Frei aber nenne ich dasjenige Vergnügen, wobei die Gemütskräfte nach ihren eigenen Gesetzen affiziert werden, und wo die Empfindung durch eine Vorstellung erzeugt wird; im Gegensatz von dem physischen oder sinnlichen Vergnügen, wobei die Seele dem Mechanismus unterwürfig, nach fremden Gesetzen bewegt wird, und die Empfindung

[29] An Goethe 3. April 1801.

unmittelbar auf ihre physische Ursache erfolgt. Die sinnliche Lust ist die einzige, die vom Gebiet der schönen Kunst ausgeschlossen wird, und eine Geschicklichkeit, die sinnliche Lust zu erwecken, kann sich nie oder alsdann nur zur Kunst erheben, wenn die sinnlichen Eindrücke nach einem Kunstplan geordnet, verstärkt oder gemäßigt werden, und diese Planmäßigkeit durch die Vorstellung erkannt wird. Aber auch in diesem Fall wäre nur dasjenige an ihr *Kunst*, was der Gegenstand eines freien Vergnügens ist, nämlich der Geschmack in der Anordnung, der unsern Verstand ergötzt, nicht die physischen Reize selbst, die nur unsere Sinnlichkeit vergnügen.[30]

Mitleid, erotische Reize, die Lust an den wirren Verflechtungen der Geschichte: dies alles fällt unter die »Sinnlichkeit« und erweckt ein nur stoffartiges Interesse. Durch den Kunstplan aber wird unsere Selbsttätigkeit wiederhergestellt. Um es in Kantischer Sprache zu sagen: Wir werden nun nicht mehr bloß affiziert, sondern finden das Sinnliche den Gesetzen des menschlichen Geistes unterworfen. Es ist dem Dichter gelungen, die »sinnliche Welt, die sonst nur als ein roher Stoff auf uns lastet, als eine blinde Macht auf uns drückt, in eine objektive Ferne zu rücken, in ein freies Werk unseres Geistes zu verwandeln und das Materielle durch Ideen zu beherrschen[31].«

Der letzte Zusatz könnte befremden. Es ist noch nicht einzusehen, was die formale Bewältigung des historischen Stoffs mit Ideen zu schaffen haben soll. Hier aber wäre nun zu bedenken, wie Schiller sich überhaupt die Kantische Philosophie zurechtgelegt hat. Von Anfang an interessiert er sich nur für das Verhältnis von Herrschaft und Knechtschaft. Wo bin ich Herr? Wo bin ich Knecht? Knecht bin ich, wo Sinnliches mich bestrickt. Herr bin ich, wo ich dem Sinnlichen das Siegel des eigenen Geistes aufpräge. Die Ordnung des Stoffs unter Kategorien und unter den Regeln der tragischen Kunst steht deshalb für Schillers Wertgefühl grundsätzlich auf derselben Stufe wie die Beziehung des Stoffs auf Ideen. Hier wie dort beweise ich eine autonome Aktivität; und alle Aktivität entströmt dem Grund in mir, der nie vergeht, in dem ich des Ewigen teilhaftig bin.

[30] SSW XVII, 215f.
[31] SSW XX, 252.

Durch den Kunstplan also stellt der Dichter die Freiheit in der Erscheinung oder die Dauer im Wechselnden her. Ebenso stellt er sie her, indem er die Charaktere seiner Tragödien auf das bezieht, was er einzig in menschlichen Dingen als wandellos anerkennt, die anthropologischen Grundbegriffe nämlich, die er im Anschluß an Kants Vernunftkritik gewonnen hat. Nirgends bleibt auch der klassische Schiller so weit von Goethe entfernt wie hier. Wenn Goethe und Schiller »Dauer im Wechsel« oder »Einheit im Mannigfaltigen« sagten, meinten sie nicht dasselbe. Goethe meinte die Anschauung des Typus im Individuum. Schiller meinte die Subsumption des Einzelnen unter einen Begriff. Er kennt nicht viele solcher Begriffe, nur, wie er in einem der ersten Briefe an Goethe sagt, »eine etwas zahlreiche Familie«, die er »herzlich gern zu einer kleinen Welt erweitern möchte«[32]. Es ist eine Familie, in der Tat! Denn alle diese Begriffe stammen von einem einzigen Elternpaar ab, das je nachdem Vernunft und Sinnlichkeit, geistig und physisch, frei und unfrei, Form und Stoff oder ähnlich heißt. Abgeleitet sind etwa Begriffe wie Idealist und Realist, sentimentalisch und naiv. Das Sentimentalische gliedert sich wieder in satirisch und elegisch. Und so fort! Die Begriffe ergeben ein anthropologisches System von monumentaler Geschlossenheit.

Nimmt sich Schiller nun vor, eine »fremdartige und wilde Masse zu bewegen und eine ... dürre Staatsaktion in eine menschliche Handlung umzuschaffen«[33], so ordnet er jede Gestalt in dieses anthropologische Schema ein. Am besten ist es ihm wohl das erste Mal, im ›Wallenstein‹, geglückt, wo sich in Wallenstein und in Max der Realist und der Idealist in ganzer Größe entgegentreten. Es ist aber nicht gesagt, daß in jeder Tragödie irgendwo der höhere, freie Mensch erscheinen und die Autonomie verkörpern muß. Wer dies von Schiller erwartet oder behauptet, tut ihm wieder Unrecht und faßt ihn, wie Otto Ludwig und Nietzsche, als Moraltrompeter auf. Wir wissen, er hielt es im Gegenteil für gefährlich, moralische Helden zu schaffen, weil diese uns stoffartig interessieren, das heißt, weil wir ihre Wirklichkeit wünschen. So bedeutet es keineswegs eine Umkehr und eine späte Verzweiflung an Gott und den Menschen, wenn im ›Demetrius‹ kein Vertreter der Autonomie auftritt. Theoretisch erschien dies Schiller schon seit

[32] An Goethe 31. August 1794.
[33] An Körner 10. Juli 1797.

dem ›Wallenstein‹ als vorteilhaft, und nur aus »Schwäche« gab er im ›Tell‹ und in der ›Jungfrau von Orléans‹ nach und rückte die Tugend in die Mitte. Schon in der ›Maria Stuart‹ steht der einzige Shrewsbury tadellos da, am Rand des Geschehens, damit nur irgendwo nach einem gültigen Maß das Verderben beurteilt werden kann. Ähnliche Verhältnisse deutet die ›Agrippina‹-Skizze an:

> Die Tragödie hält sich also mehr innerhalb des physischen Kreises als des moralischen auf.

Und:

> Agrippina beschützt die gute Sache gegen den Nero, wie sie schon bei Britannicus getan hat. Dies gibt Gelegenheit, einen schönen Charakter einzuführen, ohne dem Geist des Ganzen zu widersprechen, denn dieser gestattet nicht, daß das Gute dem Bösen, sondern will, daß Böses dem Bösen entgegenstehe.

In diesem Sinne muß sogar Seneca »nicht zu seinem Vorteil« erscheinen und einen »zweideutigen Charakter« zeigen. Außer dem »schönen Charakter«, der mit Britannicus verbündet ist, steht nur noch Burrhus »mit Achtung« da, zwischen dem »Laster und der Tugend«, »ein fester Charakter, ein Weltmann und Krieger«.

Nun hat es aber mit der Bosheit wiederum eine eigene Bewandtnis, die zum Schluß herauszuarbeiten noch eine kleine Anstrengung fordert. Das Mitleid regt der Dichter mächtig auf, damit er der Furcht bedarf, um es wieder ins Gleichgewicht zu setzen. Die historischen Materialien häuft er an, um genötigt zu sein, die Kräfte des Geistes in vollem Umfang aufzubieten. Der Tragiker fordert den Feind heraus. Der Fürst dieser Welt hat offene Bahn. Es ist ihm erlaubt, seine Macht zu entfalten, damit zuletzt der Sieg der höheren Mächte um so rühmlicher sei. Ein rühmlicher, aber ein knapper Sieg ist das Höchste, was Schiller als Tragiker kennt. Denn wäre der Sieg nicht knapp, so stießen die überschüssigen Kräfte ins Leere. Die große Tragödie hält sich in einem Gefahrenbereich zwischen Erde und Himmel. In anderen Gattungen sucht der Dichter die Harmonie des Schönen zu wahren. Der Tragiker setzt sie ständig aufs Spiel und endet, im Erhabenen, mit einem düsteren Triumph des Dauernden über den Ansturm der Vergänglichkeit.

Dieses »Dauernde« nun hat Schiller immer wieder »die Freiheit« genannt. Der Mensch, der frei ist, wohnt außerhalb der Zeit und des Raums im Reich der Vernunft. Und umgekehrt: nur wer im Reich der Vernunft beheimatet ist, ist frei. So lehrt es die Ethik Kants, und diese Seite der Kantischen Ethik hat Schiller mit solcher Beredsamkeit verkündet, daß jeder sie gläubig hinnimmt und selten sich jemand eine Prüfung erlaubt. Was hat er nun aber, bei genauerem Zusehen, unter »Freiheit« verstanden? »Frei« hörten wir das Vergnügen nennen,

> wobei die Gemütskräfte nach ihren eigenen Gesetzen affiziert werden, und wo die Empfindung durch eine Vorstellung erzeugt wird; im Gegensatz von dem physischen oder sinnlichen Vergnügen, wobei die Seele dem Mechanismus unterwürfig, nach fremden Gesetzen bewegt wird.

In den ›Kalliasbriefen‹ wird »Freiheit« gleichbedeutend mit »durch sich selbst sein« gebraucht:

> Frei sein und durch sich selbst bestimmt sein, von innen heraus bestimmt sein, ist eins.[34]

In ›Anmut und Würde‹ ist einmal von einer Freiheit der rohen Materie die Rede: Der

> gänzliche Nachlaß der Selbsttätigkeit, der im Moment des sinnlichen Verlangens und noch mehr im Genuß zu erfolgen pflegt, setzt augenblicklich auch die rohe Materie in Freiheit, die durch das Gleichgewicht der tätigen und leidenden Kräfte bisher gebunden war.[35]

Ähnlich einige Zeilen später:

> Bei der Freiheit, welche die Sinnlichkeit *sich selbst nimmt*, ist an keine Schönheit zu denken.

Die Verwirrung steigert sich aber noch. Wieder in ›Anmut und Würde‹ werden die beiden Gerichtsbarkeiten erwähnt, auf die sich der Wille ausrichten kann, die der Natur und die der Vernunft:

> Als Naturkraft ist er gegen die eine wie gegen die andere frei; das heißt, er *muß* sich weder zu dieser noch zu jener

[34] SSW XVII, 258 und 268.
[35] SSW XVII, 343f.

schlagen. Er ist aber nicht frei als moralische Kraft, das heißt, er *soll* sich zu der vernünftigen schlagen. *Gebunden* ist er an keine, aber *verbunden* ist er dem Gesetz der Vernunft. Er gebraucht also seine Freiheit wirklich, wenn er gleich der Vernunft widersprechend handelt, aber er gebraucht sie *unwürdig*, weil er ungeachtet seiner Freiheit doch nur *innerhalb der Natur* stehenbleibt.[36]

Hier werden Freiheit als freie Wahl und Freiheit als vernünftiges Sein aufs seltsamste miteinander vermengt. In den ›Ästhetischen Briefen‹ hat Schiller diesen Doppelsinn einmal bemerkt. Der neunzehnte schließt mit der Anmerkung:

> Um aller Mißdeutung vorzubeugen, bemerke ich, daß, sooft hier von Freiheit die Rede ist, nicht diejenige gemeint ist, die dem Menschen, als Intelligenz betrachtet, notwendig zukommt und ihm weder gegeben noch genommen werden kann, sondern diejenige, welche sich auf seine gemischte Natur gründet. Dadurch, daß der Mensch überhaupt nur vernünftig handelt, beweist er eine Freiheit der ersten Art; dadurch, daß er in den Schranken des Stoffs vernünftig und unter den Gesetzen der Vernunft materiell handelt, beweist er eine Freiheit der zweiten Art. Man könnte die letztere schlechtweg durch eine natürliche Möglichkeit der ersteren erklären.[37]

Doch solche Berichtigungen sind selten. Je aufmerksamer man sich in Schillers philosophische Schriften vertieft, desto mehr befestigt sich die Erkenntnis, daß ihr Verfasser sich in den bedenklichsten Äquivokationen verstrickt und mit seiner imperatorischen Sprache sich selber und die Leser täuscht. Erklärlich sind solche Entgleisungen nur, wenn eigentlich etwas anderes in Frage steht, als was behauptet wird. Schiller behauptet, sich für die Freiheit im Sinne des allgemeingültigen, höheren, vernünftigen Daseins einzusetzen, für die Freiheit also, durch die sich der Mensch als Bürger des ewigen, wandellosen geistigen Reiches erweist. Tatsächlich ist es ihm aber um Freiheit im Sinne von schrankenloser Eigenmacht und Souveränität zu tun. Schon die Ideen von Größe und Herrschaft, die Karl Moor und Fiesko befeuern, gehören in diesen Zusammenhang. Kants Begriff der Autonomie eröffnete dann die

[36] SSW XVII, 354.
[37] SSW XVIII, 74.

Möglichkeit, die Freiheit moralisch zu interpretieren, das heißt, die Größe des Einzelnen, des mächtig emporgesteigerten Ich, in der Anerkennung der allgemeinen, ewigen Normen des Daseins zu finden – ähnlich wie Goethe im ›Tasso‹ erklärt, der wahrhaft sittliche Mensch vereinige, was ihm gefällt und was sich ziemt. Das ist die eigentlich klassische Wendung, der in der Kunst die Einigung von Regel und Spontaneität entspricht. Nun aber müssen wir uns doch fragen: Wieso ist Autonomie moralisch? Handelt denn immer gut und allgemeingültig, wer sich selbst bestimmt? Es ist eine spielverderberische, aber eine unumgängliche Frage. Denn allzu viele Stellen beweisen, daß es Schiller vor allen Dingen doch um die Selbstbestimmung, die Herrschaft über sich selbst und andere geht, die Tugend dagegen nur dazu dient, eine solche Herrschaft – auch vor dem eigenen Gewissen natürlich – zu sanktionieren. In der Schrift ›Über Anmut und Würde‹ findet sich der verräterische Abschnitt:

> Sooft also die Natur eine Forderung macht und den Willen durch die blinde Gewalt des Affekts überraschen will, kommt es diesem zu, ihr so lange Stillstand zu gebieten, bis die Vernunft gesprochen hat. Ob der Ausspruch der Vernunft *für* oder *gegen* das Interesse der Sinnlichkeit ausfallen werde, das ist, was er jetzt noch nicht wissen kann; eben deswegen aber muß er dieses Verfahren in jedem Affekt ohne Unterschied beobachten, und der Natur, in jedem Falle, wo sie der *anfangende* Teil ist, die unmittelbare Kausalität versagen. Dadurch allein, daß er die Gewalt der Begierde bricht, die mit Vorschnelligkeit ihrer Befriedigung zueilt und die Instanz des Willens lieber ganz vorbeigehen möchte, zeigt der Mensch seine Selbständigkeit, und beweist sich als ein moralisches Wesen, welches nie bloß begehren oder bloß verabscheuen, sondern seine Verabscheuung und Begierde jederzeit *wollen* muß.[38]

Mit solchen Worten könnte man aber auch einem Betrüger Bewunderung zollen. Denn auch der Betrüger bricht die unmittelbare blinde Gewalt der Affekte, hat sich selber ganz in der Hand und trägt ein gewolltes Wesen zur Schau. Er ist so »frei«, das heißt, er bestimmt so ganz sich selbst wie der Heros der Tugend. Tatsächlich hat sich Schiller auch sehr für solche Betrüger interessiert. Franz Moor, der Armenier im

[38] SSW XVII, 355.

›Geisterseher‹, Marquis Posa, der König Philipp im Dienste der guten Sache betrügt, Octavio Piccolomini, Mortimer, Narbonne, Warbeck, Demetrius – eine stattliche Reihe stellt sich dar. Und immer ruht Schillers Auge bezaubert auf diesen Virtuosen des Lebens, die ihrer selber mächtig und ohne Pause bewußt, energisch und wach sind.

In der Studie ›Vom Erhabenen‹ heißt es:

> Die ästhetische Kraft, womit uns das Erhabene der Gesinnung und Handlung ergreift, beruht also keineswegs auf dem Interesse der Vernunft, daß recht gehandelt *werde*, sondern auf dem Interesse der Einbildungskraft, daß recht handeln *möglich* sei, das heißt, daß keine Empfindung, wie mächtig sie auch sei, die Freiheit des Gemüts zu unterdrücken vermöge. Diese Möglichkeit liegt aber in jeder Äußerung von Freiheit und Willenskraft, und wo nur irgend der Dichter diese antrifft, da hat er einen zweckmäßigen Gegenstand für seine Darstellung gefunden. Für *sein* Interesse ist es eins, aus welcher Klasse von Charakteren, der schlimmen oder guten, er seine Helden nehmen will, da das nämliche Maß von Kraft, welche zum Guten nötig ist, sehr oft zur Konsequenz im Bösen erfordert werden kann.[39]

Es liest sich wie eine Beschwichtigung der erschrockenen deutschen Öffentlichkeit, wenn Schiller die Lust an der Kraft des Bösen – wie schon in der Vorrede zu den ›Räubern‹ – am Ende doch noch moralisch erklärt. Sich unmittelbar an ihr zu laben, war er Despot und Künstler genug. Wir hörten: ›Richard III.‹ hat ihn »mit einem wahren Erstaunen« erfüllt. Dieselben Qualitäten sind es, welche ihm Agrippina empfehlen. Wenn er den Plan nicht ausgeführt hat, so mochte, außer dem Mangel an einem prägnanten Moment, der niedrige Charakter des »habsüchtigen, wollüstigen, liederlichen« Nero daran schuld sein, dessen Bosheit der Größe entbehrt und gar nichts Begeisterndes an sich hat. Dagegen die finstere, mächtige Frau, die die Schwäche ihres Geschlechts überwindet, sich von den Banden der Sitte löst und das Urteil des römischen Volks in den Wind schlägt, um über die ganze Erde zu herrschen, unüberwindlich und unbegrenzt, und lieber untergeht, als daß sie auf ihre Macht verzichten würde: eine solche Gestalt auf die Bretter der deutschen Bühne zu stellen und durch sie die Größe des Menschen sowohl, die äußerste Selbstbestimmung

[39] SSW XVII, 423.

wie das Grauen der Welt zu offenbaren, das hätte ihn zweifellos gereizt und auf den Plan zu rufen vermocht.

Denn in dem Pathos der Selbstbestimmung, der Herrschaft über sich und andere[40], läßt sich alles zusammenfassen, was er als Künstler und Denker gewollt hat. Als Tragiker schaltete er mit Furcht und Mitleid, um die Gemüter der Masse nach seinem eigenen Willen zu lenken. Er fühlte die Angst des Irdischen, der Welt, die unsere Freiheit bedroht, wie immer die Angst als tiefster Grund des Willens zur Macht zu verstehen ist. Er organisierte mit einem Kunstplan die unübersichtliche Fülle des Lebens und drängte darauf, das vage Empfinden und schwächliche Schwanken von einem zum andern durch klare Vorstellungen zu meistern. Die Kantische Transzendenz jedoch, auf die man sein Schaffen vom ›Wallenstein‹ an noch immer allzu ausschließlich bezieht, war nur die höchste und festeste Burg, in der er sich unanfechtbar wußte, er, dem Knecht zu sein und sogar in Banden des Glücks und der Liebe sich selbst zu verlieren, der Übel größtes schien.

Entstellte Zitate

Wer so leichtsinnig ist, seine Äußerungen mit Zitaten zu schmücken, ohne den Wortlaut nachzuprüfen, läuft immer wieder Gefahr, von belesenen Hörern feinerer oder gröberer Irrtümer überführt zu werden. Das beste Gedächtnis trügt; man meint seiner Sache absolut sicher zu sein und starrt wohl gar ungläubig auf den endlich vorgewiesenen Text. Einige Beispiele sind bekannt. Der Rütlischwur wird meist zitiert:

> Wir wollen sein ein einig Volk von Brüdern.

Es heißt jedoch »ein einzig Volk«. Die »Milch der frommen Denkart« gerinnt zur »Milch der frommen Denkungsart«. Tassos berühmtes Wort erhält in freier Rede fast immer die Fassung:

> Und wenn der Mensch in seiner Qual verstummt,
> Gab mir ein Gott, zu sagen, was ich leide.

[40] Vgl. dazu auch die Worte über die Herrschaft, S. 122, Anm. 15.

Im Original dagegen steht:

Gab mir ein Gott, zu sagen, wie ich leide,

und erst in dem Motto zur ›Marienbader Elegie‹, Jahrzehnte später, hat Goethe sich selber in der heute üblichen Weise falsch zitiert.

Gewissenhafte Leute finden solche Fehlleistungen beschämend. Andererseits feiert der Kritiker in der Regel einen kleinen Triumph, in den sich Schadenfreude mischt. Und doch liegt für Triumph wie Scham im Grunde kaum ein Anlaß vor. Denn wenn wir uns umsehen, bemerken wir, daß in diesen Dingen fast nur Menschen ein gutes Gewissen haben, die von Beruf oder aus Natur zu peinlicher Treue genötigt sind: Gelehrte also und Pedanten. Dichter gehen mit Dichterworten, eigenen sowohl wie fremden, oft recht unbedenklich um, und ebenso das gesunde Volk, das alles modelt, wie es ihm paßt, Lieder zersingt und Sentenzen verdreht und nichts von textkritischer Treue weiß.

Warum aber werden Zitate verändert? Sind die Gedächtnisstörungen Zufall? Haben sie weiter nichts zu bedeuten? Wer die ›Psychopathologie des Alltagslebens‹ von Sigmund Freud kennt, wird kaum zu harmlosen Deutungen geneigt sein. Jeder Irrtum, jedes Versprechen meldet nach Freud etwas Unterbewußtes, Verdrängtes an, das die Psychoanalyse aufzudecken sich anheischig macht. Doch es ist hier nicht der Ort, auf diese und ähnliche Fragen einzutreten. Die Begriffe »unbewußt«, »unterbewußt«, »verdrängt« gehören jedenfalls nicht in eine Literaturwissenschaft, die sich ihrer Selbständigkeit versichert. Die Literaturwissenschaft kann nichts gewinnen, wenn sie sprachliche Äußerungen auf eine »Psyche« zurückführt, aus einem »seelischen Haushalt« erklärt. Sie hält sich an das Phänomen, das heißt in ihrem Fall an das, was in der Sprache selbst verlautet, und sucht nichts, was dahinter liegt und wesentlich nicht erscheinen kann. Die Einheit des sprachlich Verlautenden aber nennt sie – im weitesten Sinne – Stil. Der Stil eines Dichters ist das, worin sich alles, was er ausspricht, gleicht, woran der Leser ihn erkennt, er mag nun reden, wovon er will. Grundsätzlich hat jeder Mensch seinen Stil; und wenn er sich auch noch so sehr dem Durchschnitt anpaßt oder nach einem klassischen Kanon zu läutern versucht, gewisse, meist sehr schwer bestimmbare Eigenheiten bleiben bestehen.

Was nun die entstellten Zitate betrifft, so können wir nur

sagen: Sie werden mit mehr oder minder Erfolg in einen anderen Stil übersetzt. Wer zitiert, nimmt etwas auf, das ihm gemäß ist, das ihm gefällt. Doch keines Menschen Redeweise ist der eines anderen vollkommen gemäß. So setzt die Gedächtnisstörung ein. Das Zitat verwandelt sich unmerklich, bis es dem eigenen Denken, der eigenen Phantasie, zumal dem eigenen Rhythmus entspricht, bis es »sitzt« und der gewohnten Bewegung des Zitierenden kaum mehr widerstrebt. Es wird in Wahrheit *angeeignet;* und eben weil die Freude über das Einverständnis damit zunimmt, sind die Berichtigungen so störend. Man raubt uns gleichsam einen Freund, ficht unser Recht auf Liebe an und zeigt uns roh, daß auf Erden sich keiner ganz auf den andern berufen darf.

Wenn ein Zitat nur in den Alltagsstil übersetzt oder einem besonderen Bedürfnis angepaßt wird, ist unser Interesse gering. »Ein einig Volk von Brüdern«: Es ist leicht einzusehen, wie es dazu kommt. Die Einigkeit, die Schiller durch »ein einzig Volk von Brüdern« mit einer weiträumigeren Gebärde heraufbeschwört, wird schon im Adjektiv ausgesprochen, weil man das Ganze nicht gleich übersieht und meint, es sei ja selbstverständlich, daß wir Schweizer ein einziges Volk sind. Nun aber ist »Brüder« zu »einig« ein Pleonasmus; der Vers verliert seinen Schwung. – »Sagen, was ich leide« liegt näher als »wie ich leide«; doch »wie ich leide« ist schmerzlicher, ichbefangener gleichsam; es gibt die Art und den Grad des Leidens, jenes nur den Inhalt an. Wir halten uns hier nicht länger auf.

Erregender wird unser Problem, wenn ein Dichter Dichter zitiert. Solche Zitate werden der Stilkritik allzeit hochwillkommen sein. Denn jeder, der sich schon um die Charakteristik eines Stils bemüht hat, weiß, wie ungemein schwer es ist, das Eigentümliche zu beschreiben. Als Mittel bietet sich der Vergleich. Wir vergleichen Oden Hölderlins mit Oden Klopstocks und Platens, eine Landschaft Eichendorffs mit einer Landschaft Stifters, Wielands Satzbau mit dem Satzbau Goethes. Im Vergleichen lernen wir sehen und machen uns das Gefühl klar. Doch diese Methode leidet daran, daß oft Zweifel bestehen, inwiefern Vergleiche berechtigt sind. Wenn Goethe eine Feuersbrunst schildert, ist sein Satzbau anders als wenn er vom stillen Wachstum der Pflanzen erzählt. Was ist nun für Goethe repräsentativ? Offenbar läßt sich der Satzbau nicht vom Gegenstand lösen, und umgekehrt. Doch völlig einwandfrei dürfte man eigentlich nur an ein und demselben, von mehreren Künstlern erfaßten Gegenstand stilistische Unterschiede verzeichnen, wie etwa bei jenem Versuch, den Ludwig Richter erwähnt: daß einige Freunde dieselbe Landschaft zu malen beginnen und zu ihrem Erstaunen ganz verschiedene Bilder entstehen sehen. Dabei zählten sie noch alle zu derselben Malerschule. Sonst hätten sie sich vermutlich kaum zu diesem Experiment verstanden. Denn auch die Wahl des Gegenstandes gehört im Grunde bereits zum Stil. Seldwyla hat keinen Reiz für den, der eine Kleistische Sprache schreibt; Goethe ist nicht imstande Schillers Demetriusfragment zu vollenden. Wo bleibt da die Vergleichsbasis? Solche Fragen beirren die Stilkritik.

In den entstellten Zitaten nun liegt etwas vor, das Ähnliches leistet wie Ludwig Richters Experiment. Ein Dichter glaubt, dasselbe zu sagen, was ein anderer Dichter sagt. Aber genötigt von *seinem* Stil, verändert er mehr oder minder die Worte, und alles Unterscheidende tritt unzweideutig ins hellste Licht. Der Vergleich ist jedem Zweifel entrückt, und nur am Kritiker liegt es, ob er imstande ist, die Befunde zu deuten. Es liegt an ihm, zu zeigen, ob er für Nuancen empfindlich ist, ob er – die größte Schwierigkeit! – Nuancen in Worte zu fassen vermag. Was alles zum Stil gehört, von welchen Imponderabilien er bestimmt ist, das drängt sich hier unausweichlich auf und ruft ihm zu: Hic Rhodus, hic salta!

Verhältnismäßig leicht sind Fälle, in denen der Sinn verändert ist. Ich wähle ein Beispiel aus Heinrich von Kleist. In einem Brief an seine Braut erzählt er von Ewald Christian von Kleist, dem Dichter des ›Frühling‹, der in der Schlacht von Kunersdorf verwundet wurde und 1759 in Frankfurt starb. Als Ewald von Kleist einst krank zu Bett lag, habe ihn Gleim besucht und ihm zur Zerstreuung Gedichte vorgelesen, darunter die Ode an den Tod, die im Original mit den Worten schließt:

Tod, was willst du mit dem Mädchen?
Mit den Zähnen ohne Lippen
Kannst du es ja doch nicht küssen.[1]

Diese harmlosen Verse gibt Kleist in folgender Fassung wieder:

Was willst du mit ihr machen? Kannst du doch mit Zähnen ohne Lippen, wohl die Mädchen beißen, doch nicht küssen –.[2]

[1] Heinrich von Kleists Werke, hrsg. von E. Schmidt, V, 463.
[2] Ebd. 229.

Man sieht, er zitiert ganz auf ungefähr; nur der Trochäen entsinnt er sich noch; die Zeilenlänge ist ihm entfallen, wie er ja auch in seinen Dramen für Verslängen wenig empfindlich ist. Am meisten überrascht uns aber, daß sich schon hier, in einem Brief vom Jahre 1801, gegen den Text von Gleim die Beziehung von Küssen und Bissen aus der ›Penthesilea‹ von 1807 durchsetzt, der Gedanke, daß es unmöglich sei, die Geliebte durch den allzu konkreten Körper hindurch zu erreichen.

Mehr bietet das kleine Beispiel kaum. Ergiebiger ist folgende Stelle aus Hölderlins Brief an Boehlendorff vom Dezember 1801:

> O Freund! die Welt liegt heller vor mir, als sonst, und ernster. Ja! es gefällt mir, wie es zugeht, gefällt mir, wie wenn im Sommer »der alte heilige Vater mit gelassener Hand aus röthlichen Wolken seegnende Blize schüttelt«.[3]

Hölderlin zitiert sehr selten. Hier aber gebraucht er gar Worte Goethes, dem er sonst fremd gegenübersteht. Es ist zu erwarten, daß die Kluft sich nicht so leicht überbrücken lasse und manches umstilisiert worden sei. Die Goethe-Stelle stammt bekanntlich aus ›Grenzen der Menschheit‹ und lautet so:

> Wenn der uralte
> Heilige Vater
> Mit gelassener Hand
> Aus rollenden Wolken
> Segnende Blitze
> Über die Erde sät . . .

Hölderlin verändert zunächst »uralt« in »alt«. »Uralt« ist ein Gott, der wirklich alt, ehrwürdig ist, mit wallendem Bart, so wie ihn etwa Michelangelo dargestellt hat. In »der alte heilige Vater« *braucht* das wenigstens nicht zu liegen. Das kann auch heißen: der immer der alte, immer der gleiche heilige Gott ist. Und so entspricht es Hölderlins in den Hymnen bezeugtem, nicht durch christliche Kunst vermitteltem Bild von Gott, dem Hüter der »reinen Innigkeit«.

Goethes Lyrik charakterisiert die Häufung von Participia praesentis, in denen sich das ständige Werden, Wandeln und Umgestalten ausdrückt. So auch hier: »rollend« und »segnend«. Hölderlin ersetzt nun aber »rollende« durch »rötliche«

[3] HSW VI/1, 459.

Wolken. Im Zusammenhang der Dichtung von 1801 ist sicher nicht an Abendröte zu denken, sondern an das himmlische Feuer, das den Dichter bald, wie Apoll die Helden, vernichten wird. Das ganze Bild erhält damit ein heilig-schreckliches Kolorit, das nicht nur »kindliche Schauer« wie am Schluß von Goethes Strophe bewirkt. Endlich heißt es »schüttelt« statt »sät«. Wieder hat sich bei Hölderlin eine drohendere Vorstellung durchgesetzt. Wir müssen das Wort jedoch auch im Zusammenhang mit »segnend« erwägen. »Segnen« und »säen« zeugt beides von Güte. In »segnen« und »schütteln« ist eine gütige und eine zornige Bewegung vereint – wie in der Hymne aus dem Motivkreis der Titanen, wo der Donnerer fast den Himmel vergißt »im Zorn« und so die Erde erfrischt und reinigt, wie überhaupt das Gewitter für Hölderlin deshalb das auserkorene Zeichen des Himmlischen wurde, weil es das Heil im Entsetzlichen, Leben im Tod erzeugt und damit die Dauer des Göttlichen in den Wettern der Weltgeschichte verbürgt. Auch sonst bevorzugt Hölderlin die coincidentia oppositorum. Man denke nur etwa an den Vers: »Langsam eilt es und kämpft, das freudigschauernde Chaos[4]«, dessen kühner Paradoxie das Schütteln segnender Blitze ja kaum auf halbem Wege entgegenkommt. – Warum das »über die Erde« wegfiel, wage ich nicht zu entscheiden.

Hölderlin sowohl wie Kleist verändern in ihren Zitaten den Sinn, die Satzinhalte; auch wenn wir die Verse in Prosa übersetzen würden, blieben die Unterschiede bestehen. Doch es gibt nun Entstellungen feinerer Art, die den Satzinhalt unangetastet lassen, das Ganze aber in eine so völlig andere Beleuchtung rücken, daß dem Urtext eigentlich ein noch viel größeres Unrecht geschieht. Das sind Veränderungen im Rhythmus. Selbstverständlich muß jede Entstellung des Sinns zugleich den Rhythmus, obwohl nicht immer auch das Metrum, entstellen. »Rötliche Wolken« statt »rollende Wolken« zum Beispiel ändert am Metrum nichts. Der Rhythmus aber hat sich verwandelt, weil die Silben »rötliche« sich von »rollende« durch unnennbare Qualitäten des Klangs, der Schwere, der Tonhöhe unterscheiden. Wir haben nicht darauf geachtet, weil bei Hölderlin wie bei Kleist die Verse, schon dem Schriftbild nach, in Prosa aufgelöst erschienen und weil es mit den Mitteln, die uns heute zur Verfügung stehen, fast nicht möglich

[4] HSW II/1, 96.

ist, dergleichen Differenzen exakt zu erfassen. Überhaupt ist die Isolierung des Rhythmus die crux der Literaturwissenschaft. Wir wissen, daß nicht Bilder, nicht Gedanken oder Ideen es sind, die das Wesentliche eines Verses, seinen einzigartigen Wert ausmachen. Wir wissen, daß allein dem Rhythmus entscheidende Bedeutung zukommt. Was wäre etwa ›Wandrers Nachtlied‹ von Goethe, wenn es so begänne:

Ruhe ist über allen Gipfeln?

Von all dem Zauber bliebe uns nichts. Und selbst Verse, die wir um des Gedankens willen zu schätzen glauben, verlieren die überzeugende Kraft, sobald wir eine Umstellung wagen, die den Tonfall empfindlich stört: »Solang der Mensch strebt, irrt er«, »Der Gott ist nah, aber schwer zu fassen«. Man verzeihe die Barbarei, die aber wohl nötig ist, um alle rein ideelle Schätzung der Kunst in ihrem Selbstbetrug zu entlarven. Daß die *Entwicklung* eines Gedankens, sein Durchbruch in einem Drama zum Beispiel oder die Folge von Szenen selber wieder rhythmischen Sinn haben kann, braucht kaum hinzugefügt zu werden. Doch kein Gedanke an sich ist tief. Die Tiefe entstammt, wie Hofmannsthal gelegentlich sagt, allein dem Herzen. Und die Sprache des Herzens ist der Rhythmus.

Eben deshalb nimmt ihn zunächst auch nur das Herz untrüglich wahr, das heißt, um nicht mythologisch zu sprechen, jenes Organ des Menschen, das ein alle Tage bezeugtes, aber nicht in Worte zu fassendes unmittelbares Verstehen des Lebens erlaubt und Gründe weder braucht noch annimmt. Je nach dem Inhalt reden wir auch von Stimmung, Empfindung oder Gefühl. Gefühlsmäßig kann ich nun allerdings mit großem Anspruch auf Sicherheit sagen, dieser und jener Schauspieler rezitiere die Verse Schillers falsch, zu weich, zu skandiert, zu variabel, zu monoton. Aber wie kann ich es beweisen? Um es noch schärfer und bis ins praktisch ganz Unmögliche zuzuspitzen: Ich glaube zu wissen, daß nicht selten Dichterworte entstellt werden, weil man sie richtig bühnendeutsch ausspricht, zum Beispiel der Vers in Schillers ›Nänie‹:

Aber sie steigt aus dem Meer mit allen Töchtern des Nereus.
Und die Klage hebt an um den verherrlichten Sohn.

Hier stimmt sicher etwas rhythmisch nicht, obwohl das Distichon metrisch korrekt ist. Schiller hat zweifellos ausgesprochen:

Und die Klage hebt *aan* um den verherrlichten Sohn,

vermutlich noch mit leichter Nasalierung. Damit meine ich freilich nicht, daß es wünschenswert sei, Dialektfärbungen der Dichter nachzuahmen. Wo kämen wir da mit dem Frankfurter Deutsch und Schwäbisch unserer Klassiker hin? Die Rhythmusforschung muß sich auch solcher Probleme bewußt sein, einer Entstellung von Zitaten, die alltäglich, ja geboten, aber durchaus nicht so harmlos ist, wie es scheint. Denn in Fragen des Stils hängt das Geringste mit dem Größten zusammen, und falsch gelesene Verse können den Glauben an einen Dichter zerstören. Was überzeugend war, wird hohl; ein flammendes Wort entartet zur Phrase.

Ich habe gesagt, es sei uns nicht leicht möglich, den Rhythmus bestimmt zu erfassen. Sievers, Nohl, Rutz, Seckel haben nun freilich in dieser Hinsicht schon Erstaunliches geleistet. Aber noch immer fehlen uns jene exakten Methoden und Darstellungsmittel, deren sich etwa die Musikwissenschaft seit längerer Zeit bedient. Wir sind darum darauf angewiesen, den Rhythmus gleichsam zu überlisten, dort zu behaften, wo er sich einmal auf eine besondere Weise verrät. Da helfen uns wieder entstellte Zitate, zum Beispiel solche, in denen der Wandel im Rhythmus auch das Metrum verändert. Ich finde ein besonders günstiges Beispiel in Brentanos Märchen. Der Müller Radlauf erzählt, wie Frau Lureley vor sieben Jungfräulein mit »freundlicher Stimme« ein Lied beginnt:

Singet leise, leise, leise,
Singt ein flüsternd Wiegenlied,
Von dem Monde lernt die Weise,
Der so still am Himmel zieht.

Denn es schlummern in dem Rheine
Jetzt die lieben Kindlein klein,
Ameleya wacht alleine
Weinend in dem Mondenschein.

Singt ein Lied so süß gelinde,
Wie die Quellen auf den Kieseln,
Wie die Bienen um die Linde
Summen, murmeln, flüstern, rieseln.

Nun fährt das Jungfräulein Herzeleide fort:

Wer nie sein Brod in Tränen aß,
Wer nie die kummervollen Nächte ...[5]

Wer nicht weiß, wessen er sich bei Brentano zu versehen hat, fährt bei dieser Stelle gewiß erschrocken auf und fragt sich, was die Verse des Harfners aus Goethes ›Meister‹ hier sollen, die doch gar nicht »passen«, die sich im Munde eines Märchenfräuleins fast grotesk ausnehmen. Nun, Brentano hat sich auch sonst gelegentlich solche Kühnheiten erlaubt. Im selben Märchen steht der Satz:

Jetzt aber erhob sich ein Lüftlein und regte die Gipfel des Hains auf.[6]

Das ist ein leicht entstelltes Zitat aus Hölderlins Elegie ›Brod und Wein‹, wo die entsprechende Stelle lautet:

Jetzt auch kommet ein Wehn und regt die Gipfel des Hains auf.

Ein Klang wie aus einer anderen Welt! Brentano will aber nicht parodieren. Gerade bei Hölderlins ›Brod und Wein‹, das ihm als eines der herrlichsten und tröstlichsten Gedichte erschien, wäre er der erste, der sich jede Parodie verbäte. Es ist also wohl so, daß er solche Verse im Herzen bewegt und immer wieder zu seiner Erbauung wiederholt und daß er sie dann, wenn er selber dichtet, bewußt oder unbewußt, einfließen läßt. Bei der Hölderlin-Stelle möchte ich unbewußte oder halb bewußte Reminiszenz für wahrscheinlich halten. Wenn Herzeleide aber die ganze erste Strophe des Harfners hersagt, muß es sich um willentliches, nach unserem Bedünken verantwortungsloses Verwenden Goethescher Verse handeln. Die Situation ist hier ganz anders als in den bisher behandelten Fällen. Kleist zitiert, weil er etwas von Gleim und Ewald von Kleist erzählen will. Hölderlin beruft sich auf Goethe und macht dies durch Anführungszeichen deutlich. Brentano aber mischt die Strophe eines andern Dichters unter die Strophen seines eigenen Liedes. In älteren Zeiten, im Barock zum Beispiel oder im Mittelalter, wäre wenig dagegen zu sagen. Um 1800 jedoch, wo jeder Dichter sich als eine unverkennbare Individualität darstellt, muß ein solches Verfahren Anstoß erregen – nicht um der Eigentumsrechte willen, um die sich Verleger, aber nicht

[5] Clemens Brentanos Sämtliche Werke, hrsg. von C. Schüddekopf und H. Amelung, München und Leipzig 1909ff., XI, 234.
[6] Ebd. 199.

Literarhistoriker kümmern sollen – sondern weil zwei rhythmische Welten, zwei verschiedene Stile jetzt überhaupt durch nichts mehr vereinigt sind, weil Goethe, den wir als den Größeren ehren, zum Kleineren herabgezogen wird. Denn darüber dürfen wir uns nicht täuschen: Die Harfner-Strophe bleibt in ihrem tiefen Ernst ja nicht erhalten. Sie wird verflüchtigt, ja sie wird, um es strenger zu sagen, sentimental, wenn sie unmittelbar an die Verse vom Wiegenlied, von den Bienen und Kindlein anschließt. Wie anders kommen wir bei Goethe in das Gedicht hinein, wenn es heißt:

> In der verdrießlichen Unruhe, in der er sich befand, fiel ihm ein, den Alten aufzusuchen, durch dessen Harfe er die bösen Geister zu verscheuchen hoffte. Man wies ihn, als er nach dem Manne fragte, an ein schlechtes Wirtshaus in einem entfernten Winkel des Städtchens, und in demselben die Treppe hinauf bis auf den Boden, wo ihm der süße Harfenklang aus einer Kammer entgegen schallte. Es waren herzrührende klagende Töne, von einem traurigen ängstlichen Gesange begleitet. Wilhelm schlich an die Türe, und da der gute Alte eine Art von Phantasie vortrug, und wenige Strophen teils singend, teils rezitierend immer wiederholte, konnte der Horcher, nach einer kurzen Aufmerksamkeit, ungefähr folgendes verstehen:
>
> Wer nie sein Brot mit Tränen aß,
> Wer nie die kummervollen Nächte
> Auf seinem Bette weinend saß,
> Der kennt euch nicht, ihr himmlischen Mächte.[7]

Der Sinn ist derselbe, der Rhythmus aber ist dort der flüchtige Brentanos, hier der gründlichere Goethes.

Ich schließe eine Bemerkung über jene beliebten Scherze an, mit denen man Leute, die sich von Beruf auf Poesie verstehen sollten, aufs Glatteis zu locken versucht. Man legt ein unbekanntes Gedicht vor, ohne den Verfasser zu nennen, und freut sich diebisch, wenn der Geprüfte auf eine ganz falsche Fährte gerät. Bei längeren Gedichten mag der Irrtum unverzeihlich sein. Doch wenn nur wenige Zeilen vorliegen, geht die Zumutung an das Stilgefühl doch wohl etwas zu weit. Denn auch der Rhythmus braucht einigen Raum, um unzweideutig fühlbar zu werden. Wenn man uns also von vornherein sagt, ein

[7] Wilhelm Meisters Lehrjahre, 2. Buch, 13. Kapitel.

Gedicht sei von Goethe, von Klopstock, von Fleming, so flößt man uns nicht nur Achtung vor dem großen Namen ein, sondern gibt uns zugleich eine rhythmische Anleitung, die das Verstehen – im umfassendsten Sinne des Worts – um vieles erleichtert.

Doch immer noch könnten Ungläubige sagen, die Goethestrophe Brentanos klinge ganz gleich wie die Goethestrophe im ›Meister‹; was ausgeführt wurde, sei Einbildung. Hier widerlegt nun alle Zweifel der dritte Vers in Brentanos Fassung. Herzeleide fährt nämlich fort:

Wer nie die kummervollen Nächte
Weinend auf seinem Bette saß ...

»Weinend« ist an den Anfang gestellt, so, daß es dem Metrum widerstrebt, daß die erste Silbe, die eine Senkung sein sollte, als Hebung erscheint. Dadurch wird das Weinen in einer ziemlich empfindsamen Weise betont, wie ja immer Silben in gegenmetrischer Stellung nicht etwa verflüchtigt, sondern herausgetrieben werden. So wirkt (in jambischem Tonfall) das »Du« gewiß viel stärker, wenn es heißt: »*Du* hast's getan?«, als wenn es sich in »Hast *Du's* getan?« dem Versmaß einfügt. Doch davon abgesehen: Man kann die Strophe jetzt überhaupt nicht mehr mit jener tragischen Ruhe lesen, mit der sie sich bei Goethe aufdrängt. Sie ist empfindsamer, aber zugleich viel unverbindlicher, flüchtiger. Der Schmerz, den Herzeleide fühlt, mag im Augenblick vielleicht heftiger sein als der des Harfners. Er ist aber sicher nicht so tief begründet und wird viel schneller wieder vorübergehn. Das zeigt sich gleich in der folgenden Strophe. Wenn der Harfner weiter singt:

Ihr führt ins Leben uns hinein,
Ihr laßt den Armen schuldig werden,
Dann überlaßt ihr ihn der Pein;
Denn alle Schuld rächt sich auf Erden,

so erweitert er seinen persönlichen Schmerz zu einer Betrachtung des Weltgeschicks. Herzeleide aber singt:

Wer einsam nie am Strome ging,
Wer nie wie die trauernde Weide
Sein Haupt zum Spiegel niederhing,
Der weiß noch nichts vom schweren Herzeleide.

Damit ist der Schmerz zum schwelgerischen Selbstgenuß geworden, der nur den Gleichgestimmten angeht, doch nichts von der ewigen Beschaffenheit der Welt erfährt. Brentanos wunderbarer, aber flüchtiger Zauber der einzelnen Stimmung und Goethes minder zauberisches, gelasseneres und umsichtiges Wesen, zwei Stile also, zwei Arten des Schauens und Denkens heben sich deutlich ab. Und wir sehen mit seltener Deutlichkeit, wie all dies schon im Rhythmus begründet ist und aus dem Rhythmus sich im Aufgang eines schöpferischen Lebens mit strenger Konsequenz entfaltet.

Es bleibt hier zweifelhaft, ob Brentano den dritten Vers mit Wissen entstellt oder ob er sich falsch erinnert hat. Wohl möglich, daß er verbessern wollte. Ich möchte aber doch eher auch hier an eine Gedächtnisstörung glauben. Doch auch bewußtes Entstellen von Zitaten wäre noch zu bedenken. Das mag psychologisch minder interessant sein; stilkritisch zeigt sich hier kein prinzipieller Unterschied, deshalb nicht, weil gerade die reinste künstlerische Absicht aus demselben Zentrum und in der gleichen Richtung wirkt wie das unbewußte Verändern. Einige Lieder aus ›Des Knaben Wunderhorn‹ sind bekannte Fälle. Recht und Sinn der Umstilisierung haben Brentano und Arnim einerseits und die Brüder Grimm auf der Gegenseite ausführlich diskutiert. Ich ziehe ein anderes Beispiel – aus Arnims ›Halle und Jerusalem‹ – vor.

Der erste Teil dieser Dichtung, ›Halle‹, baut auf dem Trauerspiel von Gryphius, ›Cardenio und Celinde‹, auf und könnte im ganzen als Probe einer – allerdings höchst radikalen – Neuschöpfung gewürdigt werden. Wir setzen uns ein bescheideneres Ziel und wählen die Stelle im zweiten Akt, wo Viren seiner Schwester Olympie Stücke aus dem »Reyen« im dritten Akt von Gryphius' Tragödie rezitiert. Arnim hat die Handlung ja in seine Zeit verlegt, und nun wird das Chorlied eingeführt mit den Worten:

> Hör' einmal aufmerksam die Verse des alten Gryphius, da ist kein neuer Wortprunk, nein, da ist die Wahrheit, und sie paßt auf dich vollkommen.

Unter dieser Voraussetzung wäre an sich keine Umstilisierung nötig. Im Gegenteil! Das Archaische sollte vom Zeitgenössischen scharf getrennt sein. Dennoch hat sich Arnim zu einigen wohlüberlegten Eingriffen entschlossen. Die Situation des »Reyens« ist die: Die »Zeit« tritt auf und verlangt vom Menschen, daß er sich eine Gefährtin suche. Sie führt den Frühling, Sommer und Herbst vor; der Mensch aber zaudert immer noch und meint, das Beste komme zuletzt, bis er schließlich mit dem Winter vermählt wird. Weil bei Arnim Viren seine Schwester Olympie zur Wahl eines Gatten drängt, wird aus der »Mitgefährtin« bei Gryphius zunächst ein »Mitgefährte« gemacht und entsprechend jedesmal das Maskulinum eingesetzt. Das hat aber keine ernsteren Folgen. Wichtig sind nur die Änderungen in der Strophe, mit welcher der Mensch den Frühling begrüßt, und in den Worten, mit denen die Zeit ihn dem Winter vermählt. Die erstere lautet bei Gryphius:

Du wunder-schönes Bild. Du Himmel-hohe Zir!
Komst du auff Erden mich zu grüßen?
Ach! möcht ich stets mich umb dich wissen!
Die Schönheit selbst ist blöd und ungestalt vor dir.
Was sind die Liljen noth? Worzu der Rosen Pracht?
Dein Rosen-frisches Angesichte
Macht aller Blumen Schmuck zu nichte.
So gläntzt das Morgen-roth / wenn es den Tag anlacht.
Ihr zarten Glider ihr / ihr Gold-gefärbten Haar
Seyd starck mein Hertze zu bestricken.
Das über euch / als im entzücken
Nicht fühlt worinn es schweb' in Lust ob in Gefahr.[8]

Viren bei Arnim liest nicht den ganzen Reyen des Originaltexts vor. Auch diese Strophe wird gekürzt. Die Kürzung aber verändert auf verblüffende Art den ganzen Charakter. Nun lesen wir nämlich folgende Verse:

Kommst du auf Erden, mich zu grüßen,
Ach möcht' ich stets mich um dich wissen,
Du rosenfrisches Angesicht; ihr goldnen Haar'
Seid stark, mein Herze zu bestricken,
Das über euch, als im Entzücken,
Nicht weiß, worin es schwebt, in Lust, ob in Gefahr.[9]

Vielleicht gelingt es, Arnims Erwägungen überzeugend zu rekonstruieren. Offenbar hat ihm die gerade im Barock so beliebte negative Form des Lobes mißfallen, die bloß gedachte, nach neuerem Empfinden kalt-rhetorische Hyperbel:

Die Schönheit selbst ist blöd und ungestalt vor dir.
Was sind die Liljen noth? Worzu der Rosen Pracht?

[8] Das schlesische Kunstdrama, hrsg. von W. Flemming, Leipzig 1930, S. 109ff.
[9] Arnims Werke, hrsg. von Monty Jacobs, Leipzig 1908, III, 61.

und:

Macht aller Blumen Schmuck zu nichte.

Zumal als an die allegorische Gestalt des Frühlings gerichtet, sind solche Worte für jeden befremdlich, der die Bedeutung der Negation im Stil des 17. Jahrhunderts nicht kennt. Fielen jedoch diese Verse weg, so mußten auch die Reimzeilen fallen:

Du wunder-schönes Bild. Du Himmel-hohe Zir!

So gläntzt das Morgen-roth / wenn es den Tag anlacht,

von denen zumal die zweite Arnim an sich wohl willkommen gewesen wäre. »Dein Rosen-frisches Angesichte« dagegen, das bei Gryphius auf »zu nichte« reimt, tritt an die Stelle von »Ihr zarten Glider ihr« und bildet mit »ihr goldnen Haar'« den Vers, der dem letzten Vers respondiert. »Ihr goldnen« schreibt Arnim statt »Gold-gefärbten«, weil er die beiden Silben, um die nun die erste Hälfte des Verses zu lang ist, am Ende wieder einbringen will, zugleich aber auch, weil ihn das »Gold-gefärbt« befremdet haben dürfte. Gryphius will zwar damit nicht sagen, die Haare seien künstlich gefärbt. Aber ein mehr mechanisches Machen ist dennoch damit angedeutet, wie es dem barocken Begriff der Natur – man denke an Descartes! – entspricht; alle Qualitäten werden in Quantitäten umgesetzt, und so erscheint auch das Gold als Farbe, die zu dem Haar an sich dazukommt. »Ihr goldnen Haar'« dagegen, das ist Natur in einem moderneren Sinn.

Obwohl nun aber Arnim die Silbenzahl des viertletzten Verses der des letzten angeglichen hat, ist etwas vernachlässigt, das für Gryphius unentbehrlich war: die Zäsur.

Du rosenfrisches Angesicht; ihr goldnen Haar',

diesem Vers fehlt die Mittelachse. Und damit ist die ganze Starre der barocken Metrik gebrochen. Arnim gerät nun in eine liebeselige, hingebungsvolle Bewegung; ein Werben wird hörbar in seinen Versen, etwas Bestrickendes, das bei Gryphius unter keinen Umständen unmittelbar zur Sprache werden könnte. Denn im Barock ist alles »esse« durch ein »cogitare« vermittelt, alle Leidenschaft reflektiert, und nicht aus Unvermögen, nein! die Reflexion ist der Triumph des Geistes über das Äußere, zu dem auch die Passionen gehören, die Sicherung des Ich gegen alles, was es von außen bedrohen mag.

Das romantische Sein, das auf Hingabe drängt, ist dem so genau entgegengesetzt, daß Arnims Neigung zum Dichter von ›Cardenio und Celinde‹ fast rätselhaft wird.

Die letzte Strophe ist minder entstellt, verdient aber dennoch unsere Beachtung.

Gryphius:

Die ists / die du haben must;
Weil der andern dreyen keine
Würdig deiner wilden Lust.
Zage / schrey / lach' / oder weine.
Da die frische Jugend nicht /
Nicht der vollen Jahre Blum /
Nicht ein blödes Angesicht /
Tüchtig dir zum Eigenthum.
So nim / wofern du nicht wilst gantz verloren seyn,
Was noch das Alter läst / statt aller Güter ein.[10]

Arnim:

Der ist's, den du haben mußt,
Weil der andern dreien keiner
Würdig deiner stolzen Lust.
Zage, schreie, lache oder weine,
Da die frische Jugend nicht,
Nicht der vollen Jahre Blume,
Nicht der Früchte herbstlich Licht
Tüchtig dir zum Eigentume,
So nimm, wofern du nicht willst ganz verloren sein,
Was noch das Alter läßt, statt aller Schönheit ein.

»Stolze Lust« statt »wilde Lust«. Die »wilde Lust« bei Gryphius meint, um es deutlich zu sagen, die »Sinnenbrunst«, als die er im Grunde alle Liebe zu vergänglichen Dingen verurteilt. Dergleichen will Arnim nicht aufkommen lassen. Er braucht ein Adjektiv, das die Vorstellung von begeisternder Jugend weckt. Auch das »blöde Angesicht« ist ersetzt. Der Mensch hat beim Anblick des Herbstes erklärt, er sei zwar reich an Schätzen, aber die Wangen seien »fast erblichen«. An die-

[10] Im Nachdruck W. Flemmings findet sich hier (Zeile 5) der Fehler: »Da frische Jugend nicht.« In der Originalausgabe von 1663, die Arnim vorgelegen haben dürfte, steht die hier wiedergegebene, metrisch einzig mögliche Lesart.

sen wählerischen Tadel erinnert die Zeit bei Gryphius. Arnim zieht es vor, noch einmal den Reichtum des Herbstes zu erwähnen, und spricht von »der Früchte herbstlichem Licht«, womit er nun freilich die Jahreszeit in einem so holden Zauber zeigt, wie ihn der allem Irdischen gegenüber mißtrauische Gryphius niemals beschwören könnte und wollte. So ist auch »Güter« nüchterner, sachlicher als das magische Wort »Schönheit«, das Arnim am Ende noch einmal anbringt.

In dieselbe Richtung weisen die kleinen metrischen Änderungen. »Blume«, »Eigentume« statt »Blum« und »Eigentum« ist nachgiebiger, weicher, weiblicher, wie man im Hinblick auf die weibliche Endung und auf den weiblichen Zug der Romantik sagen möchte.

Typisch barock erscheint uns die Zeile:

Zage / schrey / lach' / oder weine.

Das »lach'« in der Senkung geht uns schwer ein. Es wirkt aber nicht als metrische Freiheit, viel eher peinlich regelhaft, wie etwa die Senkungen in dem Vers:

Nichts schickt sich, dünkt mich, nichts baß (Opitz).

Ein starres metrisches Dogma behauptet sich jenseits alles natürlichen Sprechens, obgleich sich der Vers den barocken, auf Sprachgemäßheit bedachten Vorschriften fügt. Doch Regeln wie die von Opitz und Buchner werden, wie sie buchstäblich gemeint sind, auch immer nur buchstäblich befolgt. Und nicht aus Mangel an Begabung, sondern weil es gerade so dem Geist des 17. Jahrhunderts entspricht, der alles Unmittelbare verschmäht und dem bewußten Machen nach objektiven Gesetzen den Vorzug gibt. Die äußerlich gültige Regel des Verses bedeutet das gleiche wie die Vermittlung der Leidenschaft durch Reflexion, die angstvolle Sicherung des Bewußtseins gegen die Willkür der dumpfen Natur. Arnim läßt sich darauf nicht ein. Er bildet die Zeile:

Zage, schreie, lache oder weine,

einen gleichgültigen Vers, der eben recht ist, wenn er nicht auffällt.

An diesen Beispielen sei es genug. Es wäre übertrieben, zu sagen, sie ließen sich beliebig vermehren. So häufig sind Zitate, und zumal entstellte Zitate, doch nicht. Auch wenn ein Dichter noch falsch zitiert, liest man in kritischen Ausgaben häufig wieder den bereinigten Text. Die gewissenhaften Herausgeber leisten uns damit keinen willkommenen Dienst. Wir wollen indes auch nicht zu weit gehen. Denn schließlich sind es doch mehr nur Proben aufs Exempel, die hier gelingen. Man muß schon manches von Brentano, Goethe, Arnim und Gryphius wissen, um mit Zitaten umgehen zu können. Dann freilich, wenn wir bereits im Bild sind, einiges aber noch undeutlich bleibt, verfolgen wir mit Spannung den Versuch, den die Geschichte selber anstellt, und freuen uns der Möglichkeit, exakt reden zu können, wo sonst oft nur das unsagbare Gefühl spricht.

Schellings Schwermut

In einem Fragment des ›Athenäum‹ vom Jahre 1798 steht Friedrich Schlegels bekannter Satz:

> Die französische Revolution, Fichtes Wissenschaftslehre und Goethes Meister sind die größten Tendenzen des Zeitalters.[1]

Die französische Revolution würden auch wir zu den größten Tendenzen zählen. Schon beim ›Wilhelm Meister‹ dagegen wären die Ansichten wohl geteilt. Und die ›Wissenschaftslehre‹ Fichtes erhielte vermutlich am wenigsten Stimmen. Vielleicht hat Schlegel aber gerade hier das bedeutendste Zeichen erkannt. Nicht die moralische Energie, auch nicht die eiserne Logik war es, was dieser Schrift in seinen und seiner Gefährten Augen einen so ungeheueren Glanz verlieh. Sondern es war die Entwicklung allen Seins aus dem einen Prinzip, dem Ich. Die Unterscheidung zwischen absolutem und empirischem Ich, auf die bei Fichte alles ankam, wurde indes sehr bald, wo nicht ganz aufgegeben, so doch verwischt. Die Sprache des frühromantischen Kreises bezeugt, noch mehr im Rhythmus und im Ton als in ihrer Begrifflichkeit, ein Hochgefühl vermessenster Art, eine göttlich-trunkene Schöpferlust, als sei das Universum wirklich aus mir selbst, wie ich mich fühle, als Traum und Wunder aufgestiegen und sei es mir erlaubt, mich überall

[1] Friedrich Schlegels prosaische Jugendschriften, hrsg. von J. Minor, Wien 1906, II, 236.

in meinem altvertrauten eigensten Besitz zu wissen. Verstand man die ›Wissenschaftslehre‹ so, dann freilich krönte sie eine seit Jahrhunderten angebahnte Entwicklung und schien sie der Neuzeit endlich zum Bewußtsein ihrer lang geahnten Möglichkeiten zu verhelfen.

Wir verzichten darauf, die Linie von der Renaissance und der Reformation zur deutschen Romantik und Klassik zu ziehen. Sie ist gebrochen und verläuft durchaus nicht so eindeutig, wie der Historiker zur Erleichterung seines Geschäfts es manchmal wünschen möchte. Doch so viel glauben wir wahrzunehmen, daß das Ich in immer neuer und immer mehr umfassender Weise zum Ausgangspunkt des Denkens wird: als Schauplatz der Offenbarung zuerst, sodann als Ratio, die es wagt, auch Gott vor ihr Gericht zu fordern, und endlich in der Goethezeit in ganzer Höhe, Breite und Tiefe als Empfindung, Herz, Gefühl, als heiliges prometheisches Selbst, das keine Schranken mehr anerkennt und sich als Originalgenie dem Schöpfer ebenbürtig findet. Nicht alle, die damals ihre Stimme erhoben, haben aus diesem Pathos die letzten Folgerungen gezogen. Die meisten lassen es bei einzelnen Explosionen von Kraft bewenden und verstummen angesichts des Widerstands der stumpfen Welt. Die Ernsteren versuchen, zwischen Ich und Nicht-Ich zu vermitteln und festen Boden zu gewinnen. Auch sie vergessen aber nie das »überirdische Vergnügen« Fausts in »Wald und Höhle«, das Mephisto in die Worte faßt:

Und Erd' und Himmel wonniglich umfassen,
Zu einer Gottheit sich aufschwellen lassen,
Der Erde Mark mit Ahnungsdrang durchwühlen,
Alle sechs Tagewerk' im Busen fühlen.

Für diesen Ahnungsdrang schien die romantisch verstandene ›Wissenschaftslehre‹ die philosophische Formel zu liefern. Und wenn man sich auch nur selten auf die Abenteuerlichkeiten einließ, die Jean Paul in seiner ›Clavis Fichtiana‹ verspottet hat, es bleibt das Signum der Goethezeit, daß ihr nur wesentlich werden kann, was Ich in mir erfahren, gleichsam neu in Mir erschaffen habe. Die Würde des Begriffs »Erlebnis«, die hohe Schätzung der Individualität und ihres unveräußerlichen Rechts, die Forderung, daß ein Kunstwerk eigenartig und unwiederholbar sei, dies alles, was uns eben erst nicht mehr selbstverständlich zu werden beginnt, gehört zum Charakter der großen Epoche und hebt sie von älteren Zeiten ab.

Auch dieser Geist der Goethezeit aber, dessen Physiognomie wir uns einzuprägen versuchen, hat seine Geschichte, Jugend, Reifezeit und Alter. Sehen wir ihrem Beginn in den sechziger oder den siebziger Jahren zu, so schwirrt es in der Luft von Plänen und Entwürfen größten Stils. Ein neuer Himmel und eine neue Erde scheinen sich aufzutun. Das Gegenwärtige und Vergangene bis zurück zur Erstlingsparadieseswonne, die man wiedergewinnen möchte, gilt als nichtig. Der Zukunft als dem Reich der Freiheit gehört das Sinnen und Trachten eines gewaltig aufgeregten Geschlechts.

Doch solche Hoffnungen währen nicht lange. Nach wenigen Jahren schon tritt eine eigentümliche Stille ein. Und in der Stille, die während Goethes erster Weimarer Zeit anhält, bereitet die zweite Phase sich vor, die durch den minder blendenden, aber gediegeneren Versuch charakterisiert ist, sich mit den neuen Schätzen des Herzens, dem Reichtum der Innerlichkeit, im Möglichen, in der Gegenwart einzurichten. Das ist der Augenblick der klassischen Vollendung, des Zenits, den wir in ›Hermann und Dorothea‹, in Schillers ›Lied von der Glocke‹ verehren, wo auch der Deutsche es zu lernen scheint, sich selber zu genügen und sich die Fülle des Ewigen von der Hand der Stunde reichen zu lassen.

In diesem Augenblick tritt Schelling in die Geistesgeschichte ein, keck, frühreif, unternehmungslustig, ein dreiundzwanzigjähriger Jüngling, der, durch bewundernde Freunde verwöhnt, sich zutraut, überall durchzudringen und Schwierigkeiten und Hindernisse mit leichter Hand beiseite zu räumen. In seinen ersten Schriften scheint er noch ganz auf Fichtes Spuren zu wandeln. Doch die moralische Anstrengung, die Fichte ein Bedürfnis ist, liegt ihm so wenig wie Friedrich Schlegel. Er ist gewohnt, sich überall heimisch zu fühlen und Liebesgrüße zu tauschen und sich zu regen in der Welt als in einem tragenden Element. Statt darum das Nicht-Ich, wie sein Meister, heroisch zu bekämpfen, beginnt er, es verführerisch zu umwerben, gläubig in es einzudringen und ihm Freundschaft, Neigung, volles Einverständnis abzunötigen. Das Resultat dieses Liebesbemühens sind die naturphilosophischen Schriften, in denen die von Fichte aufgerissene Kluft sich schließt, das Ich in einem Nicht-Ich sich erkennt und die frohe Botschaft verkündet wird: Der Geist ist die unsichtbare Natur, die Natur ist der sichtbare Geist.

Geistesgeschichtlich bedeutet dies, daß Schelling von der futurischen Existenz der ersten Phase der Goethezeit zu der erfüllten Gegenwart der zweiten Phase übergeht. Er ist nicht mehr auf einen Äon, der einmal kommen wird, ausgerichtet. Aus dem Kelch des Geisterreiches, das sich in herbis et lapidibus, in den Gestirnen und Elementen vor seinen leuchtenden Augen breitet, schäumt ihm die Unendlichkeit. So spricht er es aus in dem ›Epikurisch Glaubensbekenntniß Heinz Widerporstens‹, in einem Gedicht, das sich gegen einige religiöse Gefährten wendet und das er im Einzelnen philosophisch wohl nicht ganz verantworten möchte, das aber eben deshalb seine Stimmung besser erkennen läßt als die etwas vorsichtigeren Reflexionen. Wir lesen da unter anderm die Verse:

Wüßt auch nicht, wie mir vor der Welt sollt' grausen,
Da ich sie kenne von innen und außen.
Ist gar ein träg und zahmes Thier,
Das weder dräuet dir noch mir,
Muß sich unter Gesetze schmiegen,
Ruhig zu meinen Füßen liegen.
Steckt zwar ein Riesengeist darinnen,
Ist aber versteinert mit seinen Sinnen,
Kann nicht aus dem engen Panzer heraus,
Noch sprengen das eisern' Kerkerhaus,
Obgleich er oft die Flügel regt,
Sich gewaltig dehnt und bewegt,
In toten und lebend'gen Dingen
Thut nach Bewußtsein mächtig ringen;
Daher der Dinge Quallität,
Weil er drin quellen und treiben thät,
Die Kraft, wodurch Metalle sprossen,
Bäume im Frühling aufgeschossen,
Sucht wohl an allen Ecken und Enden
Sich an's Licht herauszuwenden,
Läßt sich die Mühe nicht verdrießen,
Thut jetzt in die Höhe schießen,
Seine Glieder und Organ' verlängern,
Jetzt wieder verkürzen und verengern,
Und sucht durch Drehen und durch Winden
Die rechte Form und Gestalt zu finden.
Und kämpfend so mit Füß' und Händ'
Gegen widrig Element,
Lernt er im Kleinen Raum gewinnen,
Darin er zuerst kommt zum Besinnen;

In einen Zwergen eingeschlossen
Von schöner Gestalt und graden Sprossen,
Heißt in der Sprache Menschenkind,
Der Riesengeist sich selber find't.
Vom eisernen Schlaf, vom langen Traum
Erwacht, sich selber erkennet kaum,
Über sich gar sehr verwundert ist,
Mit großen Augen sich grüßt und mißt;
Möcht alsbald wieder mit allen Sinnen
In die große Natur zerrinnen,
Ist aber einmal losgerissen,
Kann nicht wieder zurück fließen,
Und steht zeitlebens eng und klein
In der eignen großen Welt allein.
Fürchtet wohl in bangen Träumen,
Der Riese könnt sich ermannen und bäumen,
Und wie der alte Gott Satorn
Seine Kinder verschlingen im Zorn.
Denkt nicht daß er es selber ist,
Seiner Abkunft ganz vergißt,
Thut sich mit Gespenstern plagen,
Könnt also zu sich selber sagen:
Ich bin der Gott, der sie im Busen hegt,
Der Geist, der sich in Allem bewegt,
Vom ersten Ringen dunkler Kräfte
Bis zum Erguß der ersten Lebenssäfte,
Wo Kraft in Kraft, und Stoff in Stoff verquillt,
Die erste Blüth', die erste Knospe schwillt,
Zum ersten Strahl von neu gebornem Licht,
Das durch die Nacht wie zweite Schöpfung bricht,
Und aus den tausend Augen der Welt
Den Himmel so Tag wie Nacht erhellt.
Hinauf zu des Gedankens Jugendkraft,
Wodurch Natur verjüngt sich wieder schafft,
Ist Eine Kraft, Ein Pulsschlag nur, Ein Leben,
Ein Wechselspiel von Hemmen und von Streben.[2]

Unüberhörbar ist in diesen Hans Sachsischen Knittelversen der Nachklang des Faustfragments von 1790. Und sicher hat sich Schelling damals – Spinoza etwa ausgenommen – keinem näher

[2] Aus Schellings Leben, in Briefen, hrsg. von G. L. Plitt, Leipzig 1869 (im folgenden zit.: Plitt), I, 286ff.

gefühlt als Goethe. Goethe erwiderte seine Verehrung. Er trat dem jungen Freund sogar den Plan eines großen Naturgedichts ab. Schelling hat es nicht ausgeführt. Wir bleiben auf das ›Epikurisch Glaubensbekenntnis‹ und die spekulativen Schriften, vor allem die Abhandlung ›Von der Weltseele‹, angewiesen, wenn wir uns der beglückenden Einigkeit des Denkers und des Dichters auf dem Höhepunkt des neueren deutschen Geistes versichern wollen.

Vergessen wir darüber aber geheimere Differenzen nicht. Goethe hält sich in seiner Naturwissenschaft aufs strengste an die Erfahrung, sondert gewissenhaft das mineralische vom botanischen und dieses vom animalischen Reich und verzichtet, als Forscher, durchaus darauf, von einem Gebiet zum anderen überzugehen und eine Einheit, eine Stufenfolge zu behaupten, die er nicht nachzuweisen vermag. Schelling schreitet kühner voran. Analogien, die bei Goethe höchstens zwischen den Zeilen stehen, benutzt er als Stützen seines Systems. Fragwürdige Theorien zeitgenössischer Physiker, die ihm gelegen kommen, verwendet er unbesehen. Und so gelingt es ihm, sich selbst und andre davon zu überzeugen, er sei im Besitz des Schlüssels der Welt; sie sei ihm in ihrer Mannigfaltigkeit verständlich als ἓν καὶ πᾶν. Das ἕν jedoch, das Eine, in dem das πᾶν, das All, identisch ist, sei Ich, das absolute Ich, zu dem die intellektuelle Anschauung sich zu erheben vermag.

So geraten wir, wenn wir von Goethe zu Schelling hinüberwechseln, schon im Bereich der Naturforschung in einen flüchtigeren Aggregatzustand und büßen freilich alsbald auch die leichte Beweglichkeit der Gedanken mit einem gewissen Schwindelgefühl. Wir stoßen nicht mehr an Tatsachen an; aber sie halten uns auch nicht mehr. Wir träumen einen göttlichen Traum; doch daß es ein Traum ist, vergessen wir nur, solang uns Schellings Sprache mit ihrer sonoren Siegesgewißheit berückt.

Der unbehagliche Schwindel aber muß sich in ein Erschauern verwandeln, wenn Schelling nicht nur die Natur, sondern auch die menschliche Welt gelassen zu harmonisieren versucht, wenn er sich auszusprechen erlaubt: das Reich der Freiheit sei identisch mit dem Reich der Notwendigkeit; wie alles untermenschliche Sein das Absolute symbolisiere, so ziele auch jede menschliche Handlung, ob bewußt oder unbewußt, nur auf die Realisierung Gottes. Ein Widerspruch zwischen Gott und Mensch beruhe auf Imagination. Das minder Vollkommene sei nur da, weil alle Grade der Perfektion von den allerniedersten bis zu den höchsten im Universum vorhanden sein müßten; das Ziel der Geschichte sei gewiß; sie sei Beweis des Daseins Gottes; und wenn sich dieser Beweis auch erst am Ende aller Geschichte vollende, so sei ihr Gang doch sichergestellt und vorgezeichnet in dem Geist, den höchstes Wissen jetzt schon als den ewigen, allgegenwärtigen kenne.

Doch es ist ein anderes, ob ein Dichter oder ein Denker dergleichen verkündet. Der Dichter spricht es aus als Offenbarung eines Augenblicks, den ein künftiger Augenblick, vielleicht der Trauer und Verzweiflung, ablöst. Der Denker erhebt den Anspruch, etwas schlechthin Gültiges auszusagen. So kann man wohl den Denker, aber nicht den Dichter widerlegen. Diese Bemerkung ist am Platz, wenn man sich einiger Verse Goethes vom Anfang des Jahrhunderts erinnert, die Schelling beizupflichten scheinen. Den wesentlichsten Unterschied berühren wir damit aber noch nicht. Wir haben ihn darin anzuerkennen, daß die sinnerfüllte, harmonische, göttlich-schöne Gegenwart von Schelling als wirklich angenommen und in verwegenen Schlüssen behauptet, von Goethe dagegen als immer zu bewältigende Aufgabe aufgefaßt wird. Schon in der ›Iphigenie auf Tauris‹ ist dies unmißverständlich der Fall. Das Werk beschönigt das Entsetzen antiker Tragik keineswegs. Der Fluch Orests droht bis zuletzt die schöne Gotteswelt zu zerstören; und nur weil Iphigenie Thoas mit Glauben und Liebe entgegentritt, erweist er sich als der Liebe wert und ist der glückliche Ausgang möglich. Und so ist immer ein schöpferisches Vertrauen von Mensch zu Mensch erforderlich, wenn die Gesellschaft als Organismus, als Ebenbild der organisierenden Gotteskraft, bestehen soll. Wir dürfen uns im Sinne Goethes nicht mit der Überzeugung begnügen, das Menschliche ruhe in Gottes Hand; wir seien aller Sorge ledig. Es ziemt sich, ebenso zu bedenken, daß *uns* das Göttliche anvertraut und täglicher Pflege bedürftig ist und daß das Chaos wieder hereinbricht, wenn wir maßlos damit umgehen. Goethe spricht als reifer Mann, der sich die reine Gegenwart mit unsäglicher Mühe erarbeitet hat. Schelling spricht als Erbe, der das Errungene als Besitz übernimmt, ja fast als selbstverständlich voraussetzt und wenig von den Mächten weiß, gegen die es ihn einst zu verteidigen galt. Ein herrliches, aber gefährliches Schauspiel, wie der Flug Euphorions, des Sohnes Helenas und Fausts, herrlich vor allem deshalb, weil uns nicht nur die Gedanken, nicht nur das Gerippe des Systems, sondern, in dem Duktus seiner Sätze, in seiner Bildgewalt und in der Rhythmik seiner Prosa, der triumphale Hochsinn seines Schöpfers überliefert ist wie eine Erinnerung an die Zeit, in der Magie noch wirksam war und ein machtvoll ausgesprochenes Wort, was immer wünschbar schien, erschuf. Wäre Schelling, wie Novalis, um die Jahrhundertwende gestorben, so hätten ihn die Zeitgenossen wie eine Sagengestalt beklagt. Doch nach der Vollendung des ›Systems des transzendentalen Idealismus‹ hatte er noch über ein halbes Jahrhundert hienieden auszuharren und, anders als Hölderlin, mit wachem Geiste seinen Mann zu stehen. Dieses Kapitel seines Lebens ergreift uns heute mehr als das in den hellsten Farben gehaltene erste. Es ist die Epoche einer immer unheimlicheren Verdüsterung, gesteigerten Anspruchs, ohnmächtigen Drangs und einer im Grunde der Seele wie ein grauer Nebel lagernden Schwermut. Man hat von einem Versagen gesprochen. Und ein Versagen war es in einem äußerlich literarischen Sinn, insofern als Schelling in den letzten Dezennien seines Lebens, nach der Abhandlung über die Freiheit, kein größeres Werk mehr publizierte und mit einem schwer zu entziffernden, gram- und trotzgesättigten Schweigen das Befremden der deutschen Öffentlichkeit über sein Verhalten ertrug. Sein philosophischer Nachlaß aber, seine Briefe, das Menschliche, so wie es uns in zeitgenössischen Dokumenten sichtbar bleibt, auch die Verwandlung seiner Züge, die mythische Mächtigkeit seiner Person, dies alles bezeugt in beredtester Sprache, daß Schelling dem Gesetz, nach dem er angetreten, Treue hielt, ja, daß er, wie vielleicht kein anderer deutscher Denker oder Dichter, die eigentümliche Not der Zeit mit vollem Bewußtsein erfuhr und durchlitt. Wir versuchen, ihm zu folgen, und blicken noch einmal auf die in den frühen Schriften erreichte Stufe zurück.

Das ›System des transzendentalen Idealismus‹ und die benachbarten Werke gehören zur mittleren Phase der Goethezeit, die in Romantik und Klassik um 1800 kulminiert. Noch heute, wenn wir uns ihres Glanzes erfreuen, rufen wir sehnsuchtsvoll: Verweile doch! du bist so schön! Die Blüten sind entfaltet; das Leben scheint ins Reine gedacht zu sein. Doch weder der Sonne noch der Geschichte ist es vergönnt, im Zenit zu verharren. Selbst Goethe, der sein Dasein und Schaffen auf einen so festen Grund gestellt hat, sieht sich unaufhaltsam weitergedrängt auf einer Bahn, die von klassischer

Vorbildlichkeit und Klarheit ins Tief-Geheimnisvolle führt, in eine Sphäre, die trotz gesteigerter Intensität und Bedeutungsfülle an allgemeiner Geltung einbüßt und abseits, in der Einsamkeit, liegt. Noch viel weniger konnte Schelling einem solchen Geschick entgehen. Seine frühe Vollendung, sein Bild der Welt, in dem die Vollendung sich spiegelte, war ein Schein, in dem doppelten Sinne des Worts, des Glänzenden und des Trügerischen. Die naturwissenschaftliche Forschung, die er von jeher nachlässig verarbeitet hatte, schritt weiter und gab ihm nicht mehr recht. Das Spiel mit Worten, die Äquivokationen, deren er sich bedient, um Freiheit und Notwendigkeit, das Schicksal und die Vorsehung zur Übereinstimmung zu bringen und die Gesellschaft als einen harmonischen, auf ein gemeinsames Endziel ausgerichteten Geisterbund darzustellen, sie mußten für ihn selber auf die Dauer ihre Beweiskraft verlieren. Viel schwerer fielen aber neue Lebenserfahrungen ins Gewicht. Die alte Mahnung »Primum vivere, deinde philosophari« wurde ihm unbarmherzig eingeprägt. Man pflegt die Wendung mit dem Tode seiner Gattin zu begründen. Zu Unrecht! Sie beginnt schon früher. Der Klatsch um seine Verbindung mit Caroline und ihre Ehe mit Schlegel, der Vorwurf, er habe Auguste Böhmer, Carolines Tochter, durch eine auf naturphilosophischen Ideen beruhende Kur getötet, der Streit mit der Literaturzeitung, die Verödung der Jenaer Universität, die Auflösung des romantischen Kreises: dies alles entsprach so gar nicht seiner hochgemuten Metaphysik, bewies die Existenz des Ungefügen und Hinderlichen so scharf, daß die serene Stimmung, der Traum von einer universalen Harmonie, allmählich einer nicht minder universalen Gereiztheit wich. Um diese Zeit bemerken wir in Schellings Charakter zum erstenmal auch tückische und dämonische Züge, den Haß, in den ein allzu großes verletztes Vertrauen so leicht umschlägt, die zornige Ungeduld, die einen Menschen wohl befallen mag, der deutlich sieht, was nach seiner heiligsten Überzeugung nicht sein kann. Es ist hier nicht der Ort, die ganze Leidensgeschichte dieser unheilvollen Jahre nachzuerzählen. Von Hegels Aufstieg wäre zu reden, der Schellings Ehrgeiz so schwer traf, vom Scheitern aller politischen Hoffnung im Jahre 1806, von seiner Vereinsamung in München und von dem Schicksal seines Hauptwerks, das nie abgeschlossen wurde. Aber die Andeutungen genügen, um den engen Zusammenhang von Leben und Schaffen, der bei

Schelling immer gewahrt bleibt, sicherzustellen. Derselbe Mann, der 1802 in der ›Philosophie der Kunst‹ erklärte:

> Das Universum ist in Gott als absolutes Kunstwerk und in ewiger Schönheit gebildet[3],

bekennt sich jetzt zu der Überzeugung:

> Ein Hemmendes, Widerstrebendes drängt sich überall auf: dies andere, das, so zu reden, nicht sein sollte, und doch ist, ja sein muß, dies Nein, das sich dem Ja, dies Verfinsternde, das sich dem Licht, dies Krumme, das sich dem Geraden, dies Linke, das sich dem Rechten entgegenstellt, und wie man sonst diesen ewigen Gegensatz in Bildern auszudrücken versucht hat.[4]

Die Gesetzmäßigkeit der Natur ist verwischt; es gibt einen sinnlosen blinden Zufall. Das Böse läßt sich nicht als niederer Grad der Perfektion verstehen; es ist eine ungeheuere Macht, die oft der erhabensten Willenskraft spottet. Ein trüber Schleier breitet sich über das Spiegelbild des göttlichen Geistes. Ein Reales, das sich jeder Vergeistigung widersetzt, ist da, ein Dunkel, das kein Licht durchdringt, ein Festes, das sich nicht auflöst.

Mit solchen Sätzen treten wir in die dritte Phase der Goethezeit über, in die Welt der Spätromantik. Ähnliche Erfahrungen nämlich waren damals auch andern beschieden, Görres, Baader, aber auch Dichtern wie Arnim, E. T. A. Hoffmann, Brentano, Mörike, Kerner, Annette von Droste. Die Literaturgeschichte spricht von dem Erwachen des Realismus und hat dazu ein gewisses Recht, da alles am Ende wirklich in eine wieder ihrer selbst gewisse realistische Dichtung mündet. Sie richtet sich vielleicht aber doch zu sehr nach dem Ergebnis aus. Am Anfang des Prozesses nämlich gibt es noch kein Ziel, nur Abschied. Abschied von der gotterhellten oder, was hier dasselbe besagt, der menschlich angeeigneten Welt, die mir vertraut, durchsichtig ist, in der ich mich als in mir selber, als in meiner Heimat weiß. E. T. A. Hoffmann findet sich in einer äußerlichen Umgebung, in der städtischen Bürgerlichkeit, aus der der Geist verschwunden ist, die seine Seele nicht anspricht. Und nur in seltenen Augenblicken leuchtet das Wunderbare auf, trifft das unendliche Einsgefühl ihn wieder wie ein elek-

[3] Friedrich Wilhelm Joseph von Schellings sämtliche Werke, hrsg. von K. F. A. Schelling Stuttgart und Augsburg 1856ff. (im folgenden zit.: SchSW), V, 385.
[4] SchSW VIII, 211.

trischer Schlag. Mörike versteht in Urach, an der Stätte seiner Kindheit, zu seinem namenlosen Schmerz die Sprache der Natur nicht mehr; und erst in dem Gewitterschauer, der über seinem Haupt losbricht, vereinigt wieder ein Entzücken sein Gemüt mit dem der Welt. Inselhaft wird nun das Glück, das universal gewesen ist. Das Ich, das sich im Mittelpunkt des Kosmos wußte, ist verbannt und kehrt nur noch in seltenen Stunden in sein verlorenes Erbe zurück.

Die Dichter haben das hingenommen, so wie sie alles hinzunehmen gezwungen sind, als Fluch und Gnade, oft mit einer Wehmut, die uns fast köstlicher scheint als der sichere Besitz. Wie aber soll der Schöpfer des ›Systems des transzendentalen Idealismus‹ einer solchen Erfahrung, die seinen Grund gefährdet, begegnen? Man könnte sich denken, daß er damals, wie viele seiner romantischen Freunde, stumm beiseite getreten wäre als ein verstörter, gebrochener Mann. Doch wenn er auch nach der Freiheitsschrift kein größeres Werk mehr publizierte, im stillen war er tätig wie je und unablässig um eine neue Fassung seiner Gedanken bemüht. Denkbar wäre ferner, daß er die Idee der Einheit alles Lebens preisgegeben und das Ich wieder einem unbegreiflichen, mit heroischem Pathos zu bekämpfenden Nicht-Ich ausgesetzt hätte. Aber die Stunde für eine solche Weltdeutung war längst vorüber; und hätte sich Schelling so entschieden, so wäre er, mit Hegel zu reden, zum »abgeschiedenen Geist« geworden, der sich zwar noch kundgibt, aber kein echtes Mitspracherecht mehr besitzt. Er hätte das Los Jacobis geteilt. Das einsam aufgeteilte Ich, das sich der Welt entgegenstemmt, gehört zur Epoche des Sturm und Drang, zu dem prometheischen Selbstgefühl, das alle Gegenwart verschmäht und einzig seiner Freiheit, seiner grenzenlosen Zukunft lebt. Nichts ist für Schelling bezeichnender, als daß er sich auch jetzt zu keiner tragisch-pathetischen Haltung bekannte. Er hatte sich zu tief in das Geheimnis der Natur versenkt, zu sehr dem Ganzen hingegeben, als daß er sich aus der Verschlingung wieder hätte lösen können. Ein Satz, den er beim Tode Carolines auszusprechen wagte, erhellt blitzartig sein Geschick. Hier sei, so sagte er, von keinem bloß persönlichen Verlust die Rede; die Welt werde ärmer durch solchen Tod. So hat er sich selber und die Welt zeitlebens nicht auseinandergehalten, ihre Wonnen und ihre Schmerzen in seinem Herzen ausgetragen und Wonnen und Schmerzen seines Herzens in ihrem Spiegel wiederentdeckt. Denn die Natur, das Universum war für ihn nicht nur im transzendental-philosophischen Sinne der sichtbare Geist; es war die Wirklichkeit seiner Seele, ihr lust- und leidensfähiger Leib, in dessen Gliedern er sich regte und bewegte und fühlte bis an die Grenze der menschlichen Fassungskraft. Nur wenn wir uns dies ganz klargemacht haben, verstehen wir die eigentümliche Wandlung seiner Metaphysik.

Schon im ›System des transzendentalen Idealismus‹ spielt das Ich als Prinzip der Philosophie bei weitem nicht mehr die große Rolle wie in den ersten Schriften und wie bei Fichte. Hölderlins ernster Mahnung in dem großen Brief an seinen Bruder vom Frühjahr 1801:

> Alles unendliche Einigkeit, aber in diesem Allem ein vorzüglich Einiges und Einigendes, das, an sich, kein Ich ist, und dieses sei unter uns Gott![5]

hätte Schelling damals wohl als einer nur terminologischen Frage wenig Bedeutung beigemessen. Jetzt aber, in der Spätzeit, kann auch er den Unterschied von Ich und Gott nicht ernst genug betonen. Dennoch gehört auch sein spätes Schaffen noch insofern der Goethezeit an, der Epoche, zu deren größten Tendenzen die ›Wissenschaftslehre‹ Fichtes zählt, als der Seele des Menschen, die er sich »aus der Quelle der Dinge geschöpft und ihr gleich« denkt, »Mitwissenschaft der Schöpfung« vergönnt ist[6], als er auch jetzt sich unbefangen auf seine persönliche Erfahrung, auf seine Erinnerungen beruft, wenn er das Wesen Gottes, wie es vor der Schöpfung war, entwirft.

Woran erinnert er sich aber jetzt? Was ist der Inhalt seiner neuen intellektuellen Anschauung, die immer noch das eine wahrnimmt, das im Grunde sie selber ist, ein Einiges aber, das auch alle Härten, alle Widerstände und Finsternisse in sich birgt? Er erinnert sich eines Gottes, der außer dem Prinzip der Liebe auch das der Egoität in sich birgt, obzwar der Liebe untergeordnet, der in der Schöpfung sich kontrahiert und so das Undurchdringliche zur Basis alles Seins gemacht hat und nun in dem Prozeß der Geschichte das Lichte aus dem Dunkel entwickelt und leidend, ringend, triumphierend der höchsten Verklärung entgegenwächst. Und er gedenkt der Kreatur, die das Prinzip der Egoität der Liebe übergeordnet hat und dadurch sündig geworden ist, die also der Erlösung bedarf,

[5] HSW VI/1, 419.
[6] SchSW VIII, 259.

des Opfers Christi, der im Menschen das wahre Verhältnis wiederherstellt. So ist es ihm möglich, alles, auch das Hemmende, Widerstrebende, ja das Böse in Gott beschlossen zu denken und dennoch, in der Möglichkeit der Umkehr der Prinzipien, die menschliche Freiheit und damit auch ein Widergöttliches anzuerkennen. Das ist ein ungeheurer Gewinn. Denn Schelling sieht sich nun nicht, wie die meisten spätromantischen Dichter, genötigt, auf das Chaotische und Wilde als das nur Falsche, das eigentlich nicht sein dürfte, schaudernd hinzustarren. Das große Interesse, das, meist nur mit schlechtem Gewissen, die Zeit den dämonischen Mächten entgegenbringt, wird durch sein Denken legitimiert. Auch hier ist Göttliches, wenngleich Göttliches in der fürchterlichsten Verkehrung. Es soll und kann nicht ausgerottet werden, wie bürgerliche Moral und ängstliche Askese will. Die Aufgabe ist, es umzubilden und wieder der Liebe unterzuordnen.

So scheint denn Schelling, nachdem er in seinem Identitätssystem bereits das Glück der Vollendung gekostet und in der ewigen Schöne des Kosmos geruht hat, erst jetzt ein Ziel ins Auge zu fassen und sich aufzuraffen zu jener prophetischen Energie, die Hölderlin, in der Goethezeit unverstanden, schon im ›Empedokles‹ und in den letzten Hymnen bewiesen hat. Und wenn wir Schellings Briefe lesen, wenn wir sehen, welche Unrast ihn in den letzten Jahren befällt, wie er immer wieder das große, die Menschheit erlösende Wort ankündigt, so können wir nicht daran zweifeln, daß er sich klar über seine Aufgabe, daß er im Tiefsten davon durchdrungen war, er sei gesandt, dem über einer Welt von Schrecken thronenden Gott mit eben dieses Gottes Kraft in seiner Brust zum Sieg zu verhelfen.

Und dennoch rafft er sich nicht auf. Oder er rafft sich auf und sinkt im letzten Augenblick wieder zurück, gelähmt, ohnmächtig, als hätten schattenhafte Hände ihn angerührt. Er machte den Eindruck eines gereizten, mit seinen stechenden Augen auf manche oft sogar eines bösartigen Menschen. Widerspruch ertrug er nicht. Jeden Angriff erwiderte er mit einer Erbitterung, die alles Maß verlor und keineswegs auf innere Sicherheit schließen ließ. Daneben entdecken wir aber auch wieder fast kindlich-schlichte, fromme Züge, eine ergreifende Herzensgüte und, immer noch, den grandiosen, faszinierenden menschlichen Stil, der ihm von jeher eigen war. Wie haben wir das auszulegen?

Eine Antwort finden wir in der Geschichte jenes Werks, aus dem sein Hauptwerk werden sollte und das doch nie veröffentlicht wurde, das er immer wieder zurückzog und das er niemals über den ersten Teil hinaus zu fördern vermochte. Der erste Teil befaßt sich mit dem Äon der Vergangenheit, dem Wesen Gottes vor der Schöpfung der Natur und des endlichen Geistes. Der Äon der Gegenwart sollte folgen, die Schilderung von Gottes weltlichem Sein und der Geschichte, die sich nun als Heilsgeschichte vollzieht; der Äon der Zukunft, die prophetische Darstellung Gottes und der Welt in ihrer endgültigen Einigung, hätte das mächtige Unternehmen gekrönt. Was besagt es, daß Schelling nur den Äon der Vergangenheit, diesen aber gleich in mehreren Niederschriften ausgeführt hat?

»Vergangenheit«, so lautet ein oft zitierter Abschnitt des Fragments,

> Vergangenheit, ein ernster Begriff, allen bekannt und doch von wenigen verstanden. Die meisten wissen keine, als die in jedem Augenblick durch eben diesen sich vergrößert, selbst noch wird, nicht ist. Ohne bestimmte entschiedene Gegenwart gibt es keine; wie viele erfreuen sich wohl einer solchen? Der Mensch, der nicht sich selbst überwunden, hat keine Vergangenheit oder vielmehr kommt nie aus ihr heraus, lebt beständig in ihr. Wohltätig und förderlich ist dem Menschen, etwas, wie man sagt, hinter sich gebracht, das heißt als Vergangenheit gesetzt zu haben; heiter wird ihm nur dadurch die Zukunft und leicht, auch etwas vor sich zu bringen. Nur der Mensch, der die Kraft hat, sich von sich selbst (dem Untergeordneten seines Wesens) loszureißen, ist fähig, sich eine Vergangenheit zu erschaffen; eben dieser genießt auch allein einer wahren Gegenwart, wie er einer eigentlichen Zukunft entgegensieht; und schon aus diesen sittlichen Betrachtungen würde erhellen, daß keine Gegenwart möglich ist, als die auf einer entschiedenen Vergangenheit ruht, und keine Vergangenheit, als die einer Gegenwart als Überwundenes zugrunde liegt.[7]

Man kann den tiefsten Ernst und eine beschwörende Eindringlichkeit in diesen Sätzen schwerlich überhören. Spricht Schelling aber überlegen oder bekennt er, ohne es selber zuzugeben, eine Not, die unüberwindlich war für ihn? Wenn wir die letzten fünfzig Jahre seines Lebens übersehen, so kommen

[7] SchSW VIII, 259.

wir zu der Erkenntnis, daß er selber nicht der Mann war, etwas hinter sich zu bringen und sich eine Vergangenheit und mit der Vergangenheit eine Gegenwart und Zukunft zu erschaffen. Er ist zu tief versenkt in das, was war, in die Bedingung dessen, was geschieht und werden soll, als daß er sich noch zu der herrlichen Freiheit des Entschließens, Planens und Entwerfens aufzuschwingen und fest einem Ziel entgegenzublicken vermöchte. Die Mächte des Abgrunds, die er so unerschrocken erforscht und denen er eben damit, daß er sie zitierte, Seelengewalt verliehen hat, sie ziehen ihn unwiderstehlich nieder und entlassen ihn nicht mehr. Der Anfang, Gottes Kontraktion zur Wirklichkeit der Schöpfung, mag er ihn noch so klar nur als Voraussetzung der Heilsgeschichte deuten, wiegt in seinem Herzen schwerer als die andere Schale der Waage, die unser irdisches Los bestimmt. Rückwärts ist sein Auge gewandt, noch über den Sündenfall und über den Akt der Weltschöpfung hinaus in Gottes erste Seligkeit, sein in sich selbst verlorenes Sinnen, das unwiederbringlich vergangen, von dem uns nur halbverloschene Spuren aus frühester Kindheitserinnerung übrig sind. Als das Dunkelste und Tiefste der menschlichen Natur bezeichnet er selbst den rätselhaften Bann, als

> innere Schwerkraft des Gemüts, daher in ihrer tiefsten Erscheinung *Schwermut*. Hierdurch besonders ist die Sympathie des Menschen mit der Natur vermittelt. Auch das Tiefste der Natur ist Schwermut; auch sie trauert um ein verlorenes Gut, und auch allem Leben hängt eine unzerstörliche Melancholie an, weil es etwas von sich Unabhängiges unter sich hat.[8]

Unten, Tiefe, Schwere, Grund: diesen Worten begegnen wir in Schellings Spätwerk immer wieder; und über dieses Tiefe hat das Hohe in ihm nicht triumphiert. Wir sehen in ihm viel weniger den prophetischen als den erinnernden, von Erinnerungsschwere belasteten Geist, den Spätling, der zwar noch immer versichert, das Größte stehe erst bevor – wer gäbe je diese Hoffnung preis? – der aber in seinem ganzen Tun und Lassen nicht verleugnet, daß die Stunde des Zenits vorüber und das Gestirn, noch trunken vom vergangenen Tag, im Sinken ist.

[8] SchSW VII, 465.

Auch damit steht er nicht allein. Dieselben Dichter, die wir schon einmal zu nennen veranlaßt waren, erweisen sich wiederum als verwandt, zumal die beiden Schwaben unter ihnen, Mörike und Kerner. Justinus Kerner hat unter den deutschen Lyrikern der Goethezeit die Schwermut wohl am besten gekannt, die wohlige wie die düstere, die nichts inniger wünscht, als wieder zur Erde zu werden, von der wir genommen sind, einzugehen in die Tiefe, deren Dunkel verlockender scheint als die Klarheit des unterscheidenden Lichts:

Vögel, die mit Wolken schifften,
Sanken in der Wälder Nacht.

Sogar noch dort, wo andere Dichter den Flug und Schwung gefeiert haben, verspürt er die Anziehungskraft des Grundes und findet er diesen Vers, der die ganze spätromantische Landschaft erhellt. Die Mühle im Grund, das schwere Ruhen, das Niederfallen der Bretter des Sarges, das Fallen der vom Licht gesättigten und gebräunten Blätter im Herbst, von solchen Motiven lebt sein Lied, das auch das Frohe und Festliche nur noch als Feier des Abschieds kennt. Daß Kerner unmittelbar und über Schubert mit Schellings Werk bekannt war, beschäftigt uns nicht so sehr wie die gemeinsamen Züge, die jene Macht, die man nur Zeitgeist nennen kann, dem Antlitz der beiden aufgeprägt hat. Das gilt noch mehr von Mörike. Von einem Einfluß im üblichen Sinn des Begriffs zu reden, lohnt sich kaum. Aber erstaunlich ist die Ähnlichkeit der Struktur der Einbildungskraft, die zwar mit anderen, menschlich näher liegenden und weniger anspruchsvollen Dingen beschäftigt ist, aber, wie leicht zu bemerken sein dürfte, derselben Gravitation erliegt. Mörike hat im ›Maler Nolten‹ ein Werk geschaffen, das man gemeinhin als einen Bildungsroman bezeichnet. Wir lesen aber die Geschichte eines Menschen, der, was doch zum Wesen der Bildung gehört, die Vergangenheit gerade nicht hinter sich bringt. Je weiter wir in das Buch eindringen, desto mehr verliert die Zukunft und die Gegenwart an Kraft und drängt das Älteste sich hervor, die erste Kindheit und, in der Zigeunerin Elisabeth, sogar ein Zauber, der älter als die Lebensgeschichte Noltens ist. Dieselbe Richtung nimmt sodann das eingelegte Schattenspiel vom ›Letzten König von Orplid‹.

»Überleben« heißt das Thema. Die Göttlichkeit Orplids, der Sageninsel Weylas, ist erloschen. Ein nüchternes Geschlecht und, in der jüngsten Zeit, unwürdige und lächerliche Menschen betreten den Schauplatz, auf dem sich Himmlische gefielen. Den Schatz des Lebenswerten birgt auch hier die tiefste Vergangenheit. Nur einer lebt noch, der ein Zeuge des Götterglanzes gewesen ist, König Ulmon, tausendjährig. Dieser König nun spricht Worte, von denen jedes sich auf Schellings Lippen hätte bilden können, wenn ihm seine Lage jemals völlig klar geworden wäre, der Verlust des Paradieses, das er zu besitzen glaubte, des in Gott gebildeten, vollkommen schönen Universums, das sich einst dem glaubensfrohen Jünglingsblick entschleiert hat, das nun zurücksinkt in die nebelhafte Ferne der ersten Zeit:

Still, sachte nur, mein Geist; gib dich zur Ruhe!
Lagst mir so lang in ungestörter Dumpfheit,
Hinträumend allgemach ins Nichts dahin;
Was weckt dich wieder aus so gutem Schlummer?
Lieg stille nur ein Weilchen noch!

Umsonst! umsonst! es schwingt das alte Rad
Der glühenden Gedanken unerbittlich
Sich vor dem armen Haupte mir!
Will das nicht enden? mußt du staunend immer
Aufs neue dich erkennen? mußt dich fragen,
Was leb ich noch? was bin ich? und was war
Vor dieser Zeit mit mir? – Ein König einst,
Ulmon mein Name; Orplid hieß die Insel;
Wohl, wohl mein Geist, das hast du schlau behalten;
Und doch mißtrau ich dir; Ulmon – Orplid –
Ich kenne diese Worte kaum, ich staune
Dem Klange dieser Worte – Unergründlich
Klafft's dahinab – O wehe, schwindle nicht!

Ein Fürst war ich? So sei getrost und glaub es.
Die edle Kraft der Rückerinnerung
Ermattete nur in dem tiefen Sand
Des langen Weges, den ich hab durchmessen;
Kaum daß manchmal durch seltne Wolkenrisse
Ein flüchtges Blitzen mir den alten Schauplatz
Versunkner Tage wundersam erleuchtet.
Dann seh ich auf dem Throne einen Mann
Von meinem Ansehn, doch er ist mir fremd,
Ein glänzend Weib bei ihm, es ist mein Weib.

Halt an, o mein Gedächtnis, halt ein wenig!
Es tut mir wohl, das schöne Bild begleitet
Den König durch die Stadt und zu den Schiffen.
Ja, ja, so wars; doch jetzt wird wieder Nacht. –
Seltsam! durch diese schwanken Luftgestalten
Winkt stets der Turm von einem alten Schlosse,
Ganz so wie jener, der sich wirklich dort
Gen Himmel hebt. – – Vielleicht ist alles Trug
Und Einbildung, und ich bin selber Schein.

Wir reden immer von Entschwinden, Lähmung, Sehnsucht und Verlust. Man könnte erwidern, daß dies eine Frage der Perspektive sei und daß dieselbe Schwerkraft des Gemüts, dieselbe Schwermut, diese tiefste aller Sympathien, auch eine Fülle von Gesichten und Lebensmächten erschlossen habe, von denen die Ära der Jahrhundertwende sich nichts träumen ließ. Es wäre falsch, dies zu bestreiten. Wir überhören die dämonischen Töne in Mörikes Lyrik nicht, nicht die unheimliche Witterung, die Kerner, Brentano, E. T. A. Hoffmann, Annette von Droste eigen war. Ebensowenig vergessen wir den Sinn für das Archaische, das Barbarische der frühen Zeiten, der schon bei Görres, dann bei Creuzer und vor allem wieder in den mythologischen Schriften Schellings, aller Willkür ungeachtet, ein neues Verständnis der Weltgeschichte ermöglicht und das Wissen um das menschliche Wesen erweitert hat. Aber man wird zugeben müssen: Gerade die Ohnmacht ist es, der sich Übermächtiges offenbart. Für den seiner selbst Gewissen und Gefestigten ist es nichts, kein mysterium fascinosum, ein Schattenhaftes und Fremdes nur, das wenig Aufmerksamkeit verdient. Und so bemerken wir denn auch hier, im Wissen um das Ungeheure, in der Erregung der Gemüter durch das Urgefährliche, bemerken wir auch in der magischen Kraft, die das Dämonische ausübt, dasselbe Erlahmen der Zielstrebigkeit, dessen, was Goethe das »Vorwalten des oberen Leitenden« genannt hat, des souveränen Sinnes oder, mit einem einzigen Wort, der Freiheit, das nur ein anderer Ausdruck für die gewaltige Dominanz und Unüberwindlichkeit des Vergangenen ist. Wir blicken in das Antlitz des alten Schelling, auch des alten Görres, und glauben, diesen Geistersehern magische Macht zuschreiben zu dürfen. Doch was wir ihnen zubilligen sollten, ist eine in Fluch und Gnade außerordentliche Empfänglichkeit, ein seismographisches Erspüren des

Ahnungs- und Geheimnisvollen. Gerade die Magie, wie sie die Spätromantiker aufgefaßt haben, ist ganz eindeutig Passivität: Wünschelrutengängerei, Somnambulismus, Traumgesichte, Telepathie, Stigmatisierung. Überall handelt es sich um ein Erleiden unbekannter Gewalten, eine Auslieferung des Menschen an etwas, was über und unter ihm ist, das seine Persönlichkeit auflöst und ihn mit geistlichem Fluidum oder mit elementaren Bereichen vermischt. Dagegen wußte Novalis noch Bescheid um eine aktive Magie, deren der Mensch sich mit Willen bedient. Und höchst bezeichnend ist es, daß er eine solche aktive Magie in den unmittelbarsten Zusammenhang bringt mit Technik und Kolonisation, mit der Domestizierung der Natur, wie sie der Mensch vom ersten Bauern bis zum modernsten Physiker etappenweise durchgeführt hat. Denn Novalis ist einzig daran gelegen, daß die Natur und der Mensch einander möglichst nahe kommen. Das kann geschehen, indem die Natur den Menschen zu sich herüberzieht oder indem der Mensch die Natur nach seinem Sinne umgestaltet. Diese zweite Möglichkeit beschäftigt die Spätromantik kaum. Sie wird überwältigt; sie gibt sich hin in Lust und Grauen; ihr Einsgefühl mit der Natur und der Geschichte zieht in die Tiefe hinab, in die brauende Nacht des Vergangenen: es ist Schwermut. Und wo wir uns umsehen mögen, begegnen uns immer wieder dieselben Zeichen. Die zukunftsträchtigen Stürmer und Dränger haben Tragödien der Freiheit geschaffen, im ›Urfaust‹, in den ›Räubern‹, in der ›Verschwörung des Fiesko von Genua‹. Die spätromantischen Bühnendichter schreiben Schicksalstragödien, die nach dem Sprachgebrauch der älteren Zeit kaum mehr Tragödien sind, die eine bis zum Schneiden dichte Stimmungsluft auf der Szene verbreiten und die Gestalt des Menschen mit unsichtbaren Fluten der Ahnung, der Angst und des Entsetzens überschwemmen.

Aber auch hier ist zu sagen: die Dichter lassen den Geist der Stunde walten und sprechen ihn unumwunden aus. Schelling vergißt nicht, daß er als Jüngling in einem anderen Klima gelebt und ein geistiges Glück gekostet, ein Gefühl von Gottähnlichkeit gekannt hat, das für die jüngeren Zeitgenossen kaum mehr als Sage verständlich ist. Zu dem οἷοι νῦν βροτοί εἰσιν Homers, »so wie heute die Sterblichen sind«, gering, dürftig, schwächlich im Vergleich zu den herrlichen Recken des älteren Geschlechts, zu diesem Nestorurteil hat er sich hin und wieder offen bekannt und hat es auch schweigend durch seinen stets zur Verachtung neigenden Stolz verraten. Und doch gelang es ihm nicht mehr, sich durch eine weithin leuchtende Tat über diese Jüngeren zu erheben. Das hat seine Schwermut vertieft und hat ihr etwas Unseliges beigemischt, die Friedlosigkeit eines Menschen, der mit sich selber nicht mehr einig ist und dem sein Selbstgefühl verbietet, sich diese Uneinigkeit zu gestehen. Er klagt manchmal über Hypochondrie, doch immer so, als sei sie ein Zufall, ein ärgerliches Mißgeschick, das bald vorübergehen werde, so 1811 über »Anwandlungen einer sonst ganz unbekannten hypochondrischen Laune«[8] und 1821:

> Es ist vielleicht noch ein Rest meiner so viele Jahre unter ungünstiger und wenig anregender Äußerlichkeit angewachsenen, noch nicht völlig, obwohl schon ziemlich besiegten Hypochondrie, die mich ängstlicher als billig macht.[9]

Solche Geständnisse, Worte, die sich selber Lügen strafen möchten, noch ehe sie ausgesprochen sind, erklären uns auch seine Prosa, das wo nicht schönste, so doch gewiß persönlichste philosophische Deutsch, das je geschrieben worden ist. Die luftige Helle und Widerstandslosigkeit des Identitätsystems weicht einer mit reichstem Gehalt und mehr noch mit einer von der Schwerkraft des Gemüts, von fast übermenschlicher Seelenlast befrachteten Diktion. Doch ebenso spürbar wie die Schwermut ist ein Trotz, der sie nicht will, der unablässig erneute Versuch, den mächtigen triumphalen Schritt der Jugendtage zurückzugewinnen und Siegergebärden auszuführen. Ein erregendes Widerspiel, das erst den ganzen Schelling zeigt, ihn, dem aufgetragen war, nicht nur, im Tübinger Stift, den Atem der revolutionären Frühe zu fühlen und aufzubrechen, trunken von Zukunft nicht nur, als Goethes Freund, sich einer vollendeten Gegenwart zu erfreuen, und nicht nur, in der Spätzeit, der Magie des Vergangenen zu erliegen, sondern dies alles zusammenzuhalten in einem ständig wachen Bewußtsein und zu bewahren in einem Herzen, das tieferschüttert eines Gottes Leiden mitleidet und doch fest bleibt.

Das ging allmählich über die Kraft. Gerade weil jeder Gedanke Schellings ein Einsatz seiner ganzen Person ist, weil jedes Wort von seinem Kopf und Herzen, von Geist und Seele

[8] Plitt II, 269.
[9] Plitt III, 5.

zeugt, erlischt in den letzten Jahren der Glanz und schließlich auch die dunkle Glut, die in der Freiheitslehre schwelt. Als er 1841 die Professur in Berlin antrat, da bot sich seinem Hörerkreis ein beinah unglaubwürdiger Anblick. Vor wenigen Freunden aus früheren Tagen, die alt und müde waren wie er, und einer großen Menge, die ihm keinen Glauben zu schenken bereit war, die ihn betrachtete wie ein Fossil, ein sonderbares, immerhin bemerkenswertes Ungeheuer aus einer längst versunkenen Welt, erhob er sich und stand er da und wagte er es, die Worte zu sprechen:

> Die Umstände nötigen mich, bei dieser Gelegenheit von mir selbst zu reden: doch eitles Selbstrühmen ist mir fern. Der Mann, der, nachdem er das Seinige für die Philosophie getan hatte, für geziemend erachtete, nun auch andere frei gewähren und sich versuchen zu lassen, der, selbst vom Schauplatz zurückgezogen, inzwischen jedes Urteil schweigend über sich ergehen ließ, ohne selbst durch den Mißbrauch, der von diesem Schweigen, durch Verfälschungen selbst des geschichtlichen Hergangs der neuern Philosophie gemacht wurde, sich bewegen zu lassen, es zu brechen; der im Besitz – nicht einer nichtserklärenden, sondern einer sehnlichst gewünschten, dringend verlangten wirkliche Aufschlüsse gewährenden, das menschliche Bewußtsein über seine gegenwärtigen Grenzen erweiternden Philosophie ruhig sagen ließ: es sei mit ihm *gar aus*, und der dies Schweigen, ganz und vollständig, nicht eher bricht, als bis eine unzweifelhafte Pflicht ihn dazu auffordert, bis ihm unwiderstehlich klargeworden, jetzt sei die Zeit gekommen, das entscheidende Wort zu sprechen: dieser Mann, meine Herren, hat wohl gezeigt, daß er der Selbstverleugnung fähig ist, daß er nicht an voreiliger Einbildung leidet, daß es ihm um mehr als um eine vorübergehende Meinung, als um einen flüchtigen, schnell zu erlangenden Ruhm zu tun ist.
>
> Lästig, das fühle ich, muß ich wohl zum Teil sein. Man hatte mich untergebracht, ich war konstruiert, man wußte aufs genaueste, was an mir war. Nun soll man mit mir von vorn anfangen und einsehen, daß doch etwas in mir gewesen, von dem man nichts wußte.
>
> Der natürlichen Ordnung der Dinge gemäß sollte statt meiner an dieser Stelle ein jüngerer, der Aufgabe gewachsener Mann stehen. Er komme – ich werde ihm mit Freuden

den Platz einräumen. Habe ich doch so manche trefflich jüngere Talente bedauert, die ich aller Orten sich mit Mitteln und Formen abmühen sah, von denen ich wußte, daß sie zu nichts führen können, daß ihnen nichts abzugewinnen sei: wie gern hätte ich sie an mich gezogen, wie gern denen geholfen, die von mir nichts wissen wollten! Nun ich sehen mußte, daß ich selbst Hand anlegen müsse, wenn zustande kommen sollte, was ich als notwendig, als gefordert durch die Zeit, durch die ganze bisherige Geschichte der Philosophie erkannte, und daß ich für dieses Werk eigentlich aufgespart worden – da, als von mir verlangt wurde, in dieser Metropole der deutschen Philosophie, hier, wo jedes tiefer gedachte Wort für ganz Deutschland gesprochen, ja selbst über die Grenzen Deutschlands getragen wird, wo allein die entscheidende Wirkung möglich war, wo jedenfalls die Geschicke Deutschlands sich entscheiden müssen, hier als Lehrer zu wirken: da, in einem so bedeutenden Moment, und nachdem Gott so lang mir das Leben gefristet, der Philosophie, die der Schutzgeist meines Lebens gewesen, nicht zu fehlen, mußte ich als unabweisliche Pflicht erkennen, und nur dieser Gedanke, diese klare Überlegung allein konnte mich entscheiden.[10]

Noch immer also ist er erfüllt von der Illusion einer glänzenden Zukunft! Noch immer vermischt sich in diesem Traum sein eigenes Los und das der Zeit und sieht er seine persönliche Geschichte als die der Menschheit an! Aber wie brüchig ist nun der Klang seiner Stimme, wie mühsam behauptet die Sicherheit, mit der er einst seine Feinde erschreckt und die Freunde bezaubert hat! Er war nicht mehr der Mann, auf den die Jugend ihre Hoffnung setzte. Er war ein Wort aus einem abgeschlossenen Kapitel des deutschen Geistes. Und dennoch würden wir heute sagen, daß der scheinbar vermessene Stolz des alten Mannes berechtigt war. Denn jene, die ihn damals mit einer spöttischen Neugier besahen, waren nicht weiter vorgedrungen als er. Sie hatten ihn keineswegs überwunden, sondern nur das Geheimnis vergessen, als dessen Myste er vor sie trat, so ganz vergessen, daß nicht einmal die Abschiedsschwermut übrigblieb.

[10] SchSW XIV, 360f.

Zwei schwäbische Lieder

1. Mörike

Das verlassene Mägdlein

Früh, wann die Hähne krähn,
Eh die Sternlein verschwinden,
Muß ich am Herde stehn,
Muß Feuer zünden.

Schön ist der Flammen Schein,
Es springen die Funken;
Ich schaue so drein,
In Leid versunken.

Plötzlich, da kommt es mir,
Treuloser Knabe,
Daß ich die Nacht von dir
Geträumet habe.

Träne auf Träne dann
Stürzet hernieder;
So kommt der Tag heran
O ging er wieder!

Gottfried Keller hat Mörike einmal den »Sohn des Horaz und einer feinen Schwäbin« genannt und damit sein eigenartiges Künstlertum unübertrefflich in Worte gefaßt. Mit dem »Sohn des Horaz« mag freilich zunächst nur der Dichter der Epigramme und Elegien gemeint sein. Darüber hinaus jedoch deutet das Wort den artistischen Zug in Mörike an, den Sinn für die Reize der Form an sich, der ihn gelegentlich fast schon in die Nähe Hugo von Hofmannsthals rückt und sich nicht minder in den frühen Liedern als in den klassizistischen Versen der späteren Zeit bezeugt. Derselbe Artist ist aber noch, als »Sohn der feinen Schwäbin«, ein ins Tiefste eingeweihter Poet. Das idealistische Wissen eines Schelling liegt ihm noch im Blut. Mit den Bereichen der Romantik verbinden ihn unterirdische Adern. Und keiner der Späteren durfte sich wohl noch Goethe so nahe fühlen wie er.

Von diesem Gesichtspunkt aus müssen wir auch ein scheinbar so schlichtes Gebilde wie ›Das verlassene Mägdlein‹ zu deuten versuchen. Es ist zuerst im ›Maler Nolten‹ erschienen und dann als selbständiges Stück in die Gedichtsammlung eingegangen. Nolten hört es von einer Mädchenstimme vor seinem Fenster singen, während er krank in Gefangenschaft liegt. Wir sollen ein Volkslied darin vermuten, wie in dem Gedicht ›Die Schwestern‹, das Mörike an Fr. Th. Vischer gesandt hat mit der Behauptung, er habe es im Feld von zwei Mädchen singen gehört. Er war dann freilich gutmütig genug, schon im Postscriptum zu gestehen, tatsächlich stamme das Lied von ihm; er sei nur begierig gewesen, zu prüfen, ob sein volkstümlicher Stil sogar den gelehrten Freund zu täuschen vermöge. So wurde es Vischer leicht zu erklären, er habe von Anfang nicht getraut. Wir sind in derselben Lage wie er. Wir wissen, daß das ›Verlassene Mägdlein‹ so wenig wie ›Zwei Schwestern‹, wie ›Ein Stündlein wohl vor Tag‹ oder ›Suschens Vogel‹ ein Volkslied ist. Der Ton aber ist erstaunlich getroffen. Man glaubt an Improvisation. Kurze Sätze folgen einander wie in den Liedern des ›Wunderhorns‹. Die höchst liberale Metrik, die manchmal kaum mehr faßbar ist, wirkt naiv. Doch niemand darf daran zweifeln, daß Mörike diese Naivität erstrebt hat, daß er bewußt den Takt verschleiert, während das Volkslied sich mit mehr oder minder Erfolg um die Regel bemüht. Derselbe Dichter meistert in ›Besuch in Urach‹ die Goethesche Stanze, in einigen ›Peregrina‹-Gedichten orientalisches Kostüm, im Brief ›Erinnas an Sappho‹ hellenischen, in den Senaren römischen Stil. Und offenbar wäre es falsch zu fragen, welche Form seine eigene sei. Die Klassiker und Romantiker haben unzählige Formen ausgebildet. Da lockt es ihn, bald etwas in diesem, bald etwas in jenem »Sprechton« zu machen. Nur den Gehalt »entlehnt er seiner eigenen Innerlichkeit« – um die bekannten Worte Hofmannsthals über den ›Brief des Lord Chandos‹ zu brauchen. So begleitet im Roman den Maler Nolten der Schauspieler Larkens, den fühlenden Menschen der Epigone, der Seelen, doch keine Seele hat, und faßt in Sprache, was jener empfindet.

Ist aber der Gehalt des ›Verlassenen Mägdleins‹ Mörikes Eigentum? Untreue des Knaben, Schmerz des Mädchens: Das scheint uraltes volkstümliches Gut von solcher Einfachheit, daß man es kaum aus eines Spätlings kompliziertem Gemüt erklären zu müssen glaubt. Und doch ist jede Zeile von seinem ganz persönlichen Geist erfüllt.

Wir werden zunächst der Jugendgeliebten des Dichters, Klärchen Neuffers, gedenken, auf die sich das älteste Stück der Gedichtsammlung, ›Erinnerung‹, bezieht. Es ist kein Zufall, daß Mörikes erste gültige lyrische Äußerung den Rückblick auf etwas Vergangenes dichtet. Naturen, denen es an Kraft gebricht, das Leben selber zu meistern, wird in der ersten Liebe das Schicksal aller künftigen Liebe geweissagt. Was Mörike an Klärchen erfuhr, wiederholte sich, heftiger und gefährlicher, in der Liebe zu Peregrina und wiederum bei Luise Rau. Solche Wiederkehr des Gleichen, bei Menschen und in Verhältnissen, die miteinander gar nichts zu schaffen hatten, mochte den Dichter wohl dazu bringen, die Schuld im eigenen Herzen, wo nicht klar zu erkennen, so doch zu ahnen. Wir fassen sie ganz formal, wenn wir sagen: Es war ihm verwehrt, das Leben anders denn als vergangenes anzuerkennen. Als Liebender gleicht er jenem unglücklichen Jüngling in Kierkegaards ›Wiederholung‹, der nach der ersten Begegnung mit der Geliebten in Träumerei versinkt und Möllers Verse vor sich hin sagt:

Zum Lehnstuhl kommt aus der Jugend Mai
  Ein Traum mir heut,
Sehnsucht nach dir ergreift mich dabei,
  Du lieblichste Maid.

Kierkegaard bemerkt dazu:

> Er war tief und innig verliebt, das war klar, und doch war er imstande, sich sogleich, an einem der ersten Tage, an seine Liebe zu erinnern. Im Grunde war er mit dem ganzen Verhältnis fertig. Ehe er anfängt, hat er einen so furchtbaren Schritt gemacht, daß er das Leben übersprungen hat. Ob das Mädchen stirbt, das wird keine wesentliche Veränderung hervorbringen, er wird sich wieder hinwerfen, sein Auge wird sich wieder mit Tränen füllen, er wird wieder die Worte des Dichters wiederholen.

Ähnlich stand es um Mörike. In einem ziemlich frühen Brief an Luise Rau zum Beispiel schreibt er:

> Ich schauderte einen Augenblick vor der Größe und vor der *Wirklichkeit* meines Glücks; denn gibt es nicht solche seltene Momente, wo gleichsam ein rascher Blitz des innersten Bewußtseins uns das, was wir *besitzen* und *sind*, in seiner ganzen Gestalt sehen läßt, in der überwältigenden Fülle seiner Wirklichkeit, während es dann scheint, als wäre man bisher nur

wie in einem gewöhnlichen Traum befangen gewesen? Da ist es mir denn, als rührte plötzlich ein Gott meine Schulter mit der Hand und ich schlüge hell die Augen auf – aber nur, um dann gleichsam wieder von einem wachen Traum in den andern zu stürzen, vergeblich ringend, das Wunder zu begreifen, das mich so glücklich macht. O liebe, liebe Luise, es ist wahrhaftig kein leeres Wort, wenn ich dir sage, daß ich in solchen Augenblicken mich zu jener himmlischen Genügsamkeit erhoben und fähig fühle, welche in dem bekannten Ausdruck liegt: »– Rufe Dein Kind zurück! Ich habe genossen das irdische Glück; ich habe – usw.«

Die nicht mehr ausgeschriebenen Worte lauten:

Ich habe gelebt und geliebet.

Was half es ihm da, daß er seine Geliebten mit allen Zärtlichkeiten beschenkte, deren begnadeter Meister er war? Sie fühlten sich verlassen von ihm, der, statt die Gegenwart wahrzunehmen, von Anfang an in die Erinnerung floh. Sein erster Blick schon war – in diesem schwer faßlichen Sinne – Treulosigkeit. Und was im Einzelnen als Fehler und Mißverständnis verrechnet wurde, enthüllte nur die ursprüngliche Schuld.

Das scheinen private Dinge zu sein. Bei keinem großen Künstler aber läßt sich das Private vom geschichtlich gültigen Dasein trennen. Das Schicksal, einzig in der Erinnerung leben zu können, teilt Mörike mit einer ganzen Generation. Die hohe Zeit der »Seligen«, wie er Goethe, Schiller, Mozart und Haydn genannt hat, liegt um Jahrzehnte zurück. Die Gegenwart ist kahl, und die darin leben müssen, fühlen sich müde. Eine rohere Jugend mag sich immerhin neue Ziele setzen und mit geräuschvollem Eifer um politische Ideale bemühen, indes das ewige Reich der Schönheit, gleich Orplid, in der Ferne versinkt. Denen, die noch um die Köstlichkeiten des Vergangenen wissen, fehlt der Mut zu frischem Beginn. Skeptisch gegen alles Nahe, dem Unwiederbringlichen zugetan, so dürfen sie sich in dem alten König Ulmon als ihrem Mythos erkennen. Sie haben ihr Eigenstes überlebt.

Zumal in jüngeren Jahren hat Mörike seine Scheu vor dem Wirklichen oft als Widerwillen gegen den Tag und seine Geschäftigkeit empfunden. Der Tag ist die Zeit der Gegenwart, wie die Nacht die Zeit der Erinnerung ist, der Einkehr in die Tiefen der Träume, die vom vergangenen Leben gespeist sind.

»Da noch der freche Tag verstummt«, vernehmen wir den schwärmerischen ›Gesang zu Zweien in der Nacht‹. »Lisch aus, o Tag, laß mich in Nacht genesen!« heißt es in einem Sonett an Luise Rau. Das ist romantische Sehnsucht. Doch findet der Dichter sie nur sehr selten gestillt. Die Tageszeit, in der sein Genius zu sich kommt, ist eher der Morgen. Als Hermann Kurz die Gedichte ordnete, stellte er an den Anfang ›An einem Wintermorgen, vor Sonnenaufgang‹, und Mörike war damit einverstanden. Auch hier schweigt noch der freche Tag. Das reine Weiß, das Unberührte erscheint als Wiederkehr der Kindheit, der nie verschmerzten glücklichen Welt, in der es noch nichts Fremdes gab, nichts Äußerliches die Seele verstimmte, und eine Hoffnung, es werde daraus ein göttlicher Tag erstehen, Mut zu jedem frommen Werk verlieh. Ähnliches verspricht die ›Sehnsucht‹ oder der ›Septembermorgen‹. Doch diese Hoffnung ist ein Trug. Sobald die Sonne höher steigt, verlieren die Dinge den Zauberglanz. Aufdringliche Mühsal hebt an, und was noch möglich ist, lohnt sich nicht.

Dem Erfahrenen kündigt sich drum der Morgen bald als Zeit der Ernüchterung an.

Ach, Lieb und Treu ist wie ein Traum
Ein Stündlein wohl vor Tag.

Diese Verse bewähren sich etwa in den Strophen ›Früh im Wagen‹, wo der Dichter noch in das »Schmerzensglück der Abschiedsnacht« versenkt ist, bis die Sonne den Traum verscheucht; oder in der ›Begegnung‹, wo die Liebenden, die »ungewohnten Schelme«, sich nach der ersten Liebesnacht im Licht des jungen Tages begegnen, verwirrt vom Taumel und kaum schon wach; auch in der Elegie ›An Hermann‹, wo der Erwachte weinend des im Traum erschienenen Knaben, eines geliebten Jugendfreundes, gedenkt. Fremde und gleichgültige Helle, wahrgenommen von einem Geist, den noch Schlaftrunkenheit umflort: Das ist die Stunde Mörikes, des Dichters auf der Schwelle der Zeiten, der aus der Nacht verbannt ist und den Tag noch nicht – wie später Gottfried Keller – als Werktag zu schätzen vermag.

In dieser Stunde fühlt auch das verlassene Mägdlein sein Geschick. Die Sterne stehen noch am Himmel. Die Hähne aber, die Feinde der Liebe, der holden Träume, verkünden das Licht. Die leidige Arbeit beginnt, im Dienste fremder Menschen, dürfen wir nach Mörikes Sinnesart vermuten; sind ihm doch selber eigentlich fast alle Menschen fremd geblieben, mit denen ihn nicht die Erinnerung an das zärtliche Dunkel der Kindheit verband.

Ich schaue so drein,
In Leid versunken . . .

Das ist der unteilnehmende Blick, den viele Bildnisse des Dichters zeigen, der Blick eines Resignierten, der zwar mit den Leuten spricht und zur Not die Geschäfte verrichtet, die man von ihm verlangt, den aber dies alles nichts angeht, weil etwas anderes ihn erfüllt. Doch auch dies andere vermag sich offenbar nicht recht durchzusetzen. Es ist nur irgendein dumpfes Gefühl, so wie ein vergessener Traum am Morgen dicht unter dem wachen Bewußtsein liegt und uns beunruhigt, niederdrückt oder beseligt, ohne daß wir zu sagen wüßten, woher dies Seltsame stammt.

Plötzlich, da kommt es mir,
Treuloser Knabe,
Daß ich die Nacht von dir
Geträumet habe.

Dem Mädchen hat geträumt, es sei noch mit dem geliebten Knaben vereint, es ruhe beglückt in seinem Arm. Sonst würde es nicht in den letzten Versen den Tag fortwünschen und die eben vergangene Nacht zurückbegehren. Erinnerung gewährt die Seligkeit, welche die Gegenwart versagt.

Was aber plötzlich die Erinnerung weckt, ist der Anblick der springenden Funken. Das Element, das Feuer durchbricht gleichsam die Sphäre des dumpfen Bewußtseins und entzündet das Herz, ein Vorgang, wie Mörike selbst ihn immer wieder als Ein-fall des Dichterischen erfuhr. So schildert er etwa in einem Brief, wie er nachts im Zimmer an die Saiten einer vergessenen Gitarre rührt und der unerwartete Ton das Gemüt mit seligem Schauder überfährt. Oder er hört die Äolsharfen im Park zu Ludwigsburg und gesteht: »Die süßen Töne schmolzen alles Vergangene in mir auf.« Hier ist es Musik, was sein Inneres aufschließt. Musik gehört aber ihrerseits in den Bereich des Elementaren. Am Schluß des ›Don Giovanni‹ erweist es sich, daß sie sehr nah mit dem Feuer verwandt ist. Denn wenn der Komtur verschwindet und die Flammen aufschlagen, fühlt sich die Seele vom Feuer wie von den Tönen ergriffen. Auch das Erscheinen Peregrinas begleitet im ›Maler Nolten‹ Musik.

Sie selber ist wie Flamme und Wind. In einem später unterdrückten Stück des Peregrina-Kreises scheint sich die Gestalt des Mädchens aus einem Heidesturm zu verdichten. Der Wange Glut und das Entzünden, das Lodern verbotener Leidenschaft: Bilder, die in der Sprache der Dichter längst zu Formeln abgeblaßt sind, gewinnen wieder die alte Kraft. Unmißverständlich geben die Elemente das Walten der Liebe kund, so wie es in ›Frage und Antwort‹ heißt:

Fragst du mich, woher die bange
Liebe mir zum Herzen kam,
Und warum ich ihr nicht lange
Schon den bittern Stachel nahm?

Sprich, warum mit Geisterschnelle
Wohl der Wind die Flügel rührt,
Und woher die süße Quelle
Die verborgnen Wasser führt?

Banne du auf seiner Fährte
Mir den Wind in vollem Lauf!
Halte mit der Zaubergerte
Du die süßen Quellen auf!

Die Elemente sind aber die alte Macht, aus der sich Mörike im gewöhnlichen Leben des Tages verbannt weiß. ›Mein Fluß‹, ›Das Lied vom Winde‹, ›Heimweh‹, diese und viele andere Gedichte bewegen sich um jene Frage, die in ›Besuch in Urach‹ an das Wasser gerichtet wird:

Was ist's, das deine Seele von mir trennt?

Wir hören in dieser Frage nun zugleich die tiefere mit:

Was ist's, das mich von ewiger Liebe trennt?

Und wenn wir unser Gehör so schärfen, vernehmen wir dasselbe in den Versen, über die man sonst hinwegliest, weil sie so unbeschwert klingen:

Ach, sag mir, alleinzige Liebe,
Wo du bleibst, daß ich bei dir bliebe!
Doch du und die Lüfte, ihr habt kein Haus.

Die Liebe ist »alleinzig« wie für Goethe, Schelling und Hölderlin, ἓν καὶ πᾶν, das Göttliche, das die Welt mit unendlicher

Wonne durchdringt. Für Mörike aber ist die alleinzige Liebe nicht mehr da, nicht nahe, oder doch nur in jenen seltenen Stunden der Gnade, wenn die Erinnerung »alte, unnennbare Tage« webt. Kann fern sein, was eins und überall ist? Im ›Lied vom Winde‹ findet sich eine Stelle, die uns nicht minder verwirrt:

Schelmisches Kind,
Lieb ist wie Wind,
Rasch und lebendig,
Ruhet nie,
Ewig ist sie,
Aber nicht immer beständig.

Das Ewige ist nicht immer beständig, und das Alleinige ist nicht da. So weiß es der Dichter, der die Heimat seines Geistes verloren hat, jenes Land, in dem zu wohnen den Vätern, den »Seligen«, noch erlaubt war. Das Bewußtsein seiner und der allgemein nichtigen Gegenwart ist's, was ihn von der ewigen Liebe trennt. Gleichgültiges hat sie überwachsen, seit Kindheit und Jugend vergangen sind. Wenn Hölderlin gläubig und Goethe weise genug war, das Ewige auch als Grund der gegenwärtigen Welt zu erkennen, bringt Mörike die Kraft zu einer solchen Haltung nicht mehr auf. Er läßt sich gehen; er schaut, »in Leid versunken«, müde vor sich hin, ein Dichter der verlorenen Liebe, und muß sich damit begnügen, daß das Entschwundene selbst so liebreich ist, ihn hin und wieder anzumuten. Dann, wenn es ihm an die Seele rührt, im Windhauch, in einem leisen Ton, geht »süßes Schrecken durch sein Gebein«. Dann ist er »lustbeklommen«, »zauberbang«, beklommen, weil er sich der Ohnmacht seines Gefühls bewußt bleibt, voll Lust, weil solche Anmutung das einzig Lebenswerte verheißt.

Wir laufen Gefahr, das zarte Gebilde, das wir betrachten, mit solchen Überlegungen allzu schwer zu belasten. Und doch kann jede einzelne Zeile eines Gedichts ja nur aus dem Ganzen seines Schöpfers gedeutet werden. Es ist hier nicht anders, so volksliedmäßig-allgemein die Motive sich geben. Der Morgen, die trübe Schlaftrunkenheit, das Feuer, in dem die Liebe lodert, das drum im Herzen Erinnerung an die verlorene Liebesheimat weckt, das schmerzliche Gefühl, wie fern die Wirklichkeit vom Erinnerten ist, dies alles erweist sich als getreue Darstellung von Mörikes Welt. Und die letzten Verse:

So kommt der Tag heran,
O ging er wieder!

dürfen wir ebenso als privatesten Wunsch verstehen wie als Bekenntnis einer ganzen Generation, die nach der Nacht romantischer Träume einer ungeweihten, öden Realität entgegensah.

Schließlich ist es auch von Bedeutung, daß Mörike solche persönlichen Worte nicht im eigenen Namen spricht. Er liebt es auch sonst, sein Ich zu verschweigen. ›Der Knabe und das Immlein‹, ›Begegnung‹, ›Erstes Liebeslied eines Mädchens‹, ›Der Gärtner‹, ›Agnes‹, ›Erinna an Sappho‹: In allen diesen Gedichten löst der Dichter sein Gefühl von sich ab und gibt sich das Ansehen, als spreche er nur, ein früh gealterter Gönner der Jugend, das Leben anderer Menschen aus. Die traurige Erkenntnis, vom unmittelbaren Empfinden geschieden und, wie Larkens, selber nichts zu sein, scheint ihm dies eingegeben zu haben. Kein Zweifel! Das Artistische, die subtile schauspielerische Begabung ersetzt die ausgeprägte Persönlichkeit, wie umgekehrt eine solche Wandelbarkeit des Stils, ein solcher Sinn für verschiedene Formen nur möglich ist, wo ein bestimmtes eigenes Dasein fehlt. Mörike war den Zeiten der Fülle noch nahe genug, um nie leer zu wirken, und doch schon so fern, um in der zärtlichen Wehmut eines entwurzelten Künstlers mit ihren Möglichkeiten zu spielen. In solcher Stunde aber ist der Kunst die höchste Vollendung vergönnt.

2. Justinus Kerner

Der Wanderer in der Sägemühle

Dort unten in der Mühle
Saß ich in süßer Ruh
Und sah dem Räderspiele
Und sah den Wassern zu.

Sah zu der blanken Säge,
Es war mir wie ein Traum,
Die bahnte lange Wege
In einen Tannenbaum.

Die Tanne war wie lebend,
In Trauermelodie

Durch alle Fasern bebend
Sang diese Worte sie:

Du kehrst zur rechten Stunde,
O Wanderer, hier ein.
Du bist's, für den die Wunde
Mir dringt ins Herz hinein!

Du bist's, für den wird werden,
Wann kurz gewandert du,
Dies Holz im Schoß der Erden
Ein Schrein zur langen Ruh.

Vier Bretter sah ich fallen,
Mir ward's ums Herze schwer,
Ein Wörtlein wollt ich lallen,
Da ging das Rad nicht mehr.[1]

Es gibt von Justinus Kerner viele echte, doch wenig vollkommene Gedichte. Auch sein bekanntestes, meist gesungenes, ›Der Wanderer in der Sägemühle‹, enttäuscht in der vierten und fünften Strophe durch eine lehrhafte Erklärung, die dem Motiv doch keineswegs gerecht wird. Die andern Strophen aber, zumal die ersten beiden und die letzte, gehören zum Geheimnisvollsten, was deutscher Spätromantik gelang.

Wir hören dunkle, lange Töne, wirklich ein Lallen wie im Traum, in einem Traum, so wie ihn ein Mensch unter schwerem, doch wohligem Druck träumen mag. Kerner träumt die schwäbische Landschaft, erinnert, was ihm vor Augen steht, weiche Mulden, im Grunde die Sägemühle mit aufgestapeltem Holz. Alles weist in die Tiefe hinab, und unten, unten in der Mühle sitzt der Dichter »in süßer Ruh«. Wir kennen aus Bildern seine Erscheinung. In späteren Jahren sah er fast aus wie ein altes, schwerfälliges Bauernweib, das an den Bibelspruch gemahnt: »Du sollst wieder zu Erde werden, davon du genommen bist.« Da ist keine Spur von Spannkraft. Breit lagert der Leib auf seinem Sitz. Varnhagen von Ense erzählt von Kerner:

Denkt euch noch die einfachste, ganz vernachlässigte Kleidung, völlige Gleichgültigkeit gegen Dinge, mit denen man

[1] Text nach: Justinus Kerners sämtliche poetische Werke in vier Bänden, hrsg. von J. Gaismaier, Leipzig o. J. (im folgenden zit.: Gaismaier), I, 288/89.

sich berührt, vorgebeugte Haltung, ungleichen, ungeraden Gang, eine stete Neigung, sich aufzulehnen oder niederzulegen, wie er denn lieber auf einem Stuhle unbequem liegt als bequem sitzt . . .[2]

So war dieser Mensch, dem es offenbar schwer fiel, sich von der Erde zu unterscheiden, anders zu tun und zu sein als der Boden, der dunkle, unbewegliche Grund.

Dem scheinen die bekannten Trinklieder Kerners zu widersprechen, auch seine herzliche Gastlichkeit. Ein Distichon – ›Im Herbst‹ – aber lautet:

Eh sie erstirbt, die Natur, die treue Mutter, noch einmal
Ruft sie die Kinder zu sich, reicht als Vermächtnis den Wein.

Als herbstliche Lust nur vor dem Sinken und Sterben läßt er das Heitere gelten, als Weihefest für die »süße Ruh«.

Er findet sie unten in der Mühle. Zeitlebens hat er die Mühle mit innigem Einverständnis betrachtet. In manchen Gedichten ist wohl auch von ihrem fröhlichen Klappern die Rede. Meist aber dreht sie sich nur träge, als wolle sie gleich stillestehn. Das Wasser im Grund ist nur ein Bächlein. Und von diesem Bächlein wird nur wenig auf das Rad geleitet. Der Lebensstrom, bei Brentano noch ein reißender Fluß, ist zum Rinnsal geworden. Und die Bewegung, die etwas leistet, ist bloß die Schwerkraft, welche die gefüllten Schaufelkammern nach unten zieht. Ähnlich wirkt das Gewicht der Uhr. Ein Gedicht, das als Kunstwerk kaum in Betracht kommt, aber bei aller Nachlässigkeit doch wahr ist, ›An die Wanduhr‹, lautet:

Alte Uhr! dein Zeiger geht
Wohl noch richtig seine Bahn,
Doch dein Schlagwerk stille steht,
Schlägt nicht mehr die Stunden an.

Alte Uhr! dich hat die Zeit
So wie mich verletzet schwer!
Geht auch noch mein Tagwerk heut',
Schlägt mein Herz doch fast nicht mehr.

Das Herz, das beinah nicht mehr schlägt, der Lebensstrom, der fast versiegt ist; die alte gebrechliche Uhr und das Rinnsal,

[2] Gaismaier I, 29.

das die schwerfällige Mühle treibt: das ist der Rest von Bewegung, der hier noch bleibt, das Fallen eines Daseins, das sich am Ende fühlt. Kerner sieht das Fallen, das schwere Sinken auch dort, wo kein andrer Dichter es sehen würde. Die ›Mitternachtsszene‹ beginnt mit den Versen:

Vögel, die mit Wolken schifften,
Sanken in der Wälder Nacht.

Der dunkle Wald verschluckt den Schwarm wie der dunkle Boden das Wasser, das aus den Kammern des Mühlrads tropft.

Doch dieses Fallen ist nicht fruchtlos. Die Mühle wird getrieben; das Gewicht hält die Uhr im Gang. Fast zu deutlich sprechen den seelischen Sinn des Vorgangs die Verse aus:

Was in stiller Mitternacht,
Wenn die Erde ringsum schlief,
Mir oft aus dem Herzen tief
Lieder hat hervorgebracht,
War des Lebens Schwere nur,
Die mir oft am Herzen zieht,
Wie's Gewicht zieht an der Uhr,
Bis sie flötet laut ein Lied.

Die Seele des Dichters tönt in Liedern, wenn sie sich ungestört der Schwerkraft des Lebens überlassen darf. So beginnt auch in ›Der Wanderer in der Sägemühle‹ das Dichterische in dem Augenblick, da er sich niederläßt und unbehelligt der süßen Ruhe erfreut.

Bei der Mühle läge es nahe zu sagen, daß die Schwerkraft das Mehl bereitet und aus dem Mehl das Brot wird, von dem die Menschen sich nähren. Doch davon redet Kerner kaum. Spricht er von gewöhnlichen Mühlen, so faßt er sie auf in dem Augenblick, da die Räder stille stehen und das lebensspendende Werk aufhört. Der Wanderer aber hat sich in einer Sägemühle niedergelassen. Wer nur den Titel läse, fände vielleicht das Motiv fast zu apart. Erst später bewährt es sich. Was niederzieht, das ist der Tod. Der Tod in den ›Reiseschatten‹ spricht:

All' noch faßte meine Rechte,
Niederziehend in die Tiefen.

Die Schwere ist die Anziehungskraft der Erde, welche die Toten beherbergt. Und wenn die Getreidemühle das Mehl zum Brot des Lebens spendet, so ist das Werk der Sägemühle der

Tod. Die vier Bretter, die fallen, sind die Langbretter des Sarges. Die Sägemühle steht still, wenn die Wohnung des Leichnams bereitet ist. Das Ertönen des Lebens, während es langsam in die Tiefe sinkt, wird hörbar in dem Gesang des Tannenholzes, durch das die Schneide fährt. Von Musik ist hier ungezwungener die Rede als bei dem Flöten der alten Uhr. Ein schöner, reiner Ton entsteht beim Zersägen des Holzes. Und auch das Schmerzliche des Singens ergibt sich nun von selbst. Die Tanne singt, da sie verwundet wird. Wieder träumt der Dichter von sich. Er hat zwar ein glückliches Leben gelebt! Seine Ehe war fast märchenhaft glücklich, vom Augenblick der Begegnung an durch lange Jahrzehnte bis zum Tod. Es zeigt sich aber, wie wenig das Schicksal gegen die tiefste Stimmung, die uns angeboren ist, vermag. Verwundert fast hat Kerner immer wieder eingesehen, daß Schmerz von ihm nicht abgelöst werden könne und daß der Schmerz aufs innigste mit seinem Dichten verbunden sei:

Einer Glocke zu vergleichen
Ist des Sängers armes Herz,
Soll's in Harmonie ertönen,
Muß es leiden Schlag und Schmerz.

Doch Kerner schmerzt nicht dies oder jenes. Schmerz ist, nach einem andern kleinen Gedicht, der »Grundton der Natur«, beseligend also, weil er den Menschen eint mit Erde, Pflanze und Tier. Aber wenn auch beseligend, so ist's doch keine vage Wehmut. Den Vers »in allen Fasern bebend« konnte nur ein Dichter finden, der den Schmerz als Herzweh spürte, als Zehren in der Gegend des Herzens, das den lebendigen Leib angreift und von der Seele her zerrüttet. Wie trat wohl der Arzt Justinus Kerner an das Lager der Leidenden? Er war kein Aristokrat des Lebens, wie Vischer jene Gesunden nennt, die den Anblick des Leidens als Kränkung empfinden. Er fühlte sich heimisch bei Schmerz und Tod und kam wohl eher als Tröster denn als Helfer zu seinen Kranken. Die Zumutung, zu heilen, mochte ihn vielleicht sogar seltsam berühren.

Arzt! o laß dein schmerzlich Heilen!

Solche Worte glaubte er in den Mienen der Todgeweihten zu lesen. Noch deutlicher wird ein Brief an Uhland, dessen nüchterner Sinn an den »zwecklosen Zerrüttungen« in der Poesie seines Freundes Anstoß nahm:

Tod nenne ich die innigste Vereinigung mit dem Geist der Natur, Krankheit ist Hinstreben nach dieser Vereinigung. Tod ist die höchste Verherrlichung, zu der der Mensch im Leben kommt ... Dieser Verein, dieser innere Umgang mit der Natur, dies Heraustreten kann ... nie statthaben, wo der Körper ein Bollwerk ist, die Oberhand hat, gesund ist, eine für sich bestehende begrenzte Masse. Es gehört Auflösung dazu, daß die für sich bestehende starre Eismasse als blauer, weicher Fluß der Mutterbrust, dem Meere, zueilt und Sturm vorhersagt und den Bewegungen des Mondes folgt, nenne man diese Auflösung Krankheit, Zerrüttung, Tod ...[3]

In unserm Lied ist der Tod das fast lautlose, schlichte Ende eines langen Vorgangs. Die Schneide hat schmerzhaft den Stamm durchsägt. Der Stamm zerfällt in die vier Bretter. Ein solches Zerfallen ist aber wohl im Geiste Kerners der richtigste Tod. Blätter, die am Boden faulen und sich allmählich in Humus verwandeln, Absterben und Verwesen des Körpers – dem Dichter ist dies nicht widerlich. Es geht darum, wieder zu Erde zu werden, und heilig ist diese stille, allmähliche Rückkehr in den Mutterschoß.

Ein Verbrennen der Leiche im Feuer wäre hier wohl der schlimmste Betrug, den Lebende Toten antun könnten. Das wahre Ende ist der Sarg, der in die Tiefe gesenkt wird. Kerner hat einen Wettstreit zwischen der Tanne und der Rebe gedichtet. Die Tanne, schwer bedrängt, siegt zuletzt. Denn:

Eines doch ist mir beschieden:
Mehr zu laben als dein Wein,
Lebensmüde! – Welchen Frieden
Schließen meine Bretter ein!

Kerner liebt die Tanne des Sarges, die der Tote gleichsam den ganzen Körper entlang noch fühlt, die das Menschliche bettet in Hüllen der Natur und mit dem Leib in langen Jahren unter der Erde schließlich eins wird.

Nur angedeutet sei, daß hier, wie das Gedicht sich nun enthüllt hat, im Volksliedton ein spätromantischer Geist zu Wort kommt, der verwandt ist mit der Schwermut Schellings und mit Bachofens Mythologie. Hoffen und Planen ist eitel geworden, der Glaube an eine Zukunft tot. Da wächst Erinnerung an den Ursprung und Heimweh nach dem Vergangenen. Kerners

[3] Gaismaier I, 40f.

Sinken in die Erde, von der wir genommen sind, ist gleichsam die letzte Regung jener Zeit, der Goethe den Namen gegeben, die vor einem Jahrhundert, ein Jüngling, angetreten war voll Zuversicht, ein Neues und Dauerndes zu begründen.

Jeremias Gotthelf: Anne Bäbi Jowäger

1842 wurde Jeremias Gotthelf von der Regierung des Kantons Bern aufgefordert, gegen die medizinischen Pfuscher zu schreiben. Er hatte Bedenken; er erklärte, nichts von Medizin zu verstehen. Doch da der Kalender gerade fertig und noch nichts Neues begonnen war, machte er sich an die Arbeit, beschaffte sich Mitteilungen von Ärzten, Schilderungen von Krankheitsbildern, Nachrichten über die Schwindeldoktoren und dachte an eine kürzere Erzählung, die den Titel tragen sollte: ›Wie es Hansli Jowäger mit dem Doktern geht‹. Aus der »projektierten Broschüre« gab es dann aber bald ein Buch. Schon Ende Oktober 1842 schreibt Gotthelf an Eduard Fueter:

> Sobald ich eine Arbeit anfange, so kommt ein Geist in die Arbeit, und dieser Geist ist mächtiger als ich, und in jede Person kommt ein Leben, und dieses Leben fordert seine Rechte, will auswachsen und nach allen Richtungen sich geltend machen. So ist es mir auch in dieser Geschichte gegangen: die Personen machten sich geltend und überwuchsen die eigentliche Tendenz, drängten sie in den Hintergrund.[1]

Das »Haushalten« hat sich als zweite Frage unversehens zum Doktern gesellt. Anne Bäbi gewinnt an Bedeutung; Hansli Jowäger tritt zurück. Der endgültige Titel lautet: ›Wie Anne Bäbi Jowäger haushaltet und wie es ihm mit dem Doktern geht‹. Im Dezember wird aus dem Büchlein bereits ein »ordentlicher Bengel von Buch«[2]; und Gotthelf findet sich damit ab, daß noch ein zweites folgen muß, wenn die Tendenz, die er im Eifer des Erzählens vernachlässigt hat, gehörig berücksichtigt

[1] Jeremias Gotthelf, Sämtliche Werke, hrsg. von R. Hunziker und H. Bloesch (im folgenden zit.: GSW), 5. Ergänzungsband (Briefe II. Teil), S. 243.

[2] GSW 5. Ergänzungsband (Briefe II. Teil) S. 256.

werden soll. Oft gesteht er halb verzweifelt, die Sache wachse ihm über den Kopf; er wolle dann im zweiten Teil »mit aller Besonnenheit« zu Werke gehen. Unterdessen beschäftigen ihn andere Pläne: ›Kurt von Koppigen‹, ›Geld und Geist‹. Im Studierzimmer des Pfarrhauses zu Lützelflüh geht es tumultuarisch zu. Im Frühling 1844 ist aber das Doktorbuch abgeschlossen. Gotthelf selber meint, der zweite Teil sei doch »verdammt gescheut«, fügt freilich hinzu, er zweifle, »daß es allen Leuten so gehen werde«. Daß er es der Regierung schwerlich recht gemacht habe, schien ihm klar. Doch darum kümmerte er sich wenig. Er hatte keine Zeit für solche Sorgen. Er war schon wieder zu neuen Unternehmungen aufgebrochen.

Das ist in Kürze die Entstehungsgeschichte des Werks, das uns beschäftigt. Wir wären nicht einmal auf die Briefe angewiesen, um sie zu kennen. Ihre deutlichen Spuren lassen sich im Gang der Erzählung verfolgen. Wir sehen, wie Gotthelfs Phantasie sich ihres Gegenstands bemächtigt, oder besser, wie sich dieser seiner Phantasie bemächtigt und mit ihr schaltet, nicht wie er will, sondern wie seine Geschöpfe wollen in ihrer unumstößlichen Wahrheit: ein großes, im Bereich der deutschen Sprache einzigartiges Schauspiel!

Aus dem ärztlichen Thema ergeben die ersten Schritte sich fast von selbst. Vertrauen zu Quacksalbern haben eigensinnige, dumme Leute. Sie dürfen aber nicht nur dumm sein. Sonst wird der Leser nicht gefesselt; und wenn es mit dem Doktern schief geht, ist jedermann höchstens schadenfroh. Eine gewisse Würde, sympathische Eigenschaften sind unerläßlich. So läßt denn Gotthelf die uns allen bekannte Familie aufmarschieren: Hansli, den altmodischen Bauern, der etwas abseits vom Dorf daheim ist und still seine eigenen Wege wandelt, wohlmeinend und rechtschaffen, wie Jowägers immer gewesen sind; dazu Anne Bäbi, sein Weib, von dem es schon im ersten Satz heißt: »Es meinte es auch gut, aber uf sy Gattig«, eine rührige, brave Frau, die mit ihrem beschränkten Verstand in Haus und Hof ein despotisches Regiment führt; alsdann Jakobli, beider Kind, an dem sie den Narren gefressen haben und das sie verwöhnen nach Herzenslust. Von Knecht und Magd darf keine bessere Einsicht zu erwarten sein, oder, wenn sie vorhanden ist, so darf sie sich doch nicht auswirken. Damit sind auch Sami und Mädi in grobem Umriß vorgezeichnet.

Mit diesem Personal kann Gotthelf dem Auftrag seiner Regierung genügen. Das verwöhnte Kind wird krank. Man gibt ihm »Züg«, statt den Arzt zu holen, und wenn man den Arzt holt, so folgt man ihm nicht. Der Kleine ist auch nicht geimpft. Die Pocken brechen aus, und er verliert bei der falschen Behandlung ein Auge. Der Arzt ereifert sich; der Pfarrer tröstet und predigt behutsam Klugheit.

Damit ist ein erster Kreis von Möglichkeiten abgeschritten, und der Erzähler scheint innezuhalten und sich zu fragen, was nun zu tun sei. Jakobli serbelt so hin, wird größer und wächst ins Jünglingsalter hinein. Mädi hat gehört, für solche Patienten sei Heiraten gut. Dieses Stichwort bringt nun auf einmal riesige Massen in Bewegung. Mädi – Mädi Wettgern heißt es – hätte den Jakobli selber gern, obwohl es doppelt so alt ist wie er. Die Mutter hat eine andere im Sinn – in ihrer sturen Art natürlich eine ganz monströse Person, die Zyberlihogerburelisi, ein Mädchen von zweifelhaftestem Ruf. Dem armen Jakobli aber leuchtet das zarte Meyeli Lieblig ein. Das ist eine Ausgangslage, wie sie besser nicht gewählt sein könnte. Und Gotthelf legt sich denn auch ins Zeug, als gelte es die Eroberung Trojas. Das Interesse an Jakoblis Heirat verschlingt sein ganzes Sinnen und Trachten. Die Fahrt nach Solothurn mit ihren lebensgefährlichen Zwischenfällen, die Gschaui auf dem Zyberlihoger, die Angst des unglückseligen Burschen und sein heimlicher Liebestraum, Lisis Erscheinen bei Jowägers und ihr Zusammenprall mit Mädi, die Komödie der Mißverständnisse, Torheit, Ärgernis, glückliche Lösung: mit diesem gewaltigen Fuder fährt der epische Wagen in die Scheune. Wir stehen offenen Mundes da und haben, wie der Dichter selbst, die erste Absicht fast vergessen. Wohl ruft er sich hin und wieder zur Ordnung und läßt auf der Straße oder im Wirtshaus ein Mädchen oder ein altes Mannli eine Krankheitsgeschichte erzählen. Aber er hält es nicht dabei aus. Das Leben ist stärker als sein Vorsatz. Die Bindung an das Thema löst sich, während er ungestüm weiterschreibt. Es ist ihm ganz unmöglich, Hansli, Anne Bäbi, Mädi und Jakobli nur im Bezug auf das Doktern zu sehen. Jeder Mensch und jedes Ding verlangt gebieterisch Selbständigkeit und will für sich gewürdigt werden als rundes und vollständiges Wesen in allen Aspekten seines Daseins.

Und seltsam: gerade indem die Gestalten so an Selbständigkeit gewinnen, zeigt es sich, daß keine ohne die andere sein kann, was sie ist. Es zeigt sich, sage ich. Denn Gotthelf selbst, obwohl schon lang ein geübter Erzähler, entdeckt es erst nach und nach. Wer ist der Mann einer solchen Frau? Wir wissen, nicht der Witzigste. Doch könnte er nicht nur ein wenig verschlafen, nicht nur unendlich nachgiebig sein, da Anne Bäbi ihn allmählich so zurechtgemodelt und ihm alles Reden, ja fast schon alle eigenen Gedanken abgewöhnt hat? So stellt es sich allmählich heraus. Derselbe Hansli, der zu Beginn kaum individuelle Züge trägt, beweist im Verlauf der Heiratsgeschichte den ungewöhnlichsten Herzenstakt und wenn auch freilich wenig Verstand, so doch eine eigentümliche, in Ertragen und Schweigen gereifte Weisheit. Er weiß, wie seinem Sohn zumut ist; und ob er es gleich nicht sagen kann, so hilft er ihm doch im stillen weiter. Zwischen den beiden jungen hübschen Mädchen geht ihm auf einmal das Herz auf, und er redet wie ein Buch, Geschichten und Schnaken und Lebenssprüche, die kein Mensch ihm zugetraut hätte. Und ganz sind wir für ihn gewonnen, wenn er bei Meyelis trauriger Einkehr, ohne ein Wort zu verlieren, das armselige Bündel beiseite schafft, damit sich Anne Bäbi nicht zu einer verletzenden Rede versucht fühlt.

Schon damit wird das scheinbar so eintönige, wenig ergiebige Bild der kleinen Familie farbiger und kommen wir wieder zu der Erkenntnis, daß jeder Mensch, mit Liebe betrachtet, ein unergründliches Geschöpf ist und daß wir nie genau wissen, was unser Nächster uns eines Tages beschert.

Sogar an Anne Bäbi bewährt sich Gotthelfs außerordentlicher Blick. Da scheint zunächst gar nichts zu machen zu sein. Der Dichter selber äußert sich wiederholt mit der größten Geringschätzung, wenn er von seiner Heldin spricht. Aber das beirrt uns kaum. Wir trauen seiner Einbildungskraft mehr zu als seiner Urteilskraft. Wir ertappen uns dabei, daß wir von diesem Anne Bäbi immer noch mehr wissen möchten. Und doch fehlt ihr sogar das ergreifende, unbeirrbare Gottvertrauen, das eine andere, ebenso beschränkte Frau in Gotthelfs Werk, Käthi die Großmutter, über ihre klügere Umgebung so weit emporhebt. Anne Bäbis abergläubische Frömmigkeit ist nicht viel wert. Es fehlt ihr auch die Monumentalität der Einfalt, die Schönheit des Schlichten, die Stifter dürftigen Gestalten, z. B. dem Pfarrer im ›Kalkstein‹, verleiht. Wüst und strub ist alles, was von Anne Bäbi Jowäger ausgeht, ein Gepolter und Gezeter, bei dem wir es im Leben keine Woche auszuhalten vermöchten. Hansli hat es ausgehalten. »Me gwahnet sich an alles«, sagt er, ohne jede Bitterkeit. Und dies, daß er sich an alles gewöhnt, hat Anne Bäbi nur immer noch mehr in ihrer Despotie befestigt und vollends unduldsam gemacht. So geht es fort über lange Kapitel. Und dennoch werden wir nicht müde. Wir spüren, daß etwas dahinter steckt. Schon wie Jakobli sein Auge einbüßt, taucht es einmal auf, um alsbald wieder zu verschwinden. Im zweiten Band dann aber, wie der Enkel stirbt, da ist es da, die Kehrseite des Betriebs und Lärms, die in der Tiefe lagernde Schwermut. Dieser Umschlag des Charakters trifft uns mit geradezu unheimlicher Überzeugungskraft. Jetzt endlich, jetzt erst sehen wir nach langem Raten und Suchen klar. Die dunklen, mit Tod und Wahnsinn drohenden Stimmen sind es gewesen, die Anne Bäbi so lange mit ihrer Herrschsucht und Redseligkeit zum Schweigen gebracht hat. Sie ist dieselbe und doch verwandelt. In früheren Tagen hat sie sich von niemand etwas sagen lassen. Nun ist etwas eingedrungen – daß sie am Tod des Bübleins schuld sei. Doch wieder wird nichts damit erreicht. Sie bleibt so unzugänglich und eigensinnig wie zu Beginn der Geschichte. Sie wälzt den einen schweren Gedanken, voller Mühsal, aber fruchtlos. Sich selber gegenüberzutreten, ein Maß zu finden, vermag sie nicht. Wir aber besinnen uns, sogar bei dieser ganz einfältigen Frau, die so geheimnislos gewesen und so geheimnisvoll geworden ist, auf das alte Wort Heraklits:

> Der Seele Grenzen kannst du nicht ausfinden, und ob du jegliche Straße abschrittest; so tiefen Grund hat sie.

Es wäre aussichtslos, den ganzen menschlichen Reichtum erschöpfen zu wollen. Ich müßte davon sprechen, wie der Sohn von Vater und Mutter bestimmt und doch eine eigenartige Natur ist, von tyrannischer Liebe gedrückt und im freien Wachstum der Kräfte behindert, eben deshalb voll Gemüt, fast ein Poet mit seinen Tauben und seinem unbeirrbar feinen Sinn für Meyelis Lieblichkeit. Von Mädi müßte die Rede sein, von Anne Bäbis »bösem Prinzip«, und von dem Bündnis beider gegen das »Mannevolk«, die »Schnürflene«; von Samis respektabler Stellung – es ist ein unendliches Seelengeflecht, bei dem man nicht weiß, was mehr zu bewundern sei, der scharfe Umriß im Einzelnen oder das Spiel der Farben im Ganzen, die wiederholten Spiegelungen, durch die uns eingeprägt wird, daß nie ein Mensch auf Erden für sich allein steht, daß Menschsein Mitmenschsein bedeutet und daß aus unserer Welt auch das bescheidenste und unauffälligste Wesen nicht verschwinden könnte, ohne daß alles anders würde. In einer Geschichte, die denn doch immer wieder auf Krankheit und Leiden zurückkommt, zeigt sich dies besonders in dem erhöhten Gefühl für den Ernst des Todes. Es ist nicht auszudenken, was geschähe, wenn Anne Bäbi stürbe, was aus Hanslis Schweigen würde, das seinen Sinn verlieren müßte, oder aus Jakoblis mildem Gemüt, das dann im Leeren schwebte, hilflos, wie ein vom Nest verscheuchter Vogel. Nur schon die Entlassung Mädis, die einmal flüchtig erwogen wird, wäre für Jowägers Haus eine Katastrophe. Was geschähe mit Anne Bäbis Energie, die nur vom Widerspruch lebt? So weiß man auch, was es bedeutet, wenn Meyeli in die Familie eintritt, wie alles zunächst einmal nicht mehr stimmt und wie sich erst ganz langsam wieder ein neues Gleichgewicht ausbildet.

Gelegentlich entschließt sich auch Gotthelf zu psychologischer Reflexion, um seine Menschen zu erhellen. Doch das geschieht nur nebenbei. Er ist nicht darauf angewiesen. Das Handeln und das Unterlassen, das Reden und Schweigen seiner Gestalten sagt mehr als jede Überlegung: Anne Bäbi, im Spycher schaltend, Hanslis Posten am Brunnenstock, der Zyberlihogerbur, der Geld zählt, dies alles bedarf des Kommentars nicht. Wir sind in einer Schicht verständigt, an die das Denken nicht heranreicht. Wir schauen und sagen: So muß es sein!

Wir wollen auf den Vergleich mit anderen großen Epikern verzichten, mit Gotthelfs Zeitgenossen Balzac, mit Dickens oder gar mit Tolstoj. Die Welt, auf die der Schweizer sich beschränkt, die er nie ungestraft verläßt, erlaubt dergleichen nicht. Daß er sich freilich innerhalb dieser Welt mit einer beispiellosen, verwegenen Sicherheit bewegt, daß hier das Leben in seinem Schein und Wesen, in seiner Oberfläche und seiner unermeßlichen Tiefe daliegt, frei und doch notwendig, ursprünglich und mannigfaltig bedingt, als wäre es nach keines Einzelnen Perspektive mehr gefügt, dies festzustellen gebührt sich beim ›Anne Bäbi Jowäger‹ mehr denn je.

Und doch berühren wir damit den tiefsten Grund des Werks noch nicht. Wir haben gesehen, wie Gotthelf pflichtgetreu nach seinem Auftrag anfängt, wie in den ersten Kapiteln jedes Wort von der Tendenz bestimmt ist. Wir haben weiterhin gesehen, wie die Gestalten ihm entlaufen, oder vielmehr seinem Thema, und ein selbständiges Leben gewinnen, wie sich der Dichter zu seiner und unserer Lust ein episches Fest bereitet und nicht ruht, bis jede Figur zu einem höchsten Grad der inneren Wirklichkeit entwickelt ist. Nun nimmt er sich vor, im zweiten Teil »mit aller Besonnenheit« vorzugehen. Man könnte befürchten, damit schränke der Horizont sich wieder ein und werde alles wieder auf die Doktorfrage abgeblendet. Doch eben dies geschieht hier nicht. Sondern mit einer Anstrengung, die wohl sogar in seinem großen Schaffen alles überbietet, gelingt es Gotthelf, eine höhere geistige Ordnung zu entwerfen, in der das ganze unerschöpfliche Leben ohne Verlust aufgeht, die allem seinen Platz anweist, ohne es irgendwie einzuschränken oder ihm gar Gewalt zu tun, die jedwedes Wesen sein läßt und doch genauestens überwacht in Güte, Strenge und Geduld.

Meyeli ist Jakoblis Frau. Jowägers richten sich mit ihr ein. Schwangerschaft und Kindbett geben Anlaß, wieder einige ärztliche Erfahrungen auszusprechen. Doch die Geschichte mit Jakobli darf nicht ein zweites Mal beginnen. Wie ein kleines Kind verwöhnt und geschädigt wird, haben wir schon gehört. Nach einer drastischen Schilderung großmütterlicher Pädagogik entschließt sich Gotthelf, das Büebli sterben zu lassen. Darauf folgt der Abschnitt: »Was das Leben sei, was der Frevel an diesem Leben sei, und wie es einem solchen Frevler ergehen werde«, das Gericht über die Quacksalberei, die Quintessenz des Buchs, sofern es dem Wunsch der Berner Regierung entspricht. Damit ist die Schuld beglichen, und der Erzähler hat freie Hand. Die Stunde scheint gekommen, das Tiefste über den Menschen auszusprechen. Schon öfter war davon die Rede, wie Seele und Leib zusammengehören. Die bisher periphere Frage rückt jetzt in den Mittelpunkt. Nach seiner Art denkt Gotthelf freilich nicht daran, sie idealistisch oder materialistisch zu lösen. Er hat überhaupt kein System, von dem er sich eine sichere Antwort verspräche. Er hat nur seine große Erfahrung, als Mensch, als Pfarrer und als Dichter, eine Erfahrung, deren Wachstum keine Theorie behindert und keine je behindern wird. Diese teilt er uns jetzt mit.

Er beginnt mit dem Vikari, der Anne Bäbi nach dem Tod des Enkels als Seelsorger aufsucht und mit seinen ungeschickten Reden in den Wahnsinn treibt. Von dem Vikari haben wir schon im ersten Buch etwas gehört. Doch damals hat Gotthelf noch nicht gewußt, wozu er ihn später verwenden wird. Er ist dort nur ein Tartuffe, ein geldgieriger, kalter Heuchler gewesen. Jetzt heißt es auf einmal: »Es war ihm ernst«, und wird ihm die eifrigste Sorge und Mühe um das Gottesreich zugebilligt. Doch dieser Sorge fehlt der Segen, weil der Vikari das Wort des Evangeliums nicht lebendig erfüllt und ein gottgefälliger Christ zu sein glaubt, während er nur am Buchstaben hängt. Die Heilige Schrift, anstatt das unerfindliche Leben zu erleuchten, ist für ihn nur ein Gehäuse, das ihn gegen die Angst des Irdischen schützt. Ihm fehlt der Mut, auf den Wogen zu schreiten; so kann ihn Christus auch nicht retten und kann er selbst nicht hilfreich sein. Das heißt im Zusammenhang dieses Werks: Er ist ein seelischer Quacksalber. Die Gaben des Evangeliums werden in seiner plumpen Hand zu Gift.

Doch abermals müssen wir uns verwundern. Eben diesen Vikari, der eine so überaus klägliche Rolle spielt, stellt Gotthelf auf dieselbe Stufe, auf der er auch den Doktor sieht, den Doktor, dessen erschütternde Größe kein Leser des ›Anne Bäbi‹ vergißt. Wer ist der Doktor? Diesmal greift Gotthelf nicht auf eine Figur zurück, die er schon flüchtig umrissen hat. Es ist ausdrücklich ein neuer Arzt, der nun in die Geschichte eintritt, der Neffe des Pfarrers, Sohn seines Bruders, der gleichfalls Arzt gewesen ist und sich, genau wie der Jüngere, aufgeopfert hat in seinem Beruf: Ein gewissenhafter, kenntnisreicher, unermüdlich tätiger, selbstloser, ja asketischer Mann. Und dennoch müssen wir hören, irgendwie sei er mit dem Vikari verwandt. Er ist es gewiß nicht, sofern sein religiöser Glaube in Frage steht. Gotthelf bringt es zwar nicht über sich, zu sagen, der Arzt sei Atheist. Das schiene ihm wohl zu fürchterlich und würde der grandiosen Gestalt die Sympathie der Leser aus seiner engsten und liebsten Gemeinde entziehen. Doch praktisch läuft es darauf hinaus, daß der Doktor nicht an Gott glaubt, oder, wenn er doch an ihn glaubt, daß er dem Glauben keinen Einfluß auf sein Leben zugesteht. Er baut nur auf seine eigene Kraft. Was der Mensch kann und vermag, das will er leisten, und dafür will er vor Menschen Rede und Antwort stehen. Vor allem will er vor sich selbst die volle Verantwortung für das Gelingen und Mißlingen tragen, ohne Ausflucht in Bereiche, die nur die fromme Ahnung kennt, und ohne Berufung auf eine Macht, die höher ist als unsre Vernunft. Der Doktor wird so zum gültigsten Repräsentanten des Geists der Aufklärung, den Gotthelf je geschaffen hat, zum Repräsentanten der Humanität, wenn Humanität bedeutet, daß der Mensch sich selbst die Kunst zutraut, das Leben würdig zu gestalten. In alledem erscheint er als der bare Gegensatz des Vikars, der so unmenschlich gläubig ist und für die Behauptung des biblischen Worts die irdischen Dinge – freilich nicht gerade die eigenen – herzlos opfert. Und dennoch sehen sich die beiden, vom höchsten Standpunkt aus betrachtet, für Gotthelf zum Verwechseln ähnlich. Sie sind nicht »offen« – »offen« nicht im Sinn von »ehrlich«; ehrlich ist zum mindesten der Arzt durchaus. Doch offen im Sinne von »geöffnet«, empfänglich für das Unbekannte, für Unergründliches bereit. Sie lassen das Dämonische nicht gelten und kennen die Gnade nicht, der eine, weil er auf die Schrift, das heißt auf ihren Wortlaut pocht, der andere, weil es ihm sein fortschrittsgläubiger, edler Stolz verbietet, etwas hinzunehmen, worüber der menschliche Wille nichts vermag. An dem Vikari weht der freie Schöpferatem Gottes vorüber; er hat ihn nie verspürt, obwohl er unablässig von ihm spricht. Der Doktor macht sich selbst zum Gott. Er leistet sich, mit Augustin zu reden, aus der »*cupiditas experiendae potestatis suae* das *experimentum medietatis*«, den Versuch, allein, aus eigenen Kräften, Mitte und Mittler zu sein.

Dies alles setzt der Pfarrer uns in langen Reden auseinander, in jenen uferlosen Gesprächen, die manchen Leser vielleicht verdrießen, in denen Gotthelf aber seiner Weisheit letzten Schluß verkündet. Man betont es immer wieder, er stehe quer zu seiner Zeit; er sei erhaben über die Fragen, die das neunzehnte Jahrhundert bewegen. Wir lassen das auf sich beruhen. Gerade das 19. Jahrhundert ist ein ungeheures Haus, das viele Wohnungen in sich birgt. Und Männer zu finden, die mit Gotthelf in den letzten Entscheidungen einig gehen, fiele nicht allzu schwer. Er selber aber hätte sich ein solches Urteil kaum verbeten, und auch sein alter Pfarrer nicht. Der Pfarrer hat die Aufklärung und die Revolution nicht mitgemacht. Er kann darum, wie er erklärt, auch auf den romantischen Rückschlag verzichten. Es ist ihm niemals eingefallen, das Geheimnis, das uns rings gefährlich und gütig umfängt, zu leugnen. So sieht er sich auch nicht genötigt, es künstlich wiederherzustellen, wie Gotthilf Heinrich Schubert, der einmal erwähnt wird, oder Mesmer und andre romantische Psychologen. Er ist ein protestantischer Christ und will, daß jeder leiste, was er kann, die dem Menschen gezogenen Grenzen aber in Demut anerkenne. Demut und Ehrfurcht ist es, was dem Doktor fehlt wie dem Vikar: die dem unendlichen ewigen Walten erschlossene endliche Existenz. Die Demut und die Ehrfurcht sind in uns als das Organ der Gnade. Es ist ergreifend, wie der Pfarrer dem geliebten Menschen das Unselige auszureden versucht und wie er ihm predigt über das Wort: »Mit unsrer Macht ist nichts getan, wir sind gar bald verloren.« »Glücklich Erziehen«, sagt er einmal, »glücklich Heilen hat niemand in seiner Macht; wohl dem, der nur treu ist[3]!« Oder an einer anderen Stelle, einen langen Gedankengang zu einem innigen Licht verdichtend: »Bedenke, wie dunkel ein Leben wird, wenn der trübselige Mensch seine eigene Sonne sein will[4]«.

Mit dieser Gesinnung betrachtet der Pfarrer alles, was in der Gemeinde geschieht, auch das Unglück in Jowägers Haus. Der Doktor ist auf den Gedanken gekommen, das andere Enkelkind der Obhut Anne Bäbis anzuvertrauen, damit die Arme wieder Vertrauen zu sich selbst und anderen fasse. Man tut es, und das Mittel hilft. Aber, so fügt Gotthelf hinzu:

> Es wäre sehr schwer auszumitteln, was Anne Bäbi kuriert, ob nach der Ansicht des Doktors die Liebe zum Kind oder eine andere Kraft, welche gar nicht in Rechnung gebracht worden, die Eifersucht gegen Mädi.[5]

Darüber ärgert sich der Doktor.

> Er gehörte nicht unter die, welche sich zuschreiben, an was sie nicht gedacht; dagegen wenn eine Kraft ins Spiel kam, an die er nicht gedacht und ihm die Heilung verdarb, so machte er sich schwere Vorwürfe, eben daß er nicht daran gedacht. Er ärgerte sich besonders darüber, daß da, wo man etwas Gutes erwarte, etwas Schlechtes zum Vorschein komme. Wir hätten eine Saunatur, sagte er, es erleide einem, Mensch zu sein.
>
> Der Pfarrer war nicht gleicher Meinung. Daß der Körper leichter zu behandeln sei als die Seele, gab er gerne zu; aber daß Böses im Menschen Gutes wirke, das sei eben das Trostreiche, ohne welches man verzweifeln müßte, ohne welches die Welt längst schon auf dem Kopfe stünde.[6]

Der Gegensatz tritt aufs schärfste hervor. Die Würde des Menschen kommt schlecht weg, wenn etwas Häßliches Gutes bewirkt, sowohl die Würde des Arztes wie die Würde dessen, den er geheilt hat. Doch was liegt an dieser Würde? Nehmen

[3] GSW VI, 272.
[4] GSW VI, 257.
[5] GSW VI, 276.
[6] GSW VI, 278.

wir es mit Dank entgegen, wenn etwas Gutes zustande kommt, und kümmern wir uns nicht allzusehr um das Verhältnis von Glück und Verdienst. Was wir verdienen, ist immer nur wenig. Man möchte fast sagen, der Pfarrer vertraue, wie Hegel, auf die List der Vernunft, die auch die Leidenschaften benutzt, um das Förderliche zustande zu bringen. Doch Hegel glaubt, der Weltvernunft ihre krausen Wege nachrechnen zu können. Dessen vermäße der Pfarrer sich nicht. Er glaubt an *Gottes* gütige List, die unerforschlich bleibt für uns.

Nun wäre Gotthelf nicht, der er ist, wenn er die frohe, an den Wagemut des Herzens gerichtete Botschaft von der Gnade nur in Predigten und Gesprächen verkündigen würde. Sie wirkt sich auch in der Erfindung, im Wechselspiel der Menschen aus, und zwar auf eine Weise, die ihm selbst vielleicht nicht ganz bewußt war, die unzweideutig auszusprechen ihm seine amtliche Stellung verbot. Es ist jedoch für jeden aufmerksamen Leser leicht ersichtlich, daß alles, was zur Gnade gehört, was ihre Spur erkennen läßt, in Meyeli am reinsten aufglänzt. Meyelis Lieblichkeit erlöst die gefangene Seele Jakoblis. Von ihr ergriffen, findet er Worte, die weit über seine dürftige Person hinaus an den Saum der Ewigkeit reichen:

> Es Meitschi han ih gseh u chas nit vrgesse; won ih gange u stange, steyhts mr vor de Auge, und wenn ih schlafe, so chunnts mr vor und hocket by mr ab; d'Nacht ist ume, ih weiß nit, wie. Ih cha wäger nüt drfür, Mutter; nagloffe bin ihm nüt, und mängist han ih welle a öppis angers sinne, aber gang u mach Nacht, was Tag ist, u vrhäb d' Sunne, we sie schyne will! Ih vrma mi desse nüt, es wird so ha sölle sy.[7]

Dann führt er sie heim. Mit der jungen Frau zieht eine zarte Heiterkeit und Wärme ein im Haus Jowägers, in dem die Tage bisher nebelhaft und gleichgültig verstrichen sind. Doch wie immer, so droht auch hier die Gefahr, daß sich die Menschen an die unverdienten Gaben gewöhnen und das köstliche Gut verscherzen, daß Meyeli »matt wird«, wie es heißt, da es rings von der Trägheit des Herzens umstellt ist. Da schaltet sich nun der Doktor ein. Und in dieser Begegnung, scheint mir, hat Gotthelf einen der höchsten Gipfel seiner dichterischen Menschenkunde erreicht. Der Blick des vielbeschäftigten und in seinem Tun unglücklichen Manns fällt auf das leidende holde Geschöpf. Sie sitzen sich gegenüber, wie sich's gehört, durch

[7] GSW V, 269.

die Länge des Tisches getrennt. Meyeli verliert die Schüchternheit und erzählt von seiner armseligen Jugend und von der Liebe zu Jakobli. Der Doktor hört sich das an; er wird Zeuge des unbegreiflichen Waltens der Liebe, des heiligen Gefühls, das diesen beiden bescheidenen Menschen vergönnt ist. Und er sieht mit Augen, was sich nur durch Luthers Übersetzung von »gratia plena« sagen läßt: die Liebe, die Holdselige. Er hört und sieht, und doch glaubt er nicht. Er hätte alles geglaubt und verstanden, wenn Jakobli ein tüchtiger und achtunggebietender Bauer wäre. Doch daß es über den Menschen kommt, die Liebe als ein »sunder warumbe«, liegt jenseits seines Horizonts. Er glaubt nicht, und dennoch ist er ergriffen. Er wittert das Heil; es zieht ihn immer wieder zu Jowägers Hof hinauf. Sophie, der Tochter des Pfarrers, seiner Base, wird das unbehaglich. In ihrer heimlichen Neigung zum Doktor läßt sie einige Worte fallen. Es folgt die Rede des Pfarrers über die »Hübschi und das Interesse«, was Schönheit des Leibes und Schönheit der Seele, wie Schönheit ein Zeichen von Gottes Huld sei, und wie es sich gezieme, auch dieses heilige, göttliche Zeichen zu ehren: eine Rede, die fast wörtlich in Stifters ›Brigitta‹ wiederkehrt, in einer Novelle also, die im selben Jahr wie das ›Anne Bäbi‹ und sicher völlig unabhängig von Gotthelfs Werk entstanden ist.

Doch damit erschöpft das Motiv sich noch nicht. Man glaubt zu spüren, daß Meyeli seinerseits von der Person des Doktors berührt ist. Das wird indes nicht klar gesagt. Nur Andeutungen sprechen dafür. Es ist, als fülle der kärgliche Jakobli Meyelis Dasein nicht ganz aus. Aber schon dies ist vielleicht zu viel, zu hart für das, was Gotthelf meint. Der erlösungsbedürftige Mensch, der seine eigene Sonne sein will, neben dem Wesen, das eine alles Menschliche überstrahlende Sonne, göttliche Heiterkeit ausstrahlt – weiter zu gehen ist kaum erlaubt. Und dieses geistlich begriffene Spiel mit allem Menschlichen untermischt, mit einem Erröten Meyelis, mit einem Kleinmut im Herzen des Arztes, den dieser selbst nicht recht erfaßt – wir erfahren nicht mehr. Und dennoch geistert es unerfindlich zwischen den Zeilen und schwirrt es von kaum geahnter Versuchung und Träumen des Gottesreichs auf Erden, in dem der so mannigfaltige Sinn des einen deutschen Wortes »Liebe« zu einem einzigen würde, der den ganzen Menschen ungeteilt umfaßt und alle Wesen verbindet. Nicht als ob der Dichter der Versuchung oder dem Traum nachhinge. Er ist kein

Rebell und kein Prophet. Er lebt im Einverständnis mit der Welt, die wir unsere Wirklichkeit nennen. Aber zu dieser Wirklichkeit gehört auch das leiseste Seelengeflüster und die fast unaussprechliche Ahnung.

Anne Bäbi, das so viel Lärm gemacht hat, ist nun still und rückt allmählich in den Hintergrund. Es geht um Dinge, die sich nicht mehr an seine Person anknüpfen lassen. Der Arzt, als ein wahrhaft tragischer Held, beherrscht den Schauplatz der letzten Kapitel. Sein Schicksal ist so groß und ernst, daß Gotthelf sich zu einer höheren Darstellungsweise genötigt sieht. Er hat, nachdem der praktische Zweck gehörig zur Sprache gekommen ist, unverdrossen drauflos fabuliert und sich selbst und uns mit dem bunten Treiben des Menschenlebens ergötzt. Nun aber scheint sein Vortrag immer symbolischer, transparenter zu werden. Das ungesegnete Wesen des Arztes erfüllt sich in dem Wintersturm, der schauerlich über die Landschaft fegt. Er ist allein mit seinen Schmerzen, erbarmungswürdige Kreatur, in sich selbst verkrümmt und hilflos. Angesichts seiner heroischen Treue wäre es allzu moraltheologisch, von einem Gottesgericht zu sprechen. Die tiefste Bewunderung versagt dem glaubenslosen, vermessenen Mann sogar der Pfarrer Gotthelf nicht. Aber er stellt die Kälte, den schneidenden Wind und das starrende Eis doch dar als unausweichliche Konsequenz des Daseins, das sich nicht dem Willen Gottes zu unterwerfen, das alles aus eigener Kraft zu meistern gedenkt. Und abermals ist es hochbedeutsam, daß Jakobli den Doktor in letzter Stunde aus seiner Not erlöst, Jakobli, der ein dürftiger Mensch ist, keiner, den der Doktor achtet, der aber einmal in seinem Leben, wie Meyeli ihm erschienen, sich des Kleinods würdig erwiesen und ihm eine Stätte bereitet hat. Ihm schenkt Gott die rettende Tat, eine Tat, die seiner Armseligkeit einen höheren Nimbus verleiht, die noch bei Kindern und Kindeskindern eine große Geschichte sein wird.

Aber nur aus der körperlichen Not errettet Jakobli den Arzt. Die Kälte bleibt in seinem Gemüt. Sein Glaube an sich selbst ist gebrochen, und seine moralische Menschenliebe verwandelt sich in Menschenverachtung und eine tödliche Bitterkeit. Ob Gotthelf an das Alter so vieler großer Männer der Aufklärung denkt, an Lessing, Lichtenberg, Friedrich den Großen? Schwerlich! Uns aber ist es erlaubt, an diese Namen rasch zu erinnern. Das letzte Kapitel schildert das Ende dessen, der ohne Gnade treu war, und seine feierliche Bestattung. Der Lohn, der dem Lebenden vorenthalten worden ist und den er verschmäht hat, er wird dem Toten in Fülle zuteil. Von fern und nah strömen die Leute herbei, und eine große Klage hebt an, eine stumme, verlegene Klage, die keine rechte Form gewinnt, die aber so beredt ist wie nur je der Schluß einer tragischen Dichtung.

Und nun versagt es sich Gotthelf nicht, das liebste Geschöpf seiner Phantasie in überirdischen Glanz zu kleiden. Das herzige, schalkhafte, kleine Persönchen, das Meyeli war im ersten Band, das seither ständig gewachsen ist, es wandert nun unter den Trauernden:

> schlank, fast groß, schwarz angezogen, aber ohne Seide bis ans Halstuch, welches das weiße Hemd bedeckte, mit feinen Zügen, dunkelblauen Augen im blassen Gesichte. Das Schnellkräftige fehlte seinem Gang, aber schwerfällig war es auch nicht, es wanderte unter den andern geräuschlos, man hörte den Tritt nicht, es weinte nicht, redete aber auch nichts, es wanderte unter den andern fast wie ein Wesen, das vom Schmutz der Erde noch nicht berührt worden, das eigens gekommen, die Masse der Menschen zu verklären, die einmal, von reinem Gefühl getrieben, die Wege wanderte, wo man sonst nur wandert, von tierischen Trieben getrieben, dem Brote nach oder der Lust. Es wanderte wie ein Engel unter den Menschen, der niedergestiegen zur Sühne der sündigen Wege, aufzuschreiben die Gespräche der Menschen, entquollen reinen, dankbaren Gefühlen ...[8]

Und auch damit noch nicht genug. Nach der Bestattung will Meyeli heim.

> In trübem Nebel, trübem Sinnen wanderte es der Heimat zu. Es war ihm nicht, als ob ein Mensch ihm gestorben, sondern als ob ein Licht ihm untergegangen und als ob es jetzt mit Jakobli und Kindern in dunklen Ängsten wandern müßte seinen Lebensweg. So ging es lange fort, achtete sich nicht Steg noch Weg, und niemand störte es in seinem Sinnen, es war, als wanderte es in einer ausgestorbenen Welt.
>
> Da war es ihm, als hörte es etwas über sich, rasche, ängstliche Töne. Es sah auf. Vor ihm stand das Pfarrhaus zu Gutmütigen, und noch einmal erklangen die Töne. Da sah es am

[8] GSW VI, 425.

> trüben Fenster Sophie stehen, sah Sophie winken mit dem Finger. Meyeli erschrak fast, wandte sich aber sogleich der Türe zu. Sophie öffnete sie, Meyeli bot die Hand, laut schluchzten beide, Meyeli trat ein, hinter ihm schloß sich die Türe. Als es Abend ward, die Lichter angezündet wurden, viele Leute heimgekehrt waren, kam Jakobli ins Dorf und fragte Meyeli nach. Heimgekehrt war es nicht, und niemand wollte es gesehen haben.[9]

Das sind die letzten Sätze des Buchs. Nichts Wunderbares ist geschehen. Die beiden Frauen sitzen zusammen und erzählen sich, da nun alle Scham und Scheu dahinfällt, was der Tote ihnen bedeutet hat. Dann wird Meyeli endlich heimgehen und wieder bei seinem Jakobli sein. Gotthelf macht aber doch den Eindruck, daß er es dem Gemeinen, das uns alle bändigt, entrücken wolle, daß es, nach der letzten Verklärung, spurlos aus der Welt verschwinde. Die großen Ereignisse sind vorüber. Der Alltag behauptet wieder sein Recht. Der Erzähler weiß das so gut wie wir. Ihm aber ist es erlaubt, zu verstummen und so das Geschäft der Einbildungskraft, die sich so weit erhoben hat, der nüchternen Wahrheit zu entziehen. Die feierliche Stille Gottes senkt sich nieder auf die Welt, in der wir uns ergangen haben. Es bleibt nichts mehr zu sagen übrig.

So ist in diesen Schlußkapiteln jeder Gedanke und jeder Vorgang von der heiligen Ordnung bestimmt, die vor dem Blick des Dichters wie ein Dom am Horizont erscheint. Das der Tendenz entlaufene Leben, das sich so frei und übermütig im ersten Band getummelt hat, wird wieder eingefangen und festgehalten von einer höheren Macht, ausgerichtet auf einen Geist, der alles einzelne nicht nur in vollkommener Pracht gedeihen läßt, sondern zugleich von innen erhellt und mit der tiefsten Bedeutung begabt. Wir unterdrücken die Frage nicht, was für ein Werk entstanden wäre, wenn Gotthelf dieser Ordnung sich schon zu Beginn versichert oder besser, wenn er ihr schon zu Beginn die Teile eingegliedert hätte. Dann wäre nicht nur ein Buch von reichster menschlicher Fülle, sondern zugleich ein Kunstwerk höchsten Ranges entstanden. Das ist das ›Anne Bäbi Jowäger‹, als ein Ganzes betrachtet, nicht. Zu ungleich sind die Interessen Gotthelfs an dem einen Stoff; zu lange dauert es, bis er mit seinen letzten Möglichkeiten vertraut ist und den Dingen auf den Grund geht; die Proportionen blei-

[9] GSW VI, 430.

ben zu sehr einem fröhlichen Ungefähr überlassen. Darüber wußte er selbst Bescheid. Doch ändern konnte er es nicht. So sind es denn auch nur müßige Wünsche, die wir da zuletzt noch äußern, Wünsche, die man, nicht der schnöden literarischen Kritik, doch allenfalls der leisen Ungeduld der Liebe und Verehrung, die sich eben hier gern unbedingt ausspräche, nachsehen mag. Das Buch besteht so, wie es ist, als eines der unerhörtesten epischen Abenteuer deutscher Sprache, durch das der Dichter selbst als vielverschlagener Odysseus fährt, irrend und entdeckungsfroh, um endlich mit schwer befrachtetem Schiff im Hafen der ewigen Heimat zu landen.

Das Spätboot
Zu Conrad Ferdinand Meyers Lyrik

Als Conrad Ferdinand Meyer im Jahre 1882 seine Gedichte zusammenstellte, gab er in einem Brief an Luise von François die Erklärung ab:

> Im Jenatsch und im Heiligen ist in den verschiedensten Verkleidungen weit mehr von mir, meinen *wahren Leiden und Leidenschaften*, als in dieser Lyrik, die kaum mehr als Spiel oder höchstens die Äußerung einer untergeordneten Seite meines Wesens ist.[1]

Vor fünfzig Jahren pflegte man solche Worte gläubig hinzunehmen. Heute wundern wir uns darüber – wie über manche andere Äußerungen des Dichters über sich selbst – und werden den Verdacht nicht los, er habe sich unbewußt getäuscht, um sicherer leben und schaffen zu können. Freilich wäre er lieber so groß und leidenschaftlich bewegt gewesen wie viele Helden seiner Novellen: sein wahres Dasein spricht sich aber wohl unmittelbarer in einigen stillen, geheimnisvollen Gedichten aus, die in die Zyklen ›Vorsaal‹, ›Stunde‹, ›Reise‹, ›Liebe‹ eingelegt sind. Da fällt es uns nicht schwer, die Brücke zu seiner Lebensgeschichte zu schlagen. ›Über einem Grabe‹, ›Lenz-

[1] Karsamstag 1882.

fahrt‹ erinnern an die ferne, im verhängten Zimmer versäumte Jugend. ›Stapfen‹, ›Wetterleuchten‹ halten die schwachen noch von Leben zeugenden Spuren im Bewußtsein fest, ›In Harmesnächten‹ die schwersten, von Grauen und Nichtigkeit umwölkten Stunden, ›Mövenflug‹ die Sorge des Künstlers, ›Zwei Segel‹ ein schüchternes Eheglück. Der tiefste Blick in die so ängstlich behütete und verborgene Seele dürfte uns aber immer wieder in jenen Versen beschieden sein, die das Rätsel des nächtlichen Wassers mit dem ruhig gleitenden Boot umkreisen, in ›Eingelegte Ruder‹, ›Im Spätboot‹, ›Schwüle‹, ›Lethe‹, ›Die toten Freunde‹, dieser seltsam ergreifenden Folge, deren Zauber zu ergründen so reizvoll wie unmöglich scheint.

Wie die meisten lyrischen Motive Meyers ist auch dieses seit Jahrzehnten vorbereitet. Im Nachlaß findet sich ein Blatt, vermutlich vom Anfang der sechziger Jahre, mit einem ›Ballade‹ überschriebenen, unbegreiflich mißglückten Gedicht im Stil der Butzenscheibenromantik: Ein alter Ritter hat mit jungem Volk aus Beutebechern gezecht; er ist verdrossen, denn seine Zeit und seine Taten kennt niemand mehr. So macht er sich auf und strebt nach Hause, »über Meer im Abendrot«. Nebel bedeckt die Fläche des Wassers.

Und horch! es zieht ein Singen,
In Lüften wird gezecht –
Drob schlägt ein Kreuz mit Schaudern
Des Ritters Ruderknecht.

Sie prahlen von den Fehden,
Darin der Greis gekämpft –
An der Stimme kennt er jeden,
Ob sie der Nebel dämpft.

Froh grüßt er über die Wellen,
Drin lauert still ein Riff:
»Ihr traute Zechgesellen! . . .«
Verschwunden ist das Schiff![2]

Das Mißverhältnis zwischen dem Eingang – schlechte Laune eines Zechers – und dem hochpathetischen Schluß ist unverkennbar, ja grotesk. Meyer meint – aus Scheu oder einem falschen Begriff von Poesie – das Persönlichste kostümieren zu müssen, legt sich eine Rüstung an, verwandelt den Zürichsee

[2] Aus dem handschriftlichen Nachlaß mitgeteilt mit gütiger Erlaubnis der Direktion der Zentralbibliothek Zürich.

in ein Meer und kentert, wie nur je die Schiffer in deutschen Balladen gekentert sind.

Der echte Kern der Strophen aber erhielt sich in seiner Seele lebendig, und viele Jahre später trat er in den ›Toten Freunden‹ ans Licht:

Das Boot stößt ab von den Leuchten des Gestads.
Durch rollende Wellen dreht sich der Schwung des Rads.
Schwarz qualmt des Rohres Rauch... Heut hab ich schlecht,
Das heißt mit lauter jungem Volk gezecht –

Du, der gestürzt ist mit zerschossener Stirn,
Und du, verschwunden auf einer Gletscherfirn,
Und du, verlodert wie schwüler Blitzesschein,
Meine toten Freunde, saget, gedenkt ihr mein?

Wogen zischen um Boot und Räderschlag,
Dazwischen jubelt ein dumpfes Zechgelag,
In den Fluten braust ein sturmgedämpfter Chor,
Becher läuten aus tiefer Nacht empor.

Nun wird nicht mehr »in Lüften«, sondern, was eigentümlich richtiger scheint, in dunkler Wassertiefe gezecht. Die poetische Maskerade fällt weg. Meyer wagt es sogar, der Phantasie ein Dampfschiff zuzumuten, eine der alten Zürichseeschwalben, die sicher in den achtziger Jahren noch nicht als poetische Fahrzeuge galten, zum mindesten nicht in dem hohen Stil, zu dem sich das Gedicht bekennt. Er hatte aber seine Gründe, von einem Kahn, einem Ruderboot oder einem Nachen abzusehen. Die Schwärze des Rohrs und der schwarze Rauch erwiesen sich als unentbehrlich. Wie es damit bestellt ist, verrät ein anderes, thematisch verwandtes Stück. Der Titel der ›Toten Freunde‹ lautete in der ersten Fassung ›Spätboot‹. ›Im Spätboot‹ heißen jetzt folgende Verse:

Auf der Schiffsbank mach ich meinen Pfühl.
Endlich wird die heiße Stirne kühl!
O wie süß erkaltet mir das Herz!
O wie weich verstummen Lust und Schmerz!
Über mir des Rohres schwarzer Rauch
Wiegt und biegt sich in des Windes Hauch.
Hüben hier und wieder drüben dort
Hält das Boot an manchem kleinen Port:
Bei der Schiffslaterne kargem Schein

Steigt ein Schatten aus und niemand ein.
Nur der Steurer noch, der wacht und steht!
Nur der Wind, der mir im Haare weht!
Schmerz und Lust erleiden sanften Tod.
Einen Schlummrer trägt das dunkle Boot.

Was in den ›Toten Freunden‹ nur als fremde Ahnung mitspielt, breitet sich hier geheimnisvoll aus: Wenn der Dichter das Spätboot besteigt, der schwarze Rauch dem Rohr entquillt und wenn sich das Schiff in die Dunkelheit wendet, beginnt er eine Todesfahrt. Er läßt die Gestade des Lebens zurück und kehrt in stillere Reiche ein. Keine Menschen von Fleisch und Blut, nur Schatten scheinen sich hier zu bewegen:

Bei der Schiffslaterne kargem Schein
Steigt ein Schatten aus und niemand ein.

Schwarz, die Farbe des Todes, wird spärlich von der Schiffslaterne erhellt, die wie der Pharus der Unterwelt im Nichts einen düsteren Schein verstrahlt. Der Steuermann endlich nimmt die Gestalt des Totenschiffers Charon an, Charons, den Michelangelo in Meyers Gedicht ›Michelangelo und seine Statuen‹ sehr wohl kennt:

Im Schilfe wartet Charon mein,
Der pfeifend sich die Zeit vertreibt.

Die Todesfahrt ist aber nicht bang. Der Entschlummernde fühlt sich wohlig geborgen. Süß ist das Erkalten des Herzens, weich das Verstummen von Lust und Schmerz. Alles, was die Seele des Dichters bewegt, erleidet »sanften Tod«, und er dankt für das Schwinden der Regung des Lebens, als komme er so erst zu sich selbst. Er kehrt ins Reich des Todes heim; fremd sind ihm die Ufer des Lebens gewesen.

Weder im ›Spätboot‹ noch in den ›Toten Freunden‹ ist von der Landung die Rede. Das Schiff geht aber auch nicht unter. Die Landung wäre die Rückkehr in die widerständige Wirklichkeit, wo Menschen und Dinge zu deutlich sind, zu fühlbar und zu beängstigend nah. Der Untergang wäre ein Tod im Tod und höbe die ganze Symbolik auf. Nur während dieser Fahrt auf dem nächtlichen See ist alles Verlangen gestillt. Charon setzt hier also nicht von den Lebenden zu den Toten über. Das Wasser ist selbst das Todesreich. Die toten Freunde wohnen darin und läuten mit Bechern daraus empor. Der Tod ist kühl, das Leben heiß. Willkommen ist die Kühle des Todes. Denn Kühle ist rein. Eine kühle Hand berührt sich zarter als eine heiße. Wasser, Kühle, Charon, Tod – so fügt es sich selbstverständlich zusammen.

Wir sind uns dabei durchaus bewußt, daß das Gedicht ›Im Spätboot‹ äußerlich ganz realistisch gehalten ist und jeden unmittelbaren Hinweis auf seinen tieferen Sinn verschmäht. Ein später Dampfer, ein müder Mann, der während der Heimfahrt in Schlummer sinkt: mit diesem Motiv begnügt es sich. Nur einige seltsame Wendungen legen uns nahe, darüber hinauszugehen. Da fühlen wir uns denn freilich bald durch andere Gedichte Meyers bestätigt. Schon in den ›Toten Freunden‹ gleitet er selbst ins Mythische hinüber. Das Zechgelage auf dem Grunde des Sees erinnert an Vineta. Jeder Zweifel aber schwindet, wenn wir jetzt noch ›Lethe‹, das große Gedicht aus dem Zyklus ›Liebe‹, bedenken.

Jüngst im Traume sah ich auf den Fluten
Einen Nachen ohne Ruder ziehn,
Strom und Himmel stand in matten Gluten
Wie bei Tages Nahen oder Fliehn.

Saßen Knaben drin mit Lotoskränzen,
Mädchen beugten über Bord sich schlank,
Kreisend durch die Reihe sah ich glänzen
Eine Schale, draus ein jedes trank.

Jetzt erscholl ein Lied voll süßer Wehmut,
Das die Schar der Kranzgenossen sang –
Ich erkannte deines Nackens Demut,
Deine Stimme, die den Chor durchdrang.

In die Welle taucht' ich. Bis zum Marke
Schaudert' ich, wie seltsam kühl sie war.
Ich erreicht' die leise ziehnde Barke,
Drängte mich in die geweihte Schar.

Und die Reihe war an dir zu trinken,
Und die volle Schale hobest du,
Sprachst zu mir mit trautem Augenwinken:
»Herz, ich trinke dir Vergessen zu!«

Dir entriß in trotzgem Liebesdrange
Ich die Schale, warf sie in die Flut,
Sie versank, und siehe, deine Wange
Färbte sich mit einem Schein von Blut.

Flehend küßt ich dich in wildem Harme,
Die den bleichen Mund mir willig bot,
Da zerrannst du lächelnd mir im Arme
Und ich wußt es wieder – du bist tot.

Ein »Nachen ohne Ruder«, eine Geisterbarke, zieht »in matten Gluten« von Strom und Himmel, in einer Unterweltsbeleuchtung, dahin. Das Wasser, das den Schwimmenden bis ins Mark durchschauert, ist todeskalt; es wirkt in der eigensten Weise kühl, wie wenn die Hand einen Leichnam berührt. Die Knaben und Mädchen aber sind Schatten. Ein »Schein von Blut« nur färbt die Wange der mit Lotos bekränzten Geliebten. Der Dichter scheint, im Unterschied zu jenem Schlummerer im Spätboot, noch einigen Lebensdrang zu verspüren. Es schaudert ihn in der Kühle des Todes. Doch wie unreif ist dieses Schaudern! Wie überlegen sind die Toten!

Sprachst zu mir mit trautem Augenwinken:
»Herz, ich trinke dir Vergessen zu!«

In der Schale ist Lethe, der Trank des Vergessens. Mit trautem Augenwinken trinkt die tote Geliebte Vergessen zu. Ihr ist wohlig zumut im Tod. Sie bejaht ihn. Sogar den zweiten Tod, den das Vergessen bedeutet, heißt sie willkommen. Denn dies dürfte doch wohl gemeint sein: Die Tote trinkt dem Lebenden Vergessen zu, weil sie auch im Gedächtnis der Lebenden nicht mehr lebendig sein will. Unser Vergessen der Toten ist ihr vollkommener, ungestörter Tod. Ein Tor, wer sich dagegen sträubt! Dem noch lebenswilligen Jüngling, der sich weigert, zu vergessen, zerrinnt die Tote lächelnd im Arm.

Es wäre falsch, die echte Lyrik C. F. Meyers auf diese dunklen Töne beschränken zu wollen. Oft genug hat er das strahlende Leben in würdigster Weise gefeiert. Aber der Ursprung aller seiner Gedichte, auch der hellen Triumphgesänge, ist doch wohl der Tod, der »Kamerad«, der vertrauteste Umgang des »armen Conrad«, der nie gelebt und aus umnachteter Jugend in umnachtetes Alter seinen einzigartigen Weg vollendet hat. Wir möchten darum noch besser verstehen, was ihm der Tod bedeutet. Vor allem möchten wir versuchen, selbst einmal die Hand behutsam in dieses kühle Wasser zu tauchen und seine Beschaffenheit zu prüfen. Wir lesen ›Eingelegte Ruder‹:

Meine eingelegten Ruder triefen,
Tropfen fallen langsam in die Tiefen.

Nichts, das mich verdroß! Nichts, das mich freute!
Niederrinnt ein schmerzenloses Heute!

Unter mir – ach, aus dem Licht verschwunden –
Träumen schon die schönern meiner Stunden.

Aus der blauen Tiefe ruft das Gestern:
Sind im Licht noch manche meiner Schwestern?

Ein überaus schlichtes, klares Motiv! Wieder das Spätboot auf dem See, diesmal aber kein Dampfer, sondern des Dichters eigenes Ruderboot. Vom Rudern, dem »Rudertakt«, der Goethe einst auf demselben See entzückt hat, ist aber bei Meyer nicht mehr die Rede. Die Ruder sind eingelegt. Zwei eingelegte Ruder sehen aus wie Hände, die ein Sinnender müde zwischen den Knien zusammenhält. Eine müde Stimmung herrscht denn auch in allen Strophen vor. Vernehmlich wird sie schon im Ton, dem Lento, das die Grenze dessen, was sich sprechen läßt, erreicht, im Fall der Silben – es ist buchstäblich ein Ton-Fall: die Worte fallen wie Tropfen eins nach dem andern der Tiefe zu.

Ein wesenloser Tag ist vorüber, ein Tag, wie der innerlich abgeschiedene Meyer ihrer viele erlebt hat, der ihn – wie oft schon? – nötigt, zu fragen, ob dies denn ein menschliches Leben sei. Ohne Verdruß und ohne Freude, heißt es, wandeln die Toten auf den bleichen Asphodeloswiesen des Hades. Der Dichter fühlt sich ihnen nahe. Zarter als in den ›Toten Freunden‹ ist angedeutet, daß das Abgeschiedene in der Tiefe wohnt:

Unter mir – ach, aus dem Licht verschwunden –
Träumen schon die schönern meiner Stunden.

Dieses vergangene Leben scheint das noch verweilende nachzuziehen:

Aus der blauen Tiefe ruft das Gestern:
Sind im Licht noch manche meiner Schwestern?

Im Licht sind ihrer nicht mehr viele. Der größere Teil von dem, was hier an Leben zugemessen war, ruht bereits auf dem Grunde des Sees. Der Tod ist reicher als das Leben, der Raum der Abgeschiedenen weiter als der Raum der Atmenden. So verkündet es auch der ›Chor der Toten‹:

Wir Toten, wir Toten sind größere Heere
Als ihr auf der Erde, als ihr auf dem Meere!

Die Toten birgt der dunkle See. Das scheint dem Wasser eine eigentümliche Schwere zu verleihen. Immer wieder liegt bei Meyer der Spiegel still, fast bleiern da, als ob die Flut zähflüssig wäre:

Tropfen fallen langsam in die Tiefen.

In ›Lethe‹ wird in einer später gestrichenen Lesart vom Wasser gesagt:

Ich durchrudert' es, und bis zum Marke
Kühlt' es mich, das keine Furche zog.

Das Wasser ist schwer von Vergangenheit. Was ist da nicht alles hineingesunken an Hoffnung, Liebe, Leid, Täuschung, Mut, Schwäche, Lust und Herzweh! Das verborgenste Gut des Wassers aber erwähnt ein anderes Gedicht: ›Schwüle‹.

Trüb verglomm der schwüle Sommertag,
Dumpf und traurig tönt mein Ruderschlag –
Sterne, Sterne – Abend ist es ja –
Sterne, warum seid ihr noch nicht da?

Bleich das Leben! Bleich der Felsenhang!
Schilf, was flüsterst du so frech und bang?
Fern der Himmel und die Tiefe nah –
Sterne, warum seid ihr noch nicht da?

Eine liebe, liebe Stimme ruft
Mich beständig aus der Wassergruft –
Weg, Gespenst, das oft ich winken sah!
Sterne, Sterne, seid ihr nicht mehr da?

Endlich, endlich durch das Dunkel bricht
– Es war Zeit! – ein schwaches Flimmerlicht –
Denn ich wußte nicht, wie mir geschah.
Sterne, Sterne, bleibt mir immer nah!

Abermals fährt das Spätboot aus. Aus Meyers Nachlaß geht hervor, daß er dem einen großen Motiv erst mit den Jahren verschiedene Möglichkeiten abgewonnen hat. In ›Schwüle‹ ist es von größter Bedeutsamkeit und verräterisch für die ungemein gefährdete Seele des Dichters, daß jene Strophe, die jetzt jeder als Mitte des Gedichts empfindet, die dritte, die der Stimme gedenkt, die immer aus dem Wasser ruft, zuletzt hinzugekommen ist[3]. Die Stimme ist die von Meyers Mutter, die den Tod im Wasser gesucht hat. Das Allereigenste also wagt sich erst hervor, wie bereits die künstlerische Fassung des Ganzen gesichert ist.

Das Wasser birgt die tote Mutter. Man braucht diese Worte nur auszusprechen, um gleich die ungeheure Gewalt eines solchen Zusammenhangs zu empfinden. Dergleichen reicht in die ältesten ahnungsvollen Träume der Menschheit zurück. Das Wasser ist nun kaum mehr von der toten Mutter zu unterscheiden. Es ist, wie wenn wir sonst vom Schoß der Mutter Erde sprechen, dem der Christ die Toten anvertraut. Aus dem mütterlichen Element geht alles Leben hervor; das mütterliche Element nimmt es wieder zu sich. So hebt der ›Gesang des Meeres‹ an:

Wolken, meine Kinder, wandern gehen
Wollt ihr? Fahret wohl! Auf Wiedersehen!

und schließt mit den Strophen:

Segelt, kühne Schiffer, in den Lüften!
Sucht die Gipfel! Ruhet über Klüften!
Brauet Stürme! Blitzet! Liefert Schlachten!
Traget glühnden Kampfes Purpurtrachten!

Rauscht im Regen! Murmelt in den Quellen!
Füllt die Brunnen! Rieselt in den Wellen!
Braust in Strömen durch die Lande nieder –
Kommet, meine Kinder, kommet wieder!

Wieder ist das Wasser schwerer als alles, was sich im Licht bewegt. Die Stürme und Schlachten sind ein Schein, ein Wolkendunst und Luftgebilde. Aber gediegen, in ewigem, großem Gleichmut, ruht in der Tiefe das Meer, das seine luftigen Kinder, die Wolkengestalten, wieder herabziehen wird.

Der Zusammenhang von Wasser, Mutter und Tod ist bei C. F. Meyer biographisch begründet. Zeitlebens quälte ihn die

[3] Die Entstehungsgeschichte läßt sich auf Grund des Nachlasses bis in alle Einzelheiten verfolgen.

Angst, die tote Mutter ziehe ihn nach. Das schließt indes nicht aus, daß dieser wesentliche Zusammenhang auch zeitgeschichtlich begründet ist. Wir haben uns das Verhältnis zwischen dem Genius eines Einzelnen und dem Zeitgeist ja so vorzustellen, daß in bestimmten geistesgeschichtlichen Lagen bestimmte Persönlichkeiten repräsentative Bedeutung gewinnen. Im Jahrhundert Lessings hätte ein Mann wie C. F. Meyer mit diesem Schicksal und dieser Begabung sich schwerlich auszudrücken gewußt. Er wäre ein Sonderling geblieben und hätte sich selber nicht erkannt. Doch ein Jahrhundert später lagen die Dinge so, daß gerade einem so seltsamen Manne wie ihm ein gültiges dichterisches Wort beschieden war. Der Möglichkeiten sind immer viele. Die für Meyer geeignete war *eine*, doch zweifellos nicht die geringste. Er blieb mit ihr auch nicht allein. Er hatte die sonderbarsten Gefährten. Sie waren ihm offenbar unbekannt. Wenigstens finde ich nirgends ein Zeugnis für eine bewußte Begegnung mit jenen, die seines Geistes gewesen sind.

Ich nenne in erster Linie den Namen Edgar Allan Poe. Freilich kommt für einen Vergleich mit Meyer nicht das ganze Werk des Amerikaners in Betracht. Sein kriminalistisches Interesse zum Beispiel teilt der Zürcher nicht, man spräche denn von seiner Lust an machiavellistischer Politik. Vor allem aber ist das Temperament der beiden Dichter verschieden. Bei den fieberheißen Versen von ›The Raven‹ und ›Ulalume‹ fällt uns gewiß nicht Meyer ein. Noch weniger läßt sich das exzentrische, im Alkoholismus endende Leben E. A. Poes mit dem scheuen, bürgerlich-stillen Meyers vergleichen. Dennoch gehören die beiden in einer tieferen Schicht des Seins zusammen. Ich verdanke diese Erkenntnis dem Buch von Gaston Bachelard: ›L'eau et les rêves‹, das 1942 in Paris erschienen ist. Bachelard nennt Meyer freilich nicht. Doch seine Beschreibung gewisser Züge in der Dichtung Poes ist so, daß jeder, der Meyers Lyrik kennt, sich gleich an diese erinnert fühlt.

Gaston Bachelard hat das Verdienst, Sinn und Bedeutung der Elemente im dichterischen Schaffen beschrieben zu haben. Der Untertitel des Buchs vom Wasser und den Träumen lautet: ›Essai sur l'imagination de la matière‹. Das zweite Kapitel ist überschrieben: ›Les eaux profondes – les eaux dormantes – les eaux mortes – l'eau lourde dans la rêverie d'E. A. Poe‹. Das dritte Kapitel, das noch einmal auf Poe zu sprechen kommt, kündigt sich an: ›Le complexe de Caron, le complexe d'Ophélie‹. Im Anschluß an Untersuchungen Marie Bonapartes wird nun ausgeführt, wie Poes Phantasie vom Bild der sterbenden Mutter beherrscht gewesen sei. Es ist zu bemerken, daß Poes Mutter nicht den Tod im Wasser gesucht hat. Dennoch, unter uraltem Zwang, verbindet sich auch für ihn die Vorstellung der toten Mutter mit der stillen, schweren, dunklen Flut. Das Wasser betrachten, das heißt für Poe: sterben, sich der Mutter nähern. Das Wasser schluckt abends die Schatten der dämmernden Wolken, der Bäume am Ufer auf – ein Vorgang, den der Dichter oft mit tiefster Genugtuung verfolgt hat. Eine »Einladung zum Sterben« nennt Bachelard darum das Wasser bei Poe. Es ist das Element, das sich der Toten erinnert und das die Toten, das Abgeschiedene, zu sich ruft, das die Reflexe des Lichts und die Schatten des Lichtentrückten in sich birgt. Einen neuen Abschnitt eröffnet der Satz: »Cette eau riche de tant de reflets et de tant d'ombres est une eau lourde«, und es folgt der Bericht über jenes unheimliche, schwere, rötliche, ölige, gleichsam organische Wasser, das Poe in den ›Abenteuern des Gordon Pym‹ beschreibt, jenes Wasser, das nicht mehr schäumt, die Fluten des Acheron, des Styx, auf denen der Totenschiffer fährt.

O Mort, vieux capitaine, il est temps! levons l'ancre![4]

Dieses von Baudelaire geprägte Bild ist also schon Poe, wie später Conrad Ferdinand Meyer, tief vertraut.

Als zweiten Zeugen nenne ich Georges Rodenbach, den belgischen Dichter. Bachelard erwähnt ihn zwar nur flüchtig. Er reiht sich aber zwanglos an: mit seinem Roman ›Brûges la morte‹, mit seinen Gedichten ›Les tristesses‹, ›Le règne du silence‹, ›Les vies encloses‹. Alles ist hier viel milder als bei Poe und weicher als bei Meyer. Als Dichter erreicht er beide nicht. Doch seine Neigung zu stillen Grachten, zur Spiegelung der Bäume, des Himmels in regloser, melancholischer Flut, zu eingeschlossenem und so zur Unbeweglichkeit verurteiltem Wasser – er hat eine ganze Reihe von Gedichten über Aquarien geschrieben –, dies alles rückt ihn den beiden nahe. Die Stimmung der ›Eingelegten Ruder‹ etwa hat Rodenbach in ungezählten Versen ausgesprochen, freilich nie mit C. F. Meyers Prägnanz und Vollkommenheit.

Was sollen nun aber diese Vergleiche? Es wäre ein müßiges Unterfangen, komparatistisch in weltliterarischen Räumen hin und her zu fahren, wenn es nicht gelänge, auf diesen Wegen

[4] Fleurs du mal, Le voyage VIII, v. 1.

einiges zum Verständnis des Wesens des Menschen zutage zu fördern. Poe lebte in der ersten Hälfte des 19. Jahrhunderts, Rodenbach in der zweiten; Meyer steht zeitlich, während er dichterisch tätig war, Rodenbach näher, obwohl sein Leben schon im Jahre 1825 beginnt. Alle drei gehören aber dem 19. Jahrhundert an; und es wäre nicht leicht, sich ihre Thematik in anderen Zeiten vorzustellen.

E. A. Poe hat mit seiner ›Philosophy of composition‹, in der er das Entstehen des Gedichts ›The Raven‹ schildert, eine Art Programm der »Poésie pure« verfaßt, das für Mallarmé wichtig geworden ist. Auch Rodenbach steht Mallarmé nahe. Die Dichter um Stéphane Mallarmé bezeichnet man als Symbolisten. Meyer gilt gleichfalls als Symbolist. Die Frage ist also, ob ein Zusammenhang zwischen der hier waltenden »imagination de la matière«, des stillen, schweren, gesättigten Wassers, dem Todesraum, der »Poésie pure« und dem symbolistischen Stil besteht.

Im Vorübergehen habe ich Goethes ›Auf dem See‹ erwähnt. Dort finden sich die stimmungsmäßig so ganz anders gearteten Verse:

Die Welle wieget unsern Kahn
Im Rudertakt hinauf . . .
In der Welle blinken
Tausend schwebende Sterne . . .
Und im See bespiegelt
Sich die reifende Frucht.

Alles ist hier mächtiger Auftrieb, Jugendmut und Verheißung von Glück. Jeder Vers gibt kund, daß Goethe den Raum der Zukunft offen sieht. Weniger zukunftsgewiß, aber immer noch voll Bewegung sind viele Stromgedichte der deutschen Romantiker. Brentanos Ballade ›Auf dem Rhein‹ etwa und Mörikes ›Mein Fluß‹. Die Welle schäumt und rieselt; sie ist ein Gleichnis des strömenden Lebens, auch bei Gottfried Keller noch, im ›Grünen Heinrich‹, ein Gleichnis der Leidenschaft, die über das Ufer zu treten und das Geordnete mitzureißen droht. Das bleibt indes in Gottfried Kellers Werk eine Jugenderinnerung. Daneben betrachtet er schon gebannt die bleierne Ruhe des Sees im Winter, aus dessen Tiefe versunkenes Leben ohnmächtig einen Ausgang sucht. Dieses Erstarren scheint in der Spätromantik vorbereitet zu sein. Der Geist, den Schelling »Schwermut« nannte, breitet sich unaufhaltsam aus. Justinus Kerner kennt das Wasser, das allmählich versiegt und träge in die Schaufeln des Mühlrads rinnt. Es wäre sinnlos, zu erwidern, auch anderes Wasser komme noch vor und viele Dichter späterer Jahre sängen noch von der strömenden Flut. Wir haben darauf zu achten, welchen Motiven die größten Meister jeweils ihr tiefstes Geheimnis anvertrauen. Dann ergibt sich ein unzweideutiges Bild. Ein Erlöschen des Lebenswillens, ein Schwinden der Lebensfülle und -innigkeit ist unschwer zu erkennen. Das Licht erlischt. Das Köstlichste ruht im Grunde der Vergangenheit und grüßt nur noch geisterhaft aus der Tiefe. Dieses Gefühl des Abgestorbenen aber hat einen Namen erhalten, auf den wir alle die Dichter beziehen dürfen, die uns begegnet sind. Er steht in Baudelaires ›Fleurs du mal‹ und lautet: »démon ennui«. Dieser Dämon ist auch bei Poe schon da in Gestalt eines ungeheuren, oft lähmenden, oft zur Wut aufreizenden Ekels. Er taucht wieder auf bei Mallarmé, schon früh, in ›Brise Marine‹ etwa, die mit der denkwürdigen Zeile beginnt:

La chair est triste, hélas, et j'ai lu tous les livres

und zuletzt die, wie sich später erweist, vergebliche Hoffnung auf eine Belebung im Winde des offenen Meeres ausspricht:

Mais, ô mon cœur, entends le chant des matelots!

Harmloser sieht er bei Rodenbach aus. Da trägt er die Züge einer weichen, fast angenehmen Melancholie. Allein schon der Titel ›Brûges la morte‹, die Erneuerung der Vineta-Sage, läßt aber erraten, daß er auch hier die Lebensgeister umnebelt und lähmt. Nicht anders in Valérys ›Cimetière Marin‹, ferner schon, ohne die Wassersymbolik, in Flauberts Romanen, der hilflosen Langeweile der Madame Bovary, der seltsamen Ziellosigkeit des Helden der ›Education Sentimentale‹. Es ist der Geist, der im 19. Jahrhundert sich immer gebieterischer hervordrängt, eine Art von lyrischem Nihilismus – wenn dieser Ausdruck gestattet ist. Wir brauchen darüber nicht zu erschrecken. Es ist auch nicht nötig, gleich an politisch-soziale Folgerungen zu denken, obwohl hier offenbar ein schmaler Steg zu jener gewaltsamen, fiebrigen Steigerung des Lebens führt, die Nietzsche aus nihilistischer Angst und Langeweile verkündet hat. Wir haben es noch mit reineren und politisch irrelevanten Möglichkeiten des Nihilismus zu tun.

Der »démon ennui«, die Langeweile, der Ekel, erklärt zunächst das neue Verhältnis von Leben und Kunst, zu dem sich die »poésie pure« bekennt. Man meidet die unmittelbare Berührung, weil man die Kraft und den naiven Entschluß nicht mehr aufbringt, mitzutun. Von den »Leuchten des Gestades« wendet sich das Schiff in die dunkle, von Toten bewohnte Einsamkeit. Der Tod hat eine reinigende Macht. Das Trübe und Ekle schwindet dahin. Tod ist höchstes Künstlertum. Was noch als Kunst in Frage kommt, das muß den Tod erfahren haben. Es wird sich zeigen, wie wesentlich gerade dies bei Meyer ist. Stéphane Mallarmé bedient sich eines ähnlichen Motivs. Er spricht vom Gefrieren. Ein gefrorener Kot, so sagt er, ist kein Kot mehr. Gefrorenes beschmutzt uns nicht. So feiert er denn die nordische Kälte, die Frigidität der Herodias. Auch hier ist also Kunst erst möglich, wenn alles Leben erloschen, das Unmittelbare abgeschieden ist. Intimität, Rührung, Wärme, Traulichkeit sind ihm ein Greuel – wie Meyer, nach seinem eigenen Wort – das Wirkliche »angewidert« hat[5].

Nicht ganz so leicht ist zu erkennen, daß auch der Symbolismus als solcher der Macht des »ennui« untersteht. Wir stoßen hier auf den Begriff Symbol, der immer Schwierigkeiten bereitet, auch wenn man noch so sehr überzeugt ist, man habe ihn längst zu Ende gedacht. Deutsche Leser müssen zuerst imstande sein, sich von dem zu befreien, was Goethe in seinen ästhetischen Schriften unter Symbol verstanden hat. Dieses Symbol ist nur ein Sonderfall einer allgemeineren Symbolik. Halten wir das klassische Verhältnis von »typisch« und »individuell«, von »allgemein« und »besonders« fern, so dürfen wir sagen, daß alle lyrische Dichtung als solche symbolisch ist, symbolisch nämlich in dem Sinne, daß »Äußeres« mit »Innerem« im lyrischen Wort zusammenfällt. Das Rauschen des Waldes bei Eichendorff ist das Rauschen des ahnungsvollen Gemüts; das Glitzern der Sterne auf Goethes See ist die lyrische Wirklichkeit seines Entzückens.

Wenn aber in diesem Sinne alle lyrische Dichtung symbolisch ist, was glauben denn die Symbolisten vorauszuhaben, um diesen Titel für sich in Anspruch nehmen zu dürfen? Zweierlei kommt hier in Betracht. Eigentlich symbolistische Stücke beschränken sich auf ein Symbol und führen es geistreich-vielseitig aus, während andere Lyrik unbewußt-gleitend von einem Symbol zum anderen kommt. In den blinkenden Sternen, den

[5] Mündlich zu Adolf Frey.

weichen Nebeln, der reifenden Frucht in ›Auf dem See‹ wird nacheinander offenbar, was sich in Goethes Gemüt abspielt: Entzücken, wohlige Tiefe, Traum und Ahnung künftigen Gelingens. Ganz anders C. F. Meyers symbolistische ›Zwei Segel‹:

Zwei Segel erhellend
Die tiefblaue Bucht!
Zwei Segel sich schwellend
Zu ruhiger Flucht!

Wie eins in den Winden
Sich wölbt und bewegt,
Wird auch das Empfinden
Des andern erregt.

Begehrt eins zu hasten,
Das andre geht schnell,
Verlangt eins zu rasten,
Ruht auch sein Gesell.

Die Verse stehen im Zyklus ›Liebe‹. Die Segel sind ein Symbol der Ehe. Ein einziges Symbol wird also während des ganzen Gedichts bewahrt. Solches Verharren setzt aber offenbar jene vollkommene Stille der Seele voraus, die uns fühlbar geworden ist – Unbewegtheit, nicht als Haltung wie in der epischen Poesie, sondern als Stimmung, als »ennui«.

Das ist das eine. Das andere aber scheint noch wesentlicher zu sein. Goethe und die Romantiker sind noch selbstverständlich, ohne es immer zu wissen oder zu wollen, symbolisch. Das heißt, sie sind noch einig mit Himmel und Erde und mit der großen Natur. Die Dichter dagegen, von denen hier die Rede ist, zu denen auch Meyer gehört, sind symbolisch mit Wissen und Willen. Sie stellen kunstvoll-künstlich einen Bezug von innen und außen her. Dies aber besagt im Grunde denn doch, daß ihnen ursprüngliche Einigkeit fehlt, daß sie vom Leben getrennt und innerlich wahrhaft abgeschieden sind. In dieser Hinsicht nähert sich der Symbolismus wieder der Dichtung des 17. Jahrhunderts, dem Barock mit seiner bewußten Gleichnisrede. Auch im Barock ist subjektives und objektives Sein nicht eins. Der Mensch ist geschieden von der Natur und legt auf eine solche Scheidung aus religiösen Gründen Wert. Doch insofern ist das Verhältnis anders, als die barocken Dichter ihre Vergleiche zu interpretieren pflegen. Sie sprechen das »so – wie« jedesmal aus. Die Symbolisten dagegen lassen die zarten Bezüge lieber erraten. Durch ihr Schweigen retten sie die Stimmung, die dort verlorengeht, wo nachgedacht und begründet wird. Die Stimmung ist also künstlich bewahrt. Künstlich ist diese Dichtung durchaus. Sie sieht ihren Ruhm, ihre Ehre darin. Denn alles Leben ist gemein. »Das Leben überlassen wir den Dienstboten«, hat Villiers de l'Isle-Adam gesagt.

Die Kunst erscheint bei Meyer wie der Tod als Gegensatz des Lebens. Kunst und Tod gehören zusammen. Wandellosigkeit, Stille, ewige Ruhe, Vollendung; dies alles sind Prädikate des Todes sowohl wie der Kunst. Der Dichter also, der von den Gestaden des Lebens abstößt und Zwiesprache führt mit den Toten auf dem Grunde des Sees, der Schutzbefohlene Charons, will allein von einem durch die Kunst vermittelten, durch den Tod hindurchgegangenen Leben wissen und lehnt die lebendige, trauliche Wärme ab. Am schönsten tritt dies zutage in dem Gedicht ›Die tote Liebe‹, dessen Titel schon eine Formel für die Stimmung des Abgestorbenen ist, das aber dann den Tod der Liebe mit Christi Leiden und Sterben vergleicht und Christi Auferstehung mit dem Auferstehen der Liebe in später, reiner Erinnerung, in der Kunst.

Der reinen Stille *nach* dem Leben entspricht in der ›Jungfrau‹ aus der Gruppe ›Vorsaal‹ die Reinheit *vor* seinem Beginn:

Wo sah ich, Mädchen, deine Züge,
Die drohnden Augen lieblich wild,
Noch rein von Eitelkeit und Lüge?
Auf Buonarottis großem Bild:

Der Schöpfer senkt sich sachten Fluges
Zum Menschen, welcher schlummernd liegt,
Im Schoße seines Mantelbuges
Ruht himmlisches Gesind geschmiegt:

Voran ein Wesen, nicht zu nennen,
Von Gottes Mantel keusch umwallt,
Des Weibes Züge, zu erkennen
In einer schlanken Traumgestalt.

Sie lauscht, das Haupt hervorgewendet,
Mit Augen schaut sie, tief erschreckt,
Wie Adam Er den Funken spendet
Und seine Rechte mahnend reckt.

Sie sieht den Schlummrer sich erheben,
Der das bewußte Sein empfängt,
Auch sie sehnt dunkel sich, zu leben,
An Gottes Schulter still gedrängt –

So harrst du vor des Lebens Schranke,
Noch ungefesselt vom Geschick,
Ein unentweihter Gottgedanke,
Und öffnest staunend deinen Blick.

Abgesehen von der ersten und letzten Strophe ist hier die Rede von einer jener Gestalten, die Michelangelo auf dem Bild von der Erschaffung Adams in dem wehenden Mantel des Allmächtigen birgt. Meyer betrachtet sie als körperlose Gedanken des Schöpfers, denen die irdische Realität noch fehlt, und deutet nun den Blick der Jungfrau auf den ruhenden, eben von Gott belebten Adam als tiefes Erschrecken – als Erschrecken über das Leben, das im Entstehen begriffen ist. Daß sich die Jungfrau selber sehnt zu leben, vermindert den Schrecken nicht. Es scheint ihn eher noch zu steigern. Je mehr sie die Wärme des Körpers verführt, desto tiefer empfindet sie die Gefahr. Das Leben ist zwar Gottes Werk; die Ungeborene aber sieht nicht ein, warum es der Vater erschafft.

Ihr vom Boden der Erde gelöstes, schwebendes, unberührtes Dasein dünkt den Dichter köstlicher als das Fleisch und Blut, das sich erhebt und schwer dem Herrn entgegenreckt. Doch seine Worte sind an ein Mädchen gerichtet, das ihm in Wirklichkeit, als irdisches Wesen, begegnet ist. Er spricht ihm einen solchen Zauber von Reinheit zu, es erscheint so sehr als »unentweihter Gottgedanke«, daß man vermuten möchte, sogar der zarteste Künstler hätte ihm ohne Scheu ins Antlitz sehen und unmittelbar in Worte fassen dürfen, was sein Gemüt so tief ergreift. Doch selbst hier ist dies nicht möglich. Sogar das makelloseste Leben nimmt Meyer erst entgegen, wenn es ihm die Kunst, hier also Michelangelos Pinsel, vermittelt hat. Erst das Kunstgerechte des Anblicks bürgt dafür, daß seiner Verletzlichkeit nichts Arges widerfährt.

Fast übertrieben deutlich, lehrhaft, kaum noch dichterisch spricht sich darüber das Gedicht ›Auf Goldgrund‹ aus:

Ins Museum bin zu später
Stunde heut ich noch gegangen,
Wo die Heilgen, wo die Beter
Auf den goldnen Gründen prangen.

Dann durch Feld bin ich geschritten
Heißer Abendglut entgegen,
Sah, die heut das Korn geschnitten,
Garben auf die Wagen legen.

Um die Lasten in den Armen,
Um den Schnitter und die Garbe
Floß der Abendglut, der warmen,
Wunderbare Goldesfarbe.

Auch des Tages letzte Bürde,
Auch der Fleiß der Feierstunde
War umflammt von heilger Würde,
Stand auf schimmernd goldnem Grunde.

Meyer ist von der Landschaft entzückt, nicht weil sie sich in eigenständiger Schönheit seinem Blick darstellt, sondern weil sie so aussieht wie die Gemälde, die er soeben betrachtet hat. Wer nicht von Goethes Dichtung loskommt, vermißt hier Originalität und erklärt, der Dichter sei nicht imstande, aus eigener Kraft die ungefüge Wirklichkeit künstlerisch zu vollenden. Wenn »originell« »ursprünglich« bedeutet, dann freilich ist dieses Urteil berechtigt. Meyer ist kein ursprünglicher Dichter. Doch abgesehen davon, daß Originalität an sich nicht wertvoll ist, daß sie auch häßlich und abgeschmackt sein kann, ist Meyers Verfahren höchst originell, wenn wir »eigentümlich« darunter verstehen. Kein älterer Dichter deutscher Sprache hat diese Vermittlung durch die Kunst so entschieden in Anspruch genommen wie er; so hat auch keiner diese ihm eigene doppelt geläuterte, diese in zweiter Hand noch gesteigerte Schönheit erzielt. Später, freilich, finden wir auch deutsche Dichter auf diesem Pfad, zumal den jungen Hofmannsthal, dann Stucken oder Stefan George. Auch ihnen wird das Schaffen und, wie Meyer, sogar das Sehen in vorgebildeten Stilen zur Natur.

Auf Goldgrund stellt sich dem Dichter das Bild eines bäuerlich-kräftigen Daseins dar. Heiter und kräftig ist auch das Leben unter dem Baume, den das Gedicht ›Schwarzschattende Kastanie‹ preist:

Schwarzschattende Kastanie,
Mein windgeregtes Sommerzelt.
Du senkst zur Flut dein weit Geäst,
Dein Laub, es durstet und es trinkt,
Schwarzschattende Kastanie!
Im Porte badet junge Brut
Mit Hader oder Lustgeschrei,
Und Kinder schwimmen leuchtend weiß
Im Gitter deines Blätterwerks,
Schwarzschattende Kastanie!
Und dämmern See und Ufer ein
Und rauscht vorbei das Abendboot,
So zuckt aus roter Schiffslatern
Ein Blitz und wandert auf dem Schwung
Der Flut, gebrochnen Lettern gleich,
Bis unter deinem Laub erlischt
Die rätselhafte Flammenschrift,
Schwarzschattende Kastanie!

Ein liebenswürdig-idyllischer Anblick! Doch wie in dem Gedicht ›Auf Goldgrund‹ die Zeichen der Kunst, sind hier die Zeichen des Todes dem Bilde aufgeprägt. Der wiederholt bedeutsam angerufene schwarze Schatten des Baums entspricht der dunklen Tiefe des Wassers. Es ist ein oberer Todesraum. Die Kinder schwimmen darin; die Körper leuchten weiß in dem Blätterwerk auf. Und ebenso leuchtet auf dunkler Flut die Schrift der schäumenden Woge, das vom Schein getroffene Kielwasser, auf und erlischt im Schatten des mächtigen Wipfels. Wieder ist alles, was lebt, in eine fremde, unwirkliche Zone entrückt.

Wo Kunst und Tod ihr Werk vollbringen, sind dann auch jene scheinbar ungefährdeten Bilder möglich, bei denen eine allzu harmlose Würdigung C. F. Meyers gerne verweilt. Da blüht das Danteske; da scheint er mit Shakespeare und Ariost wetteifern zu wollen und wagt er die großen Gebärden der Macht. Doch alle seine Kaiser und Könige, die Spielleute, Landsknechte, Condottieri, Bacchus in Bünden, Pentheus,

Silen, die jauchzenden Schnitter und Schnitterinnen, die Helden und sagenhaften Frauen, sie wandern über die ›Alte Brücke‹, die eines seiner Gedichte feiert, die alte Brücke über die Reuß in der Schöllenenschlucht, die außer Gebrauch ist, die nur den Toten dient, von Schritten der Lebenden aber längst nicht mehr berührt wird. Oder sie steigen aus dem Sarg als Wunsch- und Traumgestalten im Zeichen des »Zu spät« – des »Never more«, um auch hier an den Raben Poes zu erinnern –, so in dem Gedicht ›Über einem Grabe‹, wo nie gelebte Taten und Leiden des frühverstorbenen Knaben als »eine blasse Jagd« vorüberziehen.

Dergleichen empfinden wir noch als echt. Je weiter sich der Dichter aber von der Schattentiefe entfernt, je mehr er den Tod, den »Kameraden«, verleugnen will und sich trotzig aufreckt, desto eher läuft er Gefahr, Theatergebärden auszuführen und falsches Pathos vorzutragen. Das gilt vor allem von den Balladen. Viele, ja die meisten Gedichte der Zyklen ›Götter‹, ›Frech und fromm‹, ›Genie‹ und ›Männer‹ trifft das scharfe Urteil Hugo von Hofmannsthals:

> Wie ist in diesen hundert und aberhundert Gedichten das Eigentliche, das Lyrische jenem unsicheren Bestreben, Geschichte aufleben zu machen, nein, historische Anekdotenbilder in Strophenbilder umzusetzen, aufgeopfert! Anekdoten aus der Chronik zum lebenden Bild gestellt, Wämser und Harnische, aus denen Stimmen reden – welch eine beschwerende, fast peinliche Begegnung: das halbgestorbene Jahrhundert haucht uns an; die Welt des gebildeten, alles an sich raffenden Bürgers entfaltet ihre Schrecknisse; ein Etwas, dem wir nicht völlig entflohen sind, nicht unversehrt entfliehen werden, umgibt uns mit gespenstischer Halblebendigkeit.[6]

Wir würden heute dasselbe vielleicht in milderer Sprache zu sagen versuchen. Hofmannsthals Schärfe erklärt sich daraus, daß ihm die heute längst vergangene Zeit der Historienmalerei Pilotys und Kaulbachs noch nahe war und daß er, im Bestreben, dieser Art Historismus zu entgehen, Meyer als Gefahr empfand, zumal ihm auch seine wahre dichterische Größe nicht verborgen blieb. Denn nach der Verurteilung gesteht er, daß »dieser Band neben den zweihundert Gedichten, die zu lesen bemühend sind, ihrer vielleicht zwölf oder fünfzehn enthalte,

[6] Zitiert in H. Schumachers Einleitung zu: F. Baumgarten, Das Werk C. F. Meyers, Zürich 1948.

die dem höchsten Rang sich nähern, und sieben oder acht, die ihn erreichen«. Das sind vermutlich jene Gedichte, in denen der Tod als Stimmung noch mitspricht oder die künstlerische Mortifikation eben erst vollzogen ist und gleichsam den Gegenstand noch als Akt der Entrückung, als Abschied vom Leben begleitet. Die Grenze ist freilich nicht leicht zu bestimmen. Über einzelne Stücke wird man sich kaum je restlos einigen können. Der Dichter selber aber war sich der großen Gefahr durchaus bewußt und stellte im ›Mövenflug‹ die bangste Frage, die ein Künstler seiner Art sich vorzulegen vermag:

Möven sah um einen Felsen kreisen
Ich in unermüdlich gleichen Gleisen,
Auf gespannter Schwinge schweben bleibend,
Eine schimmernd weiße Bahn beschreibend,
Und zugleich in grünem Meeresspiegel
Sah ich um dieselben Felsenspitzen
Eine helle Jagd gestreckter Flügel
Unermüdlich durch die Tiefe blitzen.
Und der Spiegel hatte solche Klarheit,
Daß sich anders nicht die Flügel hoben
Tief im Meer als hoch in Lüften oben,
Daß sich völlig glichen Trug und Wahrheit.

Allgemach beschlich es mich wie Grauen,
Schein und Wesen so verwandt zu schauen,
Und ich fragte mich, am Strand verharrend,
Ins gespenstische Geflatter starrend:
Und du selber? Bist du echt beflügelt?
Oder nur gemalt und abgespiegelt?
Gaukelst du im Kreis mit Fabeldingen?
Oder hast du Blut in deinen Schwingen?

Oben das bluterwärmte Leben, unten das scheinhafte, abgeschiedene: das kennen wir längst aus den Spätbootgedichten. Doch neu ist hier die Spiegelung. Abermals fühlen wir uns an Rodenbach und Mallarmé erinnert, die gern im Spiegel ein entrücktes, scheinhaftes, aber in leiser Dämpfung geläutertes Bild des Lebens sehen (es sind meist Spiegel in dämmrigen Zimmern). Oder wir werden daran gemahnt, wie leicht das Spiegelbild den Tod an seine Seite heraufbeschwört, in Mörikes ›Erinna an Sappho‹ zum Beispiel oder in vielen Selbstbildnissen von Malern der Renaissance und des Barocks. Doch Meyer wählt die Spiegelung im Wasser und vereinigt so die beiden großen Todesmotive. Auf die Frage der letzten Zeilen könnte man ihm wohl nur erwidern, daß er als Dichter zwar in der Tat im Kreis mit Fabeldingen schwebe, unten also, in spiegelnder Flut, deshalb aber noch kein vernichtendes Urteil zu befürchten habe. In seinen besten Gedichten nämlich sei er dennoch »echt beflügelt«. Denn gerade die Abkehr vom Reich des wirklichen Lebens, die Wendung zum Tod, zur Wassertiefe, zur spiegelnden Flut, sie bebt in seiner Sprache noch nach und sichert ihr den eigenen, unverkennbaren, wunderbar zarten Ton.

Es ist nicht leicht, diesen Ton zu beschreiben. Obenhin betrachtet, scheint Meyers Sprache nicht eigenartig zu sein. Wie im Barock und wie heute wieder in hoher und niederer Lyrik herrschen die alternierenden Maße vor. Die meisten haben sich aus der schlichten zweizeiligen Hutten-Strophe entwickelt. Hexameter sind selten; Knittelverse, antike Odenstrophen und freie Rhythmen fehlen ganz. Ein keineswegs ungewöhnliches Bild in der – wie Heusler klagte[7] – längst romanisierten deutschen Metrik.

Doch Meyers Verse empfindet man als irgendwie betont romanisch, als regelhaft jambisch oder trochäisch in einer Art, die höchstens noch bei Schiller anzutreffen ist, uns aber dort wieder anders anspricht. Ein Grund für diese Empfindung scheinen die schwachen Senkungssilben zu sein.

Meine eingelegten Ruder triefen.
Tropfen fallen langsam in die Tiefen.

Fast jede Senkung wird hier von dem entschieden schwächsten deutschen Vokal, dem flüchtigen »e«, gebildet. Ähnlich der Anfang des ›Mövenflugs‹. Bis ». . . in die Tiefe blitzen« finden wir außer dem schwachen »e« der Endungen oder Präfixe in der Senkung Silben wie »um«, »in«, »zu« (in »zugleich«), »ich«, »die« (in »dieselben«) und »lich«, also lauter ganz unbeschwerte Töne. Andere Verse gibt es zwar auch. Doch den köstlichsten Meyer-Ton erkennen wir hier, wo die schwache Senkung das Regelhafte, das stetige Gleichmaß des Auf und Ab vollkommen erfüllt. Dasselbe könnte man aber Wort für Wort von Versen Schillers – etwa in ›Die Götter

[7] Andreas Heusler, Deutsche Versgeschichte, Berlin und Leipzig 1925 ff., passim.

Griechenlands‹ oder ›Das Ideal und das Leben‹ – sagen. Und doch wird auch ein gröberes Ohr die beiden Dichter nie verwechseln. Schillers korrektes Gleichmaß nämlich fordert zu hartem Skandieren auf; es ist kraftvoll errungen und imperativ. Bei Meyer ist das Gesetz, trotz aller Genauigkeit, sehr fein gezeichnet, wie regelmäßige Spuren im Schnee. Zart nimmt die Sprache das Gleichmaß auf. Die Regel scheint kaum gewollt, sie scheint viel eher im voraus gegeben zu sein. Meyers Leistung besteht darin, daß er die Sprache behutsam in das vorgegebene Maß einfügt.

Dieses Einlegen in gegebene Maße, dies musivische Verfahren, entspricht der Läuterung durch die Kunst, die für Meyer bereits vollbracht sein muß, bevor er selbst zu gestalten beginnt. So wie er die Bauern auf dem brennenden Hintergrund des Abendhimmels zu Schnittern auf einem nazarenischen oder gotischen Gemälde auf Goldgrund, zu Kunstgestalten, entrückt und allen lebendigen Zufalls entblößt, entrückt er die Sprache, indem er sie so, behutsam, ins Vorgegebene fügt. Der fühlbare, aber reizvolle Mangel an unmittelbarer Lebendigkeit, an improvisierender Fülle und Kraft, die leise integrierende, läuternde, aber auch mortifizierende Wirkung des unbeirrbaren Auf und Ab, der Schutz, den der eigentümlich betonte, beinahe ängstlich durchgeführte jambische oder trochäische Takt gegen alle lebendige Willkür bietet: er ist willkommen; er bringt die hohe Vollendung, die einzig das Sterben gewährt. Meyers Sprache »erkaltet süß«. Alle unmittelbaren Intonationen »erleiden sanften Tod«.

Freilich scheinen dann solche Verse manchmal fast nur noch geschrieben, kaum mehr wirklich gesprochen und sprechbar zu sein. Auch dies ist aber dem Geist gemäß, der in dem stillen Spätboot träumt. Auch in der Schrift erstirbt das Wort, sofern es sich nicht beim Lesen wieder von selber in ein gesprochenes wandelt. Goethes Gedichte, zumal die frühen, drängen zu freiem, lebendigem Vortrag. Sie möchten am liebsten gesungen sein. Meyers Gedichte nähern sich dagegen den mehr nur schriftlich gemeinten des 17. und frühen 18. Jahrhunderts und andrerseits den fast nur in der Schrift bestehenden Mallarmés. Aber sie *nähern* sich ihnen nur. Denn das Verklingen des Gesprochenen ist selber gerade noch vernehmlich. Und eben dies berührt das Ohr und ergreift uns so unwiderstehlich und zart.

Im selben Maß jedoch, in dem die Sprache ihre Musik verhält, nimmt ihre bildliche Leistung zu. Wenn Eichendorff und

Brentano »Wald«, »Strom«, »Rauschen«, »Bächlein« sagen, ist nichts Bestimmtes damit gemeint. Es kommt vor allem auf den Klang und den Stimmungswert solcher Vokabeln an. Meyers Worte dagegen halten umrissene Vorstellungen fest. »Schwarzschattend«, »buchendunkel«,

> ... wandernd, reisehaft,
> Schlank, rein, walddunkel, aber, o, wie süß!

»des Busens Bug«, »Firnelicht«, »Inselwandertage«, »Becherrundgeläute«, »Schlummerflöten«. Die starken Verben kommen dazu, die Meyer vorzieht, weil sie kürzer, entschiedener und gedrungener sind. Und so versucht er überall, den Nebel bloßer Stimmung zu zerteilen, allenfalls Stimmung erst wieder von einem Bild ausgehen zu lassen. Die Dinge von sich wegzuheben und vom Leser abzurücken, immer reiner und stiller zu werden, war die Absicht, die er während langer Jahre mit zähestem Fleiß und strengster Selbstkritik verfolgte. Es lohnt sich, seinen Kunstverstand an einem Beispiel zu erläutern.

Zu dem Gedicht, das ›Vor der Ernte‹ überschrieben ist, liegen im Nachlaß fünf Fassungen in dem mehr liedhaften Stil der fünfziger und sechziger Jahre vor, außerdem aus den Jahren der Meisterschaft drei Entwürfe, die unmittelbar die letzte Fassung vorbereiten. Die frühen Versuche hat Meyer, wie gewohnt, seiner Schwester Betsy diktiert. Die Blätter der späteren Jahre bedecken Schriftzüge seiner eigenen Hand. Von der ersten bis zur fünften Fassung ereignet sich nichts, was besondere Aufmerksamkeit verdienen würde. Wir dürfen getrost mit der fünften beginnen. Sie trägt den Titel ›Erntenacht‹ und lautet, wenn wir kleine nachträgliche Änderungen gleich einbeziehen:

> Nun gemach aus blachem Lande
> Zum Gebirg die Sonne schied,
> Sammelt sich die Schnitterbande,
> Wandert heim mit einem Lied.
>
> Von der langen Flucht der Garben,
> Unsers Lebens künftgem Brot,
> Weicht in dunkel glühnden Farben
> Schritt um Schritt das Abendrot.

Leuchtend steigt, als wollt alleine
Fürder sie die Arbeit tun,
Eine hell geschliffne, feine
Sichel auf am Himmel nun.

An der heißgehegten Ernte,
Die er reifte bis zum Schnitt,
Hülfe gerne der entfernte
Kräftereiche Himmel mit.

Silbern tönt es aus der Ferne
Wie des Tages Widerhall
Und die Melodie der Sterne
Klingt wie leiser Sichelschall.

Das Thema ist reizvoll, doch nicht überzeugend. Offenbar ist es dasselbe wie das des Lieds der Schnitter, von dem Vittoria Colonna in der ›Versuchung des Pescara‹ ihrem Gatten erzählt:

> Nun, es gab da einen Reim: Schnitter und Zither. Sonst sagte das Liedchen nichts weiter, als daß, wie auf dem Felde, auch im Himmel gesungen und die Garbe getragen werde.

Einer irdischen Ernte wird eine himmlische gegenübergestellt. In unserm Gedicht geschieht das so, daß die Sichel des Mondes mit der Sichel in der Hand der Schnitterin verglichen und die Musik der Sphären in das Gleichnis einbezogen wird: Die Melodie der Gestirne, der himmlischen »Brudersphären Wettgesang«, klingt wie ein fernes Echo des Sichelschalls, der bei Tag auf dem Felde vernehmlich war. Der befremdliche Ausdruck »Schnitterbande« – statt »Schnitterschar« oder dergleichen – scheint vom Reim auf »Lande« geboten zu sein. Er findet sich aber bereits in der Novelle ›Clara‹ von 1850[8]:

> Es war eine Bande Landleute, die in der Dämmerung ... Holzbündel auf einen Wagen luden ..., während die dunkle ... Gruppe sich scharf von der Glut des Abends abhob.

Der Satz ist auch bedeutsam im Zusammenhang mit dem Gedicht ›Auf Goldgrund‹. Dort sind es Schnitter mit Garben, die

[8] Vgl. Corona, 8. Jahrgang (1938), viertes Heft, S. 400.

sich vom brennenden Abendhimmel abheben. Ebenso schon in der ›Erntenacht‹:

Von der langen Flucht der Garben,
Unsers Lebens künftgem Brot,
Weicht in dunkel glühnden Farben
Schritt um Schritt das Abendrot.

Das ist bezeichnend für die Arbeitsweise C. F. Meyers. Wie er das Spätbootmotiv in ›Die toten Freunde‹, ›Schwüle‹, ›Im Spätboot‹, ›Eingelegte Ruder‹, ›Schwarzschattende Kastanie‹ auseinanderlegt und jedesmal ein Moment gesondert behandelt, verfährt er hier mit der Ernte. Der abendliche Goldgrund, der in dem anderen Stück sogar den Titel bestimmt, glänzt hier nur flüchtig auf; dann kommt die Nacht, und die Sichel des Mondes geht auf.

Hier wäre nun ein kleiner astronomischer Irrtum anzumerken. Nach Sonnenuntergang geht der Vollmond, aber keine Sichel auf. Als Sichel ist der Mond am Abend nur im Westen, also untergehend, der Sonne folgend, zu sehen. Goethe tat sich vor Eckermann etwas zugute auf die genaue Naturbeobachtung in den Versen Mephistos:

Wie traurig steigt die unvollkommne Scheibe
Des roten Monds mit später Glut heran.

Das ist richtig. Einige Tage nach Vollmond geht das Gestirn schon wieder ziemlich spät nach Einbruch der Dunkelheit als unvollkommene Scheibe auf. Meyers Sichel ist unmöglich. Das läßt uns einen nur gedachten Ursprung des Motivs vermuten. Die ›Erntenacht‹ ist nicht aus einer Anschauung hervorgegangen. Der Dichter stützt sich einzig auf den Ausdruck »Sichel«, der eine Phase des Mondes sowohl wie ein Werkzeug bezeichnet.

Noch einer anderen Schwierigkeit begegnet der aufmerksame Leser:

Leuchtend steigt, als wollt alleine
Fürder sie die Arbeit tun,
Eine hell geschliffne, feine
Sichel auf am Himmel nun.

Die Arbeit ist aber bereits getan. Die Schnitter sind fertig; sie wandern heim. Um diesem Widerspruch vorzubeugen, hat Meyer auch einmal die Strophe erwogen:

Halb in Garben schon gebunden
Liegt es still im Abendrot,
Aufrecht halb, noch wenig Stunden
Wogt im Nachtwind unser Brot.

Die Schnitter sind also erst halb fertig. Doch dann verlieren die Eingangsworte von der Heimkehr zuviel an Gewicht. Und davon abgesehen: das »halb und halb« ist pedantisch und ärgerlich.

So bleibt das Gedicht einstweilen liegen. Es folgt nun der große zeitliche und stilistische Sprung, den wir bei vielen Gedichten Meyers beobachten können. Nach Jahren nimmt er das Thema wieder auf und führt es als Meister durch. ›Mondensichel‹ ist der Entwurf überschrieben, der uns jetzt beschäftigt. Er steht auf einem Blatt mit Entwürfen zu ›Säerspruch‹, ›Erntelied‹ und ›Erntegewitter‹. Schon diese Überlieferung zeigt, wie Meyer das Motiv der Ernte abermals auseinanderlegt und seine Momente gesondert behandelt. Der ›Säerspruch‹ gehört freilich nur im weitesten Sinne zu diesem Bereich. ›Erntegewitter‹ steigert in einer pathetischen Szene das Goldgrundmotiv zu den grellen Farben der spätesten Zeit. ›Erntelied‹ bereitet das ›Schnitterlied‹ vor, das mit den Versen beginnt:

Wir schnitten die Saaten, wir Buben und Dirnen,
Mit nackenden Armen und triefenden Stirnen . . .

So bleibt denn für die ›Erntenacht‹ nur das Gleichnis von der Sichel übrig. Meyer faßt es in die Strophen:

Wann der Föhn zu Nächten schwül
In dem reifen Korne weht,
Mondensichel [klar hell] keusch und kühl
An dem reinen Himmel steht.

Schreitet Nacht mit Schnittergang
Eine Sichel in der Hand
Und ein leiser Sichelklang
Geht prophetisch [durch das] über Land.[9]

Wir treten in eine andere Welt. Da findet sich keine Spur mehr von der früheren lyrischen Redseligkeit. Jede Zeile deutet auf

[9] Was in [ ] steht, ist von Meyer gestrichen.

etwas hin, einen Vorgang oder ein Bild. Die beiden Schwierigkeiten, die wir angemerkt haben, sind behoben. Die Sichel des Mondes schwebt nachts am Himmel, wann und wo bleibt ungesagt. Sie deutet prophetisch die Ernte an, die jetzt, wo das Schnitterlied weggefallen ist, noch gar nicht begonnen hat. Was sich auf Erden ereignen wird, ist vorgebildet am Himmelsgewölbe – ein Stück uralter Mythologie, das seine Wirkung nicht verfehlt. Ganz C. F. Meyer eigentümlich ist aber das Gegenüber von schwülem Föhn hinieden und keuscher Kühle oben am Himmelszelt. So treten etwa Lucrezia und Angela Borgia, Jürg Jenatsch und der Herzog Rohan einander entgegen. Der schwüle Föhn rauscht immer wieder, wenn sich das schöne, gefährliche, sündige Leben in den Herzen regt. So in der ›Richterin‹, wo Wulfrin seine vermeintliche Schwester begehrt:

> Die Föhnluft wurde zum Ersticken heiß ... Wulfrin betrachtete den jungen Nacken ... Er enthielt sich nicht und berührte ihn mit den Lippen.

Im ›Hutten‹ ist Loyolas Einkehr auf der Insel von Föhn umbraust. Er reizt und stachelt die Leidenschaft auf und schädigt die Nerven – wie alles Leben die Nerven des Dichters empfindlich berührt.

Doch oben schwebt die kühle Sichel. Im Himmel ist rein gebildet, was sich auf Erden tumultuarisch verwirklicht. Kühl, keusch und fern ist die Kunst für Meyers puritanischen Geist. Kunst und Frömmigkeit sind verwandt. Tod und Kunst und Himmel als entrückte Sphären, als Jenseits, sind der gleichen tiefen Verehrung wert.

So sicher aber dies alles in den beiden Strophen geborgen scheint, der Dichter ist nicht damit zufrieden. Es zeigt sich, daß er die Sphärenmusik in der neuen gedrängten Fassung vermißt. Denn die beiden letzten Zeilen

> Und ein leiser Sichelklang
> Geht prophetisch über Land

bringen es nicht gehörig zum Ausdruck, daß der Sichelklang von dem wandernden Himmelskörper ausgehen soll. Die Abhilfe ist zunächst sehr unglücklich. Die folgende Fassung lautet nämlich:

> In reiner Nacht [Blau Luft] die Sichel geht,
> Und macht ein leis Getön.

[Darunter] Unendlich Ähr an Ähre steht,
Drin rauscht und wühlt der Föhn.

Sie wandert voller Melodie
Hochüber durch das Land,
Und morgen schwingt die Schnittrin sie
In sonnenbrauner Hand.[10]

Die zweite Strophe ist fast schon in Ordnung. Die Schnitterin schwingt die Sichel in ihrer sonnenbraunen Hand, die Sichel an sich, die eine, die am Himmel wandert, und die zum Schneiden dient. Das verstärkt die mythische Intensität. Alles, was Sichel ist, hat an der einen Sichel, dem Urbild der Sichel, teil. So heißt denn auch der Titel ›Die Sichel‹.

Doch unerfreulich ist in der ersten Strophe

Und macht ein leis Getön,

der Vers, der bestimmt ist, den himmlischen Widerhall, oder vielmehr nun den himmlischen Vorklang, die Sphärenmusik, zu retten. Er wird auch in der nächsten Fassung, die nun bereits den Titel ›Vor der Ernte‹ trägt, noch nicht verbessert:

In reiner Nacht die Sichel geht
Und macht ein leis Getön,
Im reifen Korne wogt und weht
Und rauscht und wühlt der Föhn.

Sie wandert voller Melodie
Hochüber durch das Land
Doch morgen schwingt die Schnittrin sie
Mit sonnenbrauner Hand.

Neu ist hier die Häufung der Verben: wogt, weht, rauscht, wühlt, eine Folge klangvoller Wörter, die das herrlich-tumultuarische Leben des Föhns gewaltig heraufbeschwört.

Endlich die Fassung, die Meyer dann der Öffentlichkeit übergeben hat. Der Anfang lautet:

An wolkenreinem Himmel geht
Die blanke Sichel schön . . .

Meyer scheint bemerkt zu haben, daß ja bereits der erste Vers der zweiten Strophe (»Sie wandert voller Melodie«) die Musik

[10] Vgl. S. 231, Anm. 9.

der himmlischen Sphären antönt, allerdings nicht ganz deutlich, weil ein melodisches Wandern gewöhnliche synästhetische Metaphorik sein kann, so wie man wohl auch von harmonischem Gang oder von melodischer Linie spricht. Doch wenn sich nach der Streichung von »Und macht ein leis Getön« kein deutlich akustischer Eindruck mehr ergibt, so schadet das nichts; denn auch der irdische Sichelklang ist verlorengegangen. Die musikalische Parallele fällt weg; die Bildlichkeit ist vollkommen.

»An wolkenreinem Himmel« lesen wir jetzt, einen Eingangsvers, der voller, entschiedener als der frühere wirkt. Doch damit ist die Nacht gefährdet. Man kann sich nämlich unter der Sichel jetzt auch wohl den Tagmond denken. Aus dieser Erwägung hat Meyer früher statt der Worte »In reinem Blau« und statt »In reiner Luft« am Ende wieder »In reiner Nacht« geschrieben. Jetzt scheint ihm die Sichel des Mondes allein die Nacht genügend zu verbürgen.

»Die blanke Sichel schön«. So lautet also nun die zweite Zeile. Ist »schön« Adverb oder altertümlich nachgestelltes Adjektiv? Aus rhythmischen Gründen möchte ich das letztere für wahrscheinlicher halten. »Schön« ist dann etwas schwächer betont. Doch wie dem auch sei, der Vers bringt etwas Zierathaftes in das Bild. Er kommt dem Ganzen, ohne daß wir schon wüßten warum, sehr wohl zustatten.

»Im reifen Korne« hat Meyer schließlich durch »Im Korne drunten« ersetzt. Ist das ein Gewinn oder ein Verlust? »Im reifen Korne« saß fester im Vers und kündigte zudem die nicht mehr aufzuschiebende Ernte an. Doch offenbar sollte das Oben und Unten besser herausgearbeitet werden.

In der zweiten Strophe ändert der Dichter noch ein winziges Detail. »Und morgen schwingt die Schnittrin . . .« hieß es, dann »Doch morgen...« Jetzt lesen wir »Frühmorgen« in einem einzigen, so im Deutschen sonst nicht gebräuchlichen Wort. Warum? Die Konjunktion erweicht die gediegene Objektivität, um derentwillen sich Meyer so unendliche Mühe gegeben hat. Ohne Konjunktion steht alles noch reiner, ferner, geklärter da.

So lautet das gültige Ganze denn:

An wolkenreinem Himmel geht
Die blanke Sichel schön,
Im Korne drunten wogt und weht
Und rauscht und wühlt der Föhn.

Sie wandert voller Melodie
Hochüber durch das Land,
Frühmorgen schwingt die Schnittrin sie
Mit sonnenbrauner Hand.

Die Entstehungsgeschichte ist damit erzählt; die Gründe sind untersucht, die Meyer zu seinen Änderungen bewogen. Das wichtigste Ergebnis aber haben wir erst noch festzustellen. In immer reinere Bildlichkeit hebt Meyer das Gedicht empor. Doch erst wie das akustische Gleichnis wegfällt und einzig noch die Worte »voller Melodie« des leisen Entzückens der Sommernacht gedenken, erst wie das scheinbar verlegene »schön« das Bild ins Dekorative rückt, erkennen wir klar, worauf denn zuletzt die reinste Gegenständlichkeit und vollkommene Kunstmäßigkeit bei Meyer beruht. Himmel und Erde sind in ein Spiel von lauter Bögen aufgelöst: Der Bogen des nächtlichen Himmelsgewölbes, der Bogen, den der Mond in seiner Bahn am Himmelsgewölbe beschreibt, der Bogen der Sichel des Mondes selbst, die Mulden und Buchten im Kornfeld, das der Föhn durchwühlt, die Sichel der Schnitterin, endlich der Bogen, den die Sichel beim Schneiden des Korns beschreiben wird. Wir glauben den Augenblick wahrzunehmen, in dem sich das Leben zur Kunst abkühlt, Natur zum Ornament erstarrt.

Blicken wir nun zurück, so meinen wir überall die Zeichen des Ausgangs einer Epoche zu erkennen. Wie um den jungen Goethe rings nur Frühe und Verheißung strahlt, scheint Meyer in später Stunde zu kommen und seine Vollendung ein Ende zu sein. Doch wenn wir die Begriffe »Anfang«, »Höhepunkt« und »Ende« brauchen, fügen wir uns selbst noch einer Epoche der Geistesgeschichte ein und übernehmen ihre Maße. Von einem andern Standpunkt aus verschieben die Linien sich vielleicht, und es könnte wohl sein, daß Meyers ›Spätboot‹ eines Tages als Bote neuer poetischer Möglichkeiten gilt.